La Habana en un espejo

La Habana en un espejo

ALMA GUILLERMOPRIETO

LITERATURA RANDOM HOUSE

Primera edición: mayo de 2005
Tercera reimpresión: septiembre de 2018

© 2005, Alma Guillermoprieto
© 2005, Penguin Random House Grupo Editorial, S. A. U.
Travessera de Gràcia, 47-49. 08021 Barcelona

Printed in Spain – Impreso en España

ISBN: 978-84-397-1185-8
Depósito legal: B-9.899-2017

Compuesto en La Nueva Edimac, S. L.
Impreso en Reinbook Serveis Grafics, S. L. (Polinyà, Barcelona)

GM1185R

Penguin
Random House
Grupo Editorial

ÍNDICE

PRÓLOGO

LA HABANA PERDIDA

De los seis meses que pasé en Cuba como profesora de danza moderna, hace ya más de tres décadas, sólo conservo mis fragmentados recuerdos y unos cuantos recuerdos físicos. Éstos me ayudan a probar, cuando dudo, que realmente hice aquel viaje que trastornó mi vida por completo.

Los fragmentos son cuatro. En primer lugar, una cajita de madera tropical con incrustación de hilo de plata: la palabra «Vuelve» está grabada a rayonazos torpes con un clavo o cuchillo en el anverso de la tapa. Luego, un cuaderno de espiral; en las pocas hojas que le quedan, encuentro apuntes de alguna reunión de maestros, unas cuantas reflexiones mías y el original de las cartas que les escribí a cada uno de mis alumnos al terminar el curso. Estas cartas no han sido útiles a la hora de reconstruir mi estancia cubana; no logro compaginar a los alumnos de mis recuerdos con los nombres que aparecen en el cuaderno, ni tampoco, por bochorno, logro leer de principio a fin ninguna de las cartas escritas por esa joven inepta que alguna vez fui yo.

Para asegurarme de que mi paso por la escuela de danza de las Escuelas Nacionales de Arte no fue tan desastroso para estos muchachos como acabó siendo para mí, debo remitirme a la cajita de madera. Me la entregó el personal administrativo el último día de clases. Me remito también a una cajita de cartón blanco −como para guardar un rosario, digamos− que me entregaron los alumnos. El día anterior yo les había dado en despedida dos cajas de bombones de chocolate, lujo extraordinario que sólo podíamos adquirir los extranjeros, gracias al carnet que nos autorizaba a hacer compras exóticas en una tienda especial. Al ver los chocolates, una de las alumnas lanzó la consigna de no comerlos jamás, sino guardarlos en eterno recuerdo mío. Veinticuatro horas después me alivió extraordinariamente ver que había desaparecido hasta el último bombón. En su lugar los alumnos me entregaban ahora la cajita blanca: guardaba una especie de burdo títere fabricado con hilo y el papel metálico que envolvía los bombones. Hace unos años descubrí que, aunque la cajita aún estaba en su lugar, junto con otro de los lujos de aquella época —el algodón que envolvía al títere— había perdido un componente esencial del regalo: la tapa, sobre la cual, en letras minúsculas los alumnos habían escrito sus nombres.

Con semejante puñado de jirones sería absurdo afirmar que estas páginas son un relato histórico y fidedigno de mi vida en esos seis meses. Pero esto tampoco es una novela. Es la transcripción fiel de mis recuerdos, algunos borrosos, otros agujereados en la memoria al paso de los años, otros remendados por el tiempo y por los filtros que van interponiendo la experiencia y la distancia, y aun otros, no lo dudo, completamente inventados por ese tenaz narrador que todos llevamos dentro, que quiere que las cosas sean como nos suenan mejor y no como fueron.

Debo suponer que todos los diálogos son inventados, aunque me parezcan dictados desde un rincón intacto de la memoria. Las cartas son reconstrucciones. En la medida de lo posible he tratado de proteger a las potenciales víctimas de mi recuerdo, armando personajes compuestos y cambiando nombres, pero en el caso de los profesores y directores de la escuela, esto producía resultados absurdos. Elfriede Mahler, Lorna Burdsall, Teresa González y Mario Hidalgo (y también Roque Dalton, Oscar Lewis y el legendario y ya fallecido Manuel Piñeiro) son quienes son. Lamento profundamente que Elfriede ya no esté viva para defenderse de lo que, con toda seguridad, son las muchas injusticias que sigue cometiendo mi rencor en contra suya.

1

NUEVA YORK

Un día de otoño de 1969, antes de que comenzara la clase de nivel avanzado en el estudio del coreógrafo Merce Cunningham, se acercó Merce y me dijo que había dos oportunidades para dar clases de danza moderna, que él pensaba que me podrían interesar. Una era en Caracas, con un grupo de bailarines que apenas estaban formando su propia compañía, y la otra era en La Habana, donde existía una escuela del gobierno dedicada a la danza moderna.

Mi vida en la danza había sido predecible y rutinaria, aunque no muy normal. En México, mi país natal, me había integrado a una compañía de danza moderna a mis doce años; cuando llegué a Nueva York a mis dieciséis para reunirme con mi madre, seguí bailando. En un principio, tomé clases en el estudio de Martha Graham. Temperamental y brillante, Martha era la coreógrafa de danza más reconocida en todo el mundo, pues desde los años treinta había revolucionado no sólo la danza sino el teatro: su uso de la escenografía y el vestuario pusieron de cabeza todas las ideas sobre lo que era posible hacer, y transmitir, en un foro. Su búsqueda de un lenguaje corporal que reflejara los conflictos más profundos del ser humano, y la forma en que usó esos gestos y movimientos para escenificar grandes mitos, centrándolos en el universo interno de una mujer —Medea, Juana de Arco, Eva, pero a fin de cuentas, ella misma, en todos los casos—, le trajo admiradores y discípulos llegados de todas las ramas del arte. Fue, además, la primera creadora de danza moderna que armó una técnica verdaderamente universal con los movimientos que gestaba para sus coreografías: la técnica Graham. En esa disciplina me había formado en México, y me pareció natural buscar la raíz de la técnica que ya había aprendido, acudiendo al estudio de Martha en la calle Sesenta y tres.

Aclaro que un estudio de danza no es una escuela, sino algo mucho más parecido a un taller –de grabado, o, mejor, de alfarería– donde los artistas van a trabajar con el material de su preferencia. En el caso de la danza, el material es el propio cuerpo, y sin la clase o las clases que toma a diario para forjar y perfeccionar ese material o instrumento, un bailarín no existe. Toma clases para iniciarse en la danza y para crecer en ella. Si tiene la suerte de ingresar a una compañía establecida, como la de Martha, toma la clase diaria de la compañía, y ahí va moldeando su cuerpo según las exigencias del coreógrafo. Cuando se retira del escenario, sigue tomando clases –si sus lesiones y achaques se lo permiten– hasta el último día de su vida. Para todos los que viven en la danza –coreógrafos, bailarines, administradores del estudio–, las clases son la materia prima del oficio: fuente de ingresos, punto de reunión, semillero de bailarines, taller de experimentación para un coreógrafo cuando da la clase, alimento creativo y ritual.

Para esos años, a mediados de los sesenta, Martha estaba ya muy vieja y alcoholizada. Aparecía sólo de vez en cuando en su propio estudio: interrumpía las clases que daban sus mejores bailarines para lanzarnos comentarios hirientes y exhortaciones filosóficas, y se burlaba de nuestra falta de pasión y nuestra flacidez muscular. Recuerdo como una de las experiencias más terroríficas de mi vida la espera muda en una clase, congelada en alguna pose que Martha nos había pedido, mientras ella se paseaba por el salón, pellizcando con rabia aquí, regañando con saña allá. Para bailar es necesario el dolor, repetía siempre, y creo que en esa etapa de su vida quería contribuir a nuestra formación garantizándonos el sufrimiento. Después de un par de años, y en busca de un ambiente menos ortodoxo y opresivo, me trasladé al estudio de Merce Cunningham, en parte porque admiraba su obra de todo corazón, y en parte porque, después del de Martha, el estudio de Merce era el más reconocido.

Elegante, alerta, de una cortesía sin mácula, Merce Cunningham era uno de los artistas preeminentes de la vanguardia neoyorquina. La danza moderna siempre ha sido un arte de minorías, y son muy pocos los coreógrafos que, como Merce, se pueden dar el lujo de tener una compañía de planta, y menos aún los que tienen un estudio en el que ellos y los demás integrantes puedan aumentar sus ingresos y crear un semillero de futuros bailarines, ofreciendo clases diarias. Con todo, el estudio y las clases apenas permitían sobrevivir a Merce y a los integrantes de su compañía. Tenían un público devoto pero reducido: en sus conciertos no era raro que se escucharan abucheos y chiflidos, proferidos por aquellos despistados que no se habían imaginado al comprar su boleto que los bailarines no danzaban de puntas ni se hacían acompañar de música bonita sino de sonidos producidos las más de las veces al azar, con instrumentos tradicionales, como el encantador «piano preparado» de John Cage, o con aparatos electrónicos —como por ejemplo, en «Winterbranch»—, durante largo tiempo, durante el cual un sintetizador gestaba en su interior un chirrido metálico y a todo volumen, difícil de soportar hasta para los mismos bailarines.

Amigo, colaborador y fuente de inspiración de artistas como Jasper Johns y Robert Rauschenberg, compañero de vida y socio creativo del compositor John Cage, innovador y mutable siempre, el coreógrafo era respetado hasta por sus detractores en la danza por la limpia armonía de sus obras, la lógica sencilla y clara de la técnica que se impartía en su estudio, y por la modesta indiferencia con la que un día se había alejado de la compañía de Martha, en la cual era bailarín principal. Sin proclamar revoluciones ni redactar manifiestos, se alejó también de la obsesión narrativa y pasional de Martha y sus seguidores; se alejó de la dramaturgia como hilo conductor de la coreografía, de la música ritmada que normalmente dirige los movimientos del bailarín como el pandero al oso en el circo, y se fue buscando por los meandros de la abstracción, el azar y la filosofía zen. Sus preocupaciones vanguardistas nunca interfirieron con la factura perfecta y el extraordinario refinamiento de su coreografía. A su manera, era un clasicista.

Los que dejábamos el estudio de Martha para buscar el de Merce nos sentíamos atraídos por ese temperamento apolíneo que exigía concentración e intensidad, pero descartaba el drama. Éramos en gran mayoría mujeres las que llegábamos a su pequeño estudio de la Tercera avenida a tomar las clases de nivel principiante, intermedio y avanzado, y no éramos pocas las que veníamos huyendo del estudio de Martha. La distancia que guardaba Merce nos caía como agua fresca en una quemadura, aunque también tuviera un precio. Con cierta frecuencia Merce se encargaba de dar la clase de nivel principiante, que empezaba a las seis de la tarde. Hablaba poco, pero corregía con mucha paciencia, y había entre las bailarinas más avanzadas, incluyendo a alguna que formaba parte de la compañía, quien se presentaba a la clase de las seis, con la esperanza de que allí Merce le dirigiera al menos la mirada. Para todas, Merce era una llama en una capilla a oscuras. Pronunciábamos su nombre siempre en mayúsculas, lo asediábamos con la mirada y, a cambio, él prácticamente no nos dirigía la palabra.

Era apenas la víspera del breve auge popular que conoció la danza en Estados Unidos, y a la mayoría de las que frecuentábamos los estudios de danza moderna durante esos años, con quién sabe qué inmenso ovillo de sueños secretos enredado cada una, nos tocaba trabajar como oficinistas o, como en mi caso, de meseras, para pagar las clases y nuestros gastos espartanos. Esto quería decir que cuando llegábamos a clase ya íbamos cansadas. El pequeño salón de Merce era una descascarada cueva impregnada del olor a sudor, en donde en los peores días de invierno llegaba a faltar la calefacción. Las varias y variadas capas de suéteres y pantalones de jogging que nos colocábamos no lograban protegernos del frío. Un linóleo roído y negro cubría el piso de cemento, y antes de clase nos enrollábamos varias vueltas de cinta adhesiva en los pies, en un esfuerzo por cerrar las alarmantes cuarteaduras que se nos abrían en las plantas descalzas cuando girábamos sobre aquella superficie agarrosa. Al terminar la clase nos enjuagábamos el sudor en el lavabo de un baño diminuto y nos íbamos a casa en el metro, despatarradas en los asientos para darle alivio a nuestros músculos rebeldes. Vivíamos con el cuerpo resentido, pues no teníamos dinero para masajes ni terapias. David Vaughan, un actor y bailarín inglés de modos cortantes y corazón de caramelo que era en aquel entonces –como es hasta la fecha– el historiador oficial de la compañía, era quien nos vendía los boletos para la clase. Las más de las veces nos lanzaba una mirada reprobatoria para luego fiarnos la clase. Hacíamos dietas absurdas: una amiga me preguntó una tarde, sonrojada y a solas, si pensaba que el estreñimiento hacía que uno pesara más, porque llevaba una semana a dieta de lechuga y brócoli y cinco días estreñida, y se había pesado en cinco básculas diferentes y en ninguna de ellas bajaba. A los treinta y cinco años, en promedio, a los bailarines ya no les quedan pies ni rodillas sanos, ni mucha elasticidad en los tendones, ligamentos y coyunturas. Nosotras teníamos dieciocho, veinte, veinticinco años y éramos las jóvenes más viejas del mundo, porque ya se nos estaba acabando el tiempo.

Los hombres eran tan escasos en el mundo de la danza que aunque tuvieran los pies más planos que cuchara de albañil, y hombros como si hubieran nacido colgados de un gancho, todos los coreógrafos se los disputaban. Entraban siempre al estudio con aires de suficiencia; en cambio, nosotras éramos suplicantes, fervorosas y eternas esperanzadas en contra de toda esperanza, apostadoras suicidas que comprobábamos a diario frente al espejo que teníamos el empeine demasiado bajo, las caderas demasiado anchas, las piernas demasiado cortas, los brazos demasiado largos, la espalda demasiado tiesa, y sin embargo acudíamos siempre a clase en espera del milagro que obraría nuestro deseo. «Mírame, di que soy bella, di que soy para ti. Escógeme. Déjame bailar en tu compañía.»

Cuando Merce no daba la clase de principiantes, lo sustituía alguno de los integrantes más jóvenes de la compañía. Los más consolidados se turnaban la clase de nivel intermedio, y cuando ellos andaban de gira, la daban bailarines que en su mayoría habían danzado con Merce en algún momento. De camino al pequeño apartamento que tenía arriba del salón de clases, solía quedarse parado algunos minutos en el umbral del estudio, el hombre apoyado apenas contra el marco de la puerta, los largos brazos unidos disciplinadamente frente al torso, las largas piernas juntas, y la ensortijada cabezota –pesada, canina– mirándonos, ladeada y atenta. De reojo, yo lo veía también, y me gustaba pensar que él me hacía alguna corrección con la mirada que yo captaba al vuelo y obedecía. Me gustaba todavía más pensar que él se daba cuenta.

Fue después de una de esas clases que se me acercó por primera vez. A los cincuenta años que tenía por aquel entonces, Merce contaba con algunos recursos teatrales que no por manidos eran menos efectivos: uno consistía en desplegar su inmensa cortesía para dar la impresión de que era uno quien le estaba haciendo el favor de escucharlo; otro era hablar tan quedo que obligaba a concentrarse completamente en sus palabras. Así, se inclinó hacia mí para decir que, si me parecía, ya era hora de que me integrara a la clase de nivel avanzado (que casi siempre daba él). Este encuentro, que habrá durado menos de treinta segundos, fue de los momentos arrebatadores de mi vida.

No se me hubiera ocurrido pensar que pudiera existir algo mejor en la vida que la danza. Yo sufría, porque en la vida me había tocado sufrir: sufría, entre otras cosas, de una timidez paralizante, de una sensación de estar de más en el mundo, de sentir que mi cuerpo y mi cara eran inaceptables; sufría de insomnio, soledad y ataques de angustia que con frecuencia me impedían hasta ir a clase, pero, en cambio, no tenía queja alguna de mi vida, que, vista a esta distancia, realmente era maravillosa.

Con mis compañeras de embelesamiento hicimos cola tres noches enteras para comprar lugar barato en la sección de los parados en el Metropolitan Opera House (en la cola había quien traía café y galletas para todos, y el espíritu de solidaridad era total). Tres noches enteras pudimos ver a Rudolf Nureyev y a Margot Fonteyn bailar el *Romeo y Julieta* de Kenneth Mac-Millan. Vimos las tres funciones de pie, pero desde la luneta, y todavía me quita el aire el recuerdo de Nureyev, arrobado, intoxicado, loco de amor, cayendo de rodillas para cubrir de besos la falda de Fonteyn. La compañía de Martha Graham estaba en su esplendor en esos años, y en la temporada de 1965, todas las noches, también de pie desde la luneta, sus discípulas pudimos recorrer todo el repertorio de este genio monstruoso. Durante dos semanas nuestro estado de exaltación fue tal que no alcanzamos muy bien a hablar ni a comer.

Al año siguiente inicié mi romance con Merce. Fuimos varias a una función en el pequeño auditorio de Hunter College, y al ver una danza tan pura, tan limpia, tan libre de cualquier atadura sentimentalista, como si la estuviera ejecutando una bandada de aves sutiles y coloridas, supe que estaba frente a un verdadero revolucionario, y al poco tiempo abandoné el estudio de Martha.

La ciudad nos ofrecía mucho más que danza: veíamos cine japonés e italiano en el Thalia, y cine alternativo a la medianoche, en el Waverly o en el Bleeker Street Cinema. Aprendimos que si llegábamos al State Theater de Nueva York después del primer intermedio, los acomodadores nos dejaban entrar gratis al resto de la presentación del New York City Ballet, y así pudimos conocer una buena parte del repertorio de George Balanchine. En el teatro Apollo veíamos a Wilson Pickett y a James Brown y en el Fillmore East a Jefferson Airplane y a Janis Joplin. Teníamos un amigo acomodador que nos ayudaba a colarnos a Carnegie Hall, y sabíamos hacer las deliciosas colas con picnic en Central Park para el hoy famoso festival de Shakespeare en el Parque, que por ese entonces apenas comenzaba.

Un día nos enteramos de que la revolución estaba en Brooklyn, y fuimos hasta el Academy of Music a hacer cola toda la tarde en busca de boletos a mitad de precio para el legendario Living Theater, que estaba de vuelta a Nueva York después de un largo autoexilio en Europa. En la función todos los actores se quitaron la ropa y se metieron encuerados entre el público, cosa que nos pareció emocionantísima. Fue la época en que se comenzaron a borrar las divisiones tradicionales entre danza clásica y moderna, danza moderna y artes marciales, danza y teatro, improvisación y función. Joe Chaikin y Jean Claude Van Itallie, Robert Wilson y los actores del Performing Garage inventaban formas revolucionarias de hacer teatro, y nosotros inventábamos la nueva forma de hacer danza.

Digo «nosotros» porque aunque yo no fuera coreógrafa, ni bailarina famosa, ni destacada, ni prometedora, también formaba parte de esa vanguardia, bailando aquí y allá al lado de coreógrafos incipientes. Estaba, por ejemplo, Margaret Jenkins, una bailarina que daba las clases de nivel intermedio de Merce cuando la compañía andaba de gira y que comenzaba a crear sus propias danzas; la contrataban para una función en un teatrito en Queens o un gimnasio en Staten Island y entonces nos llamaba a ensayar a varias de las que tomábamos su clase. Creo que nos pagaba cinco dólares por semana por los ensayos y treinta por la presentación. Pero yo hubiera pagado por la oportunidad de bailar, sobre todo tratándose de los experimentos que armaba una de mis mejores amigas, Elaine Shipman, que muy evidentemente estaba destinada a lo contrario del estrellato.

Elaine se ganaba la vida como modelo de artista, y era tan hermosa que sólo mirarla me llenaba de alegría. Tenía pómulos esculpidos, y piel del mismo tinte que el café oscuro. También tenía los pies más planos e inflexibles que he visto, y una barriguita como de tres meses de embarazo que nunca le disminuía. No se alaciaba el pelo africano, lo usaba casi al rape, porque el artificio simplemente no se le daba. Todos los demás bailarines que ha habido en el mundo aprendimos a bailar imitando: cuando vimos a nuestro primer maestro de danza caminar con los pies punteados como lápices, con los talones volteados hacia fuera y las piernas muy estiradas, entendimos enseguida que ésa era una forma superior de locomoción, y tratamos de hacerlo idéntico. El temperamento de Elaine se resistía a esta sumisión, al grado de tener que luchar para aprenderse las secuencias de movimiento de coreografías que no fueran las suyas. Año tras año, ha permanecido idéntica sólo a sí misma, incapaz de intentar algo que parezca un artificio, o de traicionarse. En la niñez había estudiado danza con uno de los últimos aprendices de Isadora Duncan, y conservó de él su visión arcadiana, lírica, espontánea y orgánica de la danza. Era mi compañera de clase y a la hora de hacer la cola para ver a Martha, y con quien más me gustaba jugar a ser *soignée*. Nos vestíamos con terciopelos y plumas adquiridos en las pulgas del Lower East Side y así, devastadoramente elegantes según nosotras, nos instalábamos en el bar del Russian Tea Room a pedir un «medias de seda» cada una, que tomábamos con sorbos de mililitro para que no se nos fuera a subir, y para que nos durara el paseo. En la cartera llevábamos el cambio exacto para el trago, la propina y el pasaje en metro de regreso.

Tímida e indefensa como era, Elaine se las arreglaba para conseguir un patrocinador en Baltimore, otro en Newport, para sus *events* (la palabra *happening* era absolutamente vulgar). Nuestra «compañía» —éramos cuatro u ocho según el día de la semana— se presentó en una galería de vanguardia en las fauces de lo que todavía no era Soho sino un lóbrego barrio postindustrial. Bailamos también sobre los oxidados rieles de la antigua zona ferrocarrilera de Baltimore, ante un público de tal vez veinte personas. Con el querido amigo de Elaine, Harry Sheppard, que fue su socio artístico hasta que murió de sida, hicimos una película. No recuerdo bien mi papel, salvo que Elaine me vistió con un hermoso batón blanco y me tocó aparecer y desaparecer de un árbol. Las obras de Elaine eran y son como ella, me parece; tan sin artificio que no pueden sino resultar encantadoras, y con momentos de un sorprendente poder de evocación.

Una tarde en el vestidor de Merce, otra amiga, Graciela Figueroa, comentó que había empezado a ensayar con una mujer rara que tenía un nombre chistoso, Twyla Tharp, y que estaba considerando seriamente llegar a la conclusión de que se trataba de un genio. Graciela hablaba así: era la única entre mis amigas que leía a Sören Kierkegaard y a Teodoro Adorno, y durante años y en contra de toda lógica estuve convencida de que Julio Cortázar se había inspirado en ella para crear el personaje de la Maga en *Rayuela*. Venía del Uruguay. Vivía sin un peso y con problemas eternos de visa: aunque el estudio de Merce estaba acreditado ante el servicio de migración para otorgar visas temporales de estudiante, éstas sólo se podían renovar tres o cuatro veces. Y a menos que se tratara de algún tránsfuga del Kirov o del Bolshoi, a ningún bailarín del mundo se le otorgaba visa permanente de trabajo. Yo tenía visa de residente y vivía sin problemas con el gobierno únicamente gracias a mi madre, que había nacido en Guatemala pero tenía ciudadanía estadounidense.

El acento de Graciela en inglés era como los pies de Elaine, refractario a la civilización. *Chesss*, decía, para decir que sí, y la palabra *unbelievable*, que usaba mucho, le salía como en diecisiete sílabas. Tenía en común con Elaine también la cualidad de indomable –una especie de hermosa torpeza en sus movimientos– pero en su caso iba aunada a una gran fuerza, una velocidad asombrosa y una inmensa audacia. Es posible que ninguna otra mujer haya saltado tan alto en un escenario como ella. Yo, por lo menos, nunca vi a nadie lograrlo.

Sí, decía Graciela, este personaje Twyla era algo raro, nuevo. Medio sargento, pero con un trabajo muy interesante: no usaba música en sus obras, ni tampoco acompañamientos electrónicos tipo Merce, sino el silencio total. En los ensayos las bailarinas usaban zapatos tenis en vez de ir descalzas o con zapatillas, y se peleaban con movimientos que parecían improvisados y *completely casual* –Graciela remachó las consonantes de *completely* con martillo, y le acomodó unas cuatro sílabas a *casual*– pero que en realidad eran endemoniadamente difíciles. A ella Twyla le había recomendado –aquí Graciela la Fiera relinchó como un potro– que tomara clases de ballet.

Nunca me tocó ver desde el público un evento de Twyla Tharp. Al poco tiempo de que Graciela empezó a trabajar con ella, me dijo que Twyla estaba preparando la reposición de un espectáculo muy grande al aire libre, *Medley*, con sesenta bailarinas, todas mujeres (¡sesenta bailarinas!: inmediatamente tuve la medida de sus ambiciones y su locura), y que no estaría mal que yo me presentara a la audición. Dos semanas más tarde, comencé a ensayar con ella.

A las ocho de la mañana en los cálidos días de verano en el Great Lawn –el gran prado– de Central Park, se levanta una exhalación de neblina que flota suspendida por unos breves minutos sobre el pasto. No es más que la vaporización del rocío de la noche anterior, apenas un velo transparente que se desbarata con la primera brisa, pero sirve, si uno tiene la suerte de estar bailando en ese prado a esa hora, para aumentar la sensación de estar flotando. Tal vez compartían la misma sensación los caballos de la policía montada que sacaban a correr a esa hora, y también los integrantes de un equipo de fútbol americano que a lo lejos parecían nadar en agua invisible mientras hacían sus complicadas prácticas. Para mí, los ensayos de *Medley* durante aquellas claras mañanas fueron la primera comprobación inapelable de que valía la pena estar viva.

Ensayábamos tres veces por semana. Yo emergía tempranito del metro y en la entrada al parque esperaba a las demás bailarinas. Ya en bola nos dirigíamos al corazón de Central Park: la inmensa pradera verde cuyo límite está marcado por un lago de juguete y la torre de un pequeño castillo pseudomedieval. En un modesto anfiteatro al pie del castillo se presentaría dentro de pocas semanas una obra de Shakespeare, en el festival que Joseph Papp ya había logrado convertir en un bienamado ritual de cada verano.

Twyla no tenía el menor interés en ocupar ese foro, ni en sus camerinos ni su foso de orquesta, ni en la gradería de madera donde se sentaban los espectadores, ni en recibir los mismos aplausos noche tras noche. Ella quería que sus bailarinas se desplazaran por el prado como otro elemento más de la naturaleza; soñaba con que los espectadores se sintieran impulsados a caminar entre ellas como quien pasea en un huerto. Buscaba que los movimientos también fueran naturales, y aunque aquí había cierta contradicción aparente entre el planteamiento y sus exigencias técnicas, quería decir que andaba a la busca de un lenguaje de movimiento antiformal, y, siguiendo por la brecha abierta por Merce, que fuera impredecible en su secuencia y desprovisto de toda estructura «teatral». Había decidido que la larga obra empezaría al final de la tarde y culminaría en el demorado anochecer del verano, con una sección de movimientos hechos no a la velocidad de una cámara lenta sino tan despacio como se desenrolla la hoja en la rama, o como se pone el sol, de manera que nuestros cuerpos se fueran aquietando imperceptiblemente al tiempo que brillaban las primeras estrellas de la noche.

En el primer sol, con el perfume verde de la mañana, rodeada de una muralla verde de árboles, aislada de la barahúnda de Central Park West y la Quinta Avenida, cuyos edificios enmarcaban nuestra bucólica pradera, parecía que la respiración me saliera en estrofas, versos de un largo himno de agradecimiento a Twyla, al parque, al sol. De reojo veía pasar a los jinetes cabalgando en sus monturas y a los jugadores de fútbol lanzarse por los aires, y me gustaba también pensar que a todos —caballos-jinetes, atletas, danzantes— nos maravillaba el hecho de estar compartiendo, inverosímil y neoyorquinamente, ese momento y ese lugar.

«Eso estuvo verdaderamente espantoso», decía Twyla, sin un guiño cómplice para nosotras pero también sin impaciencia o rabia. «Probemos de nuevo.» La eficiencia de Twyla rayaba en la parodia. Llegaba a tiempo a los ensayos, tenía una lista de tareas para cada sesión, y nunca perdía tiempo improvisando secuencias en la sesión de trabajo, sino que todos los días traía minutos enteros de movimiento ya elaborados y aprendidos de memoria. Repartía tareas inmediatamente: «Sara, tú te encargas del adagio; Sheila, repasa la sección tres», y antes de terminar le daba a todo el mundo sus instrucciones para el ensayo del día siguiente. Tal como Graciela había notado, tenía un no-sé-qué de militar, pero su talento para el movimiento era tan prodigioso y ella era tan inteligente, tan intensa y tan extraña, que quedé pasmada y seducida en los primeros cinco minutos del primer ensayo.

Twyla tenía el cuerpo compacto de una gimnasta olímpica, y como ellas, era capaz de cambiar de dirección a la mitad de un salto y rebotar enseguida hacia el rincón contrario sin ningún impulso evidente. Bailaba con la misma aterradora eficiencia con que ensayaba, y con la competitividad de una atleta. No alargaba movimientos para buscar en sus recovecos la sensualidad o el significado oculto, pero sí prolongaba al máximo el final de un *arabesque* fuera de centro para ver cuánto tiempo era capaz de sostenerse en esa posición imposible. Tenía una manera perversa de alardear sus proezas técnicas. Hacía, por ejemplo, una pirueta doble *en dehors* aventando al mismo tiempo los brazos hacia atrás como rehiletes, y enseguida, sin la menor pausa en donde cupiera un aplauso o un suspiro de admiración, se deslizaba a otro movimiento igualmente difícil; un gran salto del cual descendía rodando al piso, digamos, y de ahí a otro giro, como para dar a entender que ella andaba tras de algo mucho más exaltado que nuestra pobre admiración. Su estilo al bailar era el *deadpan* Buster Keaton —me resbalo en una cáscara de plátano sin que se me arquee una ceja—, pero es que ése era su estilo también cuando no se estaba moviendo. En su rostro redondo, de ojos negros y también redondos, enmarcado por pelo corto, negro y reluciente, la boca era una franja delgada que, para significar una sonrisa se fruncía en las comisuras muy ligeramente hacia arriba. Su risa era un breve ladrido, como el estornudo de un perro chihuahua. Cuando terminaba el ensayo nos despedía con un «thanks, everyone...», pronunciado mientras buscaba en su agenda la siguiente tarea. No era simpática, pero era irresistible.

Tal vez sea cierto que los grandes logros de Twyla no se dieron hasta varios años después, cuando se volvió la coreógrafa consentida del American Ballet Theater y creó los legendarios solos para Mikhail Baryshnikov, y los duetos que bailó con él. Para entonces yo ya no estaba en Nueva York, pero nunca he oído a nadie hablar de las obras de la etapa consolidada de Twyla con la misma mezcla de respeto, asombro y agradecimiento que creó en los espectadores y las participantes de *Medley*. En todo caso fue en las obras de esa época que se dio su ruptura revolucionaria con todo lo que había de estancado en la danza teatral. En el ambiente íntimo y devoto de aquella primera compañía Twyla forjó un lenguaje dancístico propio —esa mezcla insólita de Fred Astaire, George Balanchine y la gestualidad *cool*— que hoy nos parece espontáneo y natural, tanto cuando lo vemos en el baile de los raperos como en el nuevo repertorio del ballet clásico.

Ni siquiera tomando en cuenta su obsesiva eficiencia es fácil entender cómo Twyla lograba montar su ininterrumpida producción coreográfica. Tenía que imaginar, crear, pulir y memorizar los movimientos de la obra que nos iba enseñando día con día. Tenía que ensayar sus propios movimientos, trabajando por separado con cada integrante de lo que había empezado a llamar la «compañía núcleo», y con nosotras, las demás. Debía tomar clase todos los días. Además, había que conseguir financiamiento para el proyecto, los permisos correspondientes de la ciudad y el Departamento de Parques para presentar el evento, diseñar un programa y hacer algo de publicidad. Sobre todo, Twyla andaba constantemente a la caza de salones de ensayo o espacios amplios y baratos, en donde pudiéramos ensayar por las tardes. Errantes, íbamos de salón en salón, a veces uno diferente cada semana y todos tan pobres que, por comparación, el estudio de Merce parecía lujoso.

Con los mismos tenis que usábamos por las mañanas para ensayar en el parque, y vistiendo el abigarrado surtido de camisetas rasgadas, mallas rotas y calcetines impares que por entonces se pusieron de moda, nos sentíamos divinas. Fue en la década de los sesenta que la decencia y el recato perdieron toda connotación de elegancia, y se erotizaron lo estrambótico, la autorrevelación y la sinceridad a ultranza: «Soy pobre, y qué», decía nuestra vestimenta, y así ataviadas nos disponíamos a aprender a bailar en Twylense.

El adagio lo aprendimos de la misma manera en que ella lo compuso: primero la sección de piernas, que era una larga serie de figuras —enlazadas, desbaratadas y anudadas— que se dibujaban con los pies. A continuación trabajamos la segunda parte, para torso y brazos. Ambas partes eran igualmente complicadas y difíciles, porque no les encontrábamos apoyos rítmicos ni continuidades lógicas. Una obra de ballet clásico es relativamente fácil de memorizar porque todos los pasos tienen nombre y los ritmos son conocidos; ocho por cuatro, dos por cuatro, dos por tres, lento, rápido, o valseado. Merce todavía acostumbraba dividir una frase de movimiento en cuentas: «… cinco-dos-tres, vuelta-dos-tres, siete-dos-tres, desliza-dos-tres, ¡y de nuevo! dos-tres…». Pero en esta etapa de su evolución como coreógrafa, Twyla había decidido abolir el ritmo. Y los movimientos que teníamos que aprender, su secuencia aparentemente arbitraria, llena de rupturas dinámicas, interpretados en el estilo demótico, borroso e insolente que su mismo diseño exigía, nunca se habían visto. Memorizar una de sus obras resultaba como aprender el monólogo de un loco, palabras sueltas a las que había que ir encontrando las claves secretas. En la fase de memorización de esos primeros ensayos se nos podía escuchar a todas susurrando bajito: «… Aquí me hago a un lado y paso la pierna rapidito por debajo (¡uno-dos!). ¡Brinco! Date la vuelta y un caderazo y… ¡Upa…! De cabeza y *soutenu*… ¿Y el brazo dónde quedó?».

Tardamos como dos semanas en aprender muy apenas las dos frases del adagio, que a ritmo natural duraría, cuando mucho, dos minutos. Cuando estuvo listo, Twyla nos dijo, sin parpadear, que ahora podíamos ensamblar las dos cosas. Es decir, hacer el adagio de piernas al mismo tiempo que el de brazos. Era como recitar *La amada inmóvil* y jugar al ping-pong al mismo tiempo. Y hubo quien nunca pudo.

Para ganar tiempo, Twyla les enseñaba la coreografía del día a las de la «compañía núcleo», quienes luego la ensayaban con las demás. Aparte de Graciela, las demás integrantes eran Rose Marie Wright, Sheila Raj y Sara Rudner.

Rose Marie, la más joven del grupo, era grandota y tan fresca y rozagante como su nombre. De todas, era la única que se había formado exclusivamente dentro de la tradición del ballet clásico. Sheila, más joven aún que Twyla, de enormes ojos líquidos y piel aceitunada, era perfecta. Tenía la nariz perfecta, los dedos de los pies perfectos, los omóplatos perfectos. Su porte de brazos, su *developpé*, su *relevé*, eran perfectos. Finita, ágil, veloz y sinuosa, se aprendía las imposibles frases de Twyla a la primera, y al finalizar el ensayo ya las había hecho suyas. Un día se cortó de un tajo la pesada trenza negro-azabache que le colgaba hasta la cintura. Creo que fue un intento de afearse, porque tanta belleza ya nos iba pareciendo a todas medio de mal gusto, pero lo único que logró fue dejar al descubierto su perfecta nuca, y empeorar su efecto sobre los hombres, quienes en donde se parara la siguieron mirando con ojos llenos de tristeza y anhelo. Vivía, como Graciela, con el fantasma de *la migra* encima, porque los agentes del Servicio de Migración insistían que por el bien de Estados Unidos tenían que deportar a la India a una de las bailarinas más prometedoras del país.

Cuando Twyla repartía las tareas del ensayo entre sus bailarinas, yo rogaba que me tocara trabajar con Sara Rudner. La compañía núcleo era perfectamente igualitaria, en la medida en que todas eran solistas y a cada una le tocaba enfrentar los mismos retos técnicos, pero todo el mundo sabía que, aunque el término no existiera, Sara era la bailarina principal. No sólo por la línea impecable con que su cuerpo dibujaba cada movimiento, como si ella misma fuera un lápiz, ni por su belleza de virgen rusa, ni por la intensidad espiritual con que bailaba (sin los alardes de Twyla, ni el énfasis dramático de Graciela, sino con pasión total por el movimiento). Sara era de alguna manera el centro emocional del grupo; tranquila, cálida y risueña. Aunque contaba los mismos veinticinco años que las demás integrantes de la compañía era más adulta que ellas: en parte, supongo, porque ya vivía con un novio. Nunca se me ocurrió tratar de bailar como ella, pero si me hubiera sido posible cambiar de vida, habría querido nacer de nuevo como Sara Rudner.

Como mujer casada que de hecho era, Sara hacía vida aparte, pero a veces se unía a nuestras salidas. Un día, Graciela llegó anunciando que había descubierto una cafetería en el barrio chino que por noventa y nueve centavos de dólar servía un gigantesco plato de fideos guisados con toda suerte de verduras y pedacitos de carne. «I swear it to you! A lot of chicken. And meat! It is unbelievable!» («¡Te lo juro! Un montón de pollo. ¡Y carne! ¡Es increíble!»), exclamó Graciela con su acostumbrada multiplicación de sílabas. Siempre teníamos hambre, y la abundancia en Nueva York de antros que ofrecían comida étnica a precio de ganga era causa de que no nos sintiéramos miserables sino privilegiadas dentro de nuestra pobreza. El descubrimiento de Graciela nos pareció tan excepcional que todas tuvimos la necesidad de ir, y hasta Sara nos acompañó a conocerlo.

Era una época rara: solamente Sara tenía novio. Yo seguía compartiendo un apartamento con mi madre, porque con lo que ganaba como mesera no hubiera podido aspirar más que a un pequeño lugar sórdido como el que compartían Sheila y Graciela en el East Village. Y nunca había tenido novio, sino unos pocos —y tristes— acostones.

Elaine pasaba de un pequeño desastre a otro, con largas recuperaciones intermedias. Graciela vivía una serie de agitadas experiencias que, tratándose de Graciela, rebasaban por mucho el simple problema de la relación de pareja y se volvían cuestionamientos filosóficos, replanteamientos de la naturaleza misma del amor que la dejaban azorada y exhausta.

Nuestros mejores amigos eran homosexuales, y era frustrante comprobar que, sin excepción, resultaban más leales, divertidos, libres e imaginativos que los contados heterosexuales que habitaban nuestro mundo. Con ellos hacíamos fiestas, bailábamos y nos íbamos de paseo. A veces Sheila hacía un curry. A veces yo preparaba un mole. Elaine, a quien siempre le gustaba jugar al haz-de-cuenta, organizaba *tea parties* para Harry Sheppard y para mí. Ponía la mesa con servilletitas bordadas que no hacían juego, y tazas desportilladas de porcelana floreada. Luego nos presentaba un platón con mazorcas de maíz muy tierno, rostizado apenas, acompañado de una batea de mantequilla derretida. Y comíamos como trogloditas.

Nunca nadie me lo preguntó, y no sé si hubiera entendido en aquel entonces que yo tenía no sólo una vida extraordinaria sino una vida de verdad, de las que no ocurren por casualidad, sino que se van armando con esfuerzo y con tiempo.

Después de *Medley*, Twyla continuó trabajando con la compañía núcleo, y yo también seguí bailando con ella, porque siempre le hacía falta más gente: seis o doce mujeres que usaba como una especie de conjunto de fondo. Recuerdo en particular una presentación en el Wadsworth Atheneum, en Hartford. Mientras la compañía núcleo presentaba el *event* original comisionada por el museo, las demás presentamos una retrospectiva de las primeras coreografías de Twyla, en el auditorio del museo. La función me permitió reconstruir en cuerpo propio las raíces de su trabajo, que había comenzado cinco o seis años atrás (y que incluía danzas tan inescrutables como *Tank Dive*, en la que la bailarina, sola en el foro, sostenía durante dos minutos la pose preparatoria a un clavado de escuadra). Hubo otro *event*, esta vez en el Metropolitan de Nueva York, titulado *Dancing in the Streets of Paris and London, Continued in Stockholm and Sometimes Madrid*, que tuvo más resonancia en la prensa que *Medley*. Participamos unas quince bailarinas. La obra no me pareció tan original en sus movimientos ni de atmósfera tan evocadora como la presentación del Central Park, pero recuerdo con agradecimiento y asombro los ensayos que tuvimos en el museo después de la hora de clausura. Era un placer deliciosamente clandestino repasar los movimientos (o *tasks* o *activities*, como decíamos los representantes de la danza vanguardista) en el espacio vacío del Patio Español, y en la gran escalinata de la entrada. Una noche no pude resistir la tentación y le pasé la mano, muy rápido y rozando apenas el tejido, a un tapiz medieval.

Fue en esos días de ensayo en el Metropolitan que Merce, parado con los pies muy juntos y la cabeza ladeada, me comentó una tarde al terminar la clase de avanzados que existía la posibilidad de un contrato como profesora de danza en Cuba.

A otra persona le hubiera parecido que le acababan de obsequiar un ramo de flores: ¡Merce se había fijado en mí! Yo sentí que me habían vaciado un balde de agua hirviente y helada a la vez. Merce no se había acercado para decir «Quiero que bailes conmigo», sino «Hay una chamba a mil kilómetros de aquí que te puede interesar». Repasando mis logros desde que llegué a bailar a Nueva York, la propuesta de Merce era evidencia de mi propio fracaso. Acababa de cumplir diecinueve años. Cuando me invitó a la clase avanzada pensé que se abría una puerta al mejor futuro que hubiera podido soñar. Ahora tenía veinte, que en los tiempos de la danza tienen otro peso, y nadie me había dicho jamás «Verte en movimiento me rapta el alma, baila siempre». Como cualquier muchacha que se mete a bailar, no tenía el menor interés en ser mediocre. Mi aspiración era ser usada de la mejor manera posible, y estaba convencida de que tenía grandes cosas que expresar en un escenario; de que había dentro de mí una presencia dramática de enorme fuerza y proyección. Sin embargo, iba acumulando más impedimentos que logros en mi camino. Me parecía que después de tantos años en la danza ya era hora de dejar de ser simplemente una bailarina competente, pero estaba dolorosamente consciente de mis limitaciones físicas —los pies planos, la insuficiente rotación del fémur en la cuenca de la pelvis que impedía que mis piernas giraran completamente hacia fuera, como las de las lagartijas y los bailarines aptos. Era un hecho: jamás alcanzaría el virtuosismo técnico.

No he dicho que también era tremendamente miope: nunca me pude adaptar a los lentes de contacto, y en esa época la cirugía de córnea era una técnica experimental que se practicaba sólo en la Unión Soviética. La primera cosa que hacía al despertar era buscar con la mano los gruesos anteojos que me habían recetado por primera vez a los seis años. Sin ellos me sentía desamparada. En un escenario, ciega y expuesta ante el público, me convertía en un animal asustado y gris. Me daba pánico no poder ver, e igual pánico que me vieran. La presentación con Twyla en Hartford, durante la cual me tocó subir a un foro vistiendo solamente un maillot color carne y los consabidos tenis, fue una tortura que no sería capaz de repetir. Me pareció que cada uno de los defectos que repasaba todos los días frente al espejo —ese inventario de caderas demasiado anchas, piernas demasiado cortas, espalda jorobada— quedaban ahora expuestos como si yo fuera una res destajada, colgada en la vitrina de una carnicería. Me supe cobarde.

Guardaba otro secreto. Desde que emprendí de niña el camino de la danza moderna, jamás deseé ser una simple bailarina: siempre quise ser como Martha Graham. Quería usar mi cuerpo para inventar un arte teatral brutal y mítico, completamente nuevo. Cuando vi por esas mismas fechas los primeros montajes del director teatral Robert Wilson, me ahogó una furia desolada e insensata: ¡Wilson me había escarbado el cerebro y robado la idea! Sus obras eran las mismas con que yo había soñado, literalmente, en sueños tan intensos que al despertar los apuntaba hasta con las indicaciones correspondientes a la iluminación. Viendo trabajar a Twyla, tan obsesiva, tan despiadada, supe que no había en mí la capacidad de mover montañas, de llevarme por delante presupuestos, burocracias, la vida de los que me rodeaban, con tal de darles cuerpo a esos sueños. Ni siquiera me atrevía a decirles a Elaine y a Harry, que eran más familia que mi familia, que quería que ensayaran conmigo.

A tanto tiempo de distancia no soy capaz de saber cuán fría o cuán confusa fue la evaluación que hice de mí misma a los veinte años. Sí sé que cuando Merce sugirió que me alejara de él para ir a dar clases en un país lejano, aumentó el estado de ansiedad y depresión que siempre me gobernaba. No pensé, por ejemplo, que la vida me estaba ofreciendo una gran oportunidad para conocer un mundo exótico y empezar a formarme como profesora, que es la mejor manera que tienen todos los bailarines del mundo de ganarse el pan. Más bien sentí que todo se juntaba para alejarme de los sueños que hasta entonces había forjado; el rechazo de Merce, mi propia soledad...

El mismo Manhattan, ese imperio mágico de todas mis aventuras, me pareció de pronto una isla sitiada. Ya algún ladrón había saqueado y medio destruido el apartamento que compartía con mi madre. Ya habían asaltado el apartamento de Graciela y Sheila (más tarde se habrían de encontrar con el ladrón en el ómnibus). Violaron a una conocida. Convivíamos con los asaltos y la violencia como con la plaga de cucarachas, que era la fauna nativa de las cocinas neoyorquinas, pero en ocasiones sentía mucho miedo, y aunque no tenía nada en contra de los hippies, con los que se convivía en todas las calles del Village y el East Village, su mundo me parecía sórdido. Un día fui a pedir consulta en una clínica de barrio, buscando un remedio para la tos remolona que traía. Esperé la cita al lado de una muchacha cubierta de llagas, que alucinaba los efectos de algún mejunje psicodélico. En la marea baja de la mañanita, cuando salía rumbo a la cafetería del Village donde trabajaba, tropezaba con las víctimas de la heroína, droga de moda. Como la cafetería estaba en uno de los cruceros más conocidos del Village, llegaban muchos jóvenes, artistas como nosotros, a preguntar si podían pegar en las vitrinas las carteleras que anunciaban sus exposiciones y eventos. Con cada vez mayor frecuencia tuvimos que pegar también pequeños letreros con la foto de un joven o una muchacha apenas adolescente; los fugados de casa, el proletariado de la nueva nación hippy. A veces eran personas mayores los que llegaban, letrero en mano, a preguntarnos si habíamos visto a sus hijos, y su angustia daba pena. Pero yo entendía y admiraba a los jóvenes nómadas aun cuando terminaran desparramados en una esquina, tosiendo y cubiertos de llagas: a mí también me urgía distanciarme de mi madre, no porque mis diferencias con ella fueran insoportables, sino porque su demasiada cercanía ya me ahogaba, y no me había atrevido a forzar la separación.

De Merce ya había recibido las ofertas que leí como un rechazo: Caracas o La Habana. De Twyla no tenía más que su habitual indiferencia, pero la amistad que me unía a las integrantes de la compañía núcleo me hacía guardar una hebrita de esperanza. Busqué a Sara. «No sé, no sé qué decirte», me dijo. «Habla con Twyla.»

Una tarde después del ensayo me quedé haciendo tiempo en el estudio, con el corazón en la boca, hasta que se fueron las demás. Twyla terminaba ya de guardar su ropa de práctica en la mochila, lista para salir. Le dije que me habían ofrecido una plaza como maestra de danza en Cuba. ¿Qué me aconsejaba? Sin dejar de amarrarse el zapato, alzó la vista un momento. «Yo que tú, aceptaba», dijo. «No vas a lograr nada quedándote por acá.»

Ni siquiera pensé en la posibilidad de ir a Venezuela, tal vez porque no sabía nada de ese país. En cambio de Cuba sí. Cuando comencé a bailar a los doce años en México, la compañía de danza moderna a la que me integré acababa de regresar de una gira cubana. Los bailarines hablaban constantemente y con nostalgia de ese viaje a la isla recién conquistada por la Revolución, y no olvidé sus descripciones de La Habana; la luna llena brillando sobre el mar en el paseo del Malecón, el intempestivo romance que sostuvo una de las bailarinas con un camionero, la rumba…

No entendí del todo lo que decían mis compañeros acerca de la Revolución y Fidel, pero esos relatos también estaban llenos de emoción y romance. Cuba y Fidel Castro contaron desde el primer día de la Revolución con el apoyo del gobierno mexicano –que veía en la defensa de Cuba la defensa de los principios de soberanía y no-intervención– y también con el entusiasmo de los intelectuales antigobernistas del país. Lo que parecía contradictorio en realidad era lógico: México perdió más de la mitad de su territorio en una guerra contra Estados Unidos en el siglo XIX, y a partir de esa fecha, cualquiera que se erija como David contra el Goliat de nuestro vecino siempre será admirado. En ese sentido la Cuba de Fidel, enfrentándose sola a todo el poderío de nuestro arrogante vecino, encarnaba una causa más que justa. En general, el izquierdismo revolucionario forma parte de una larga y honrosa tradición entre los artistas mexicanos, y yo daba por hecho que la Revolución cubana estaba del lado del bien y el gobierno de Estados Unidos del lado del mal.

Y sin embargo, vivía en Nueva York, y nunca había sentido el menor deseo, la más mínima curiosidad, por viajar a Cuba. Si esta contradicción no me incomodaba es porque mis nociones de política eran rudimentarias: lo poco que sabía de la guerra en Vietnam y del racismo me horrorizaba, y lloré con las noticias de la matanza de estudiantes en mi país en 1968. Hubiera sido casi imposible estar viva en esos años, en esa ciudad y en ese medio, y no sentir lo mismo. Pero no tenía televisión y creo que no fue sino hasta varios años más tarde que vi por primera vez un programa de noticias en Nueva York. Ni siquiera leía el periódico, salvo la sección de artes y las recetas de Craig Claiborne, en las ocasiones en las que mi madre traía a casa el *New York Times* de la oficina donde trabajaba como secretaria. Parada frente a un puesto de periódicos en el metro, leí a hurtadillas y con dolor las notas de primera plana sobre la cacería del Che, pero nunca pensé mucho en el porqué de su lucha, ni en su vida de revolucionario. Me impactó más bien, como a tantos, la imagen de un hombre heroico, famélico, perseguido por una jauría humana a lo largo y ancho de montes y despeñaderos áridos.

En la medida en que se hubiera podido decir que yo tenía alguna postura política ante el mundo, me parece que reunía elementos sinceros de antiautoritarismo, anticlericalismo, horror a la tortura, revulsión ante la desigualdad social, defensa de los animales, terror ante cualquier tipo de violencia y desconfianza de todo lo relacionado con el mercantilismo y sobre todo la publicidad. Para mí, eso era ser revolucionaria, como sentía que lo era en el arte. Pero mi convicción más profunda, tan profunda que ni siquiera hubiera sido posible articularla, era perfectamente elitista: no tenía duda de que los artistas éramos la forma superior de vida de la humanidad. Esta convicción justificaba mi vida.

Merce no era ni siquiera el intermediario en el asunto de la escuela de danza cubana. Cuando le dije que había decidido solicitar el puesto, me contó que la directora de la escuela, que andaba por Nueva York buscando maestros, había ido al estudio a preguntarle si podía recomendar a alguien y que a él simplemente se le había ocurrido pensar en mí. Si me interesaba, le podía hablar por teléfono. Su nombre era Elfriede Mahler. «You'll form your own opinion of her, I'm sure» («Seguramente tendrás tu propia opinión de ella»), me dijo Merce, con lo más parecido a una sonrisa cómplice que puede ofrecer un caballero. «But it could turn out to be interesting» («Pero te podría resultar interesante»).

Por teléfono, Elfriede acordó venir a cenar a casa con su esposo, llamado Harold, si bien recuerdo, al siguiente fin de semana.

Una señora americana de pelo gris desarreglado y con una sonrisa atornillada que no lograba disimular su mal humor entró a la sala que mi coqueta madre había decorado con orgullo. A pesar de su nombre valquiriesco, Elfriede Mahler no era alemana ni imponente. En su porte no había ningún indicio de que hubiera sido bailarina alguna vez; en su personalidad, ni el menor dejo de gracia. Desde el saludo habló como a la defensiva, con una rabia chiquita, como si esperara que alguien opinara que lo que acababa de decir era una estupidez. Por esa época ha de haber tenido los mismos cincuenta años que Merce, pero se veía mayor. Averiguamos pronto que ella y Harold, un periodista sesentón, antiguo militante del Partido Comunista, habían llegado a Cuba al inicio de la Revolución. Los dos regresaban ahora a Estados Unidos, creo que por primera vez en varios años, a ver a sus familiares, hacer algunas compras y, sobre todo, a buscar profesores para la escuela de danza.

Elfriede era, en efecto, directora de la escuela de danza, parte del conjunto de las Escuelas Nacionales de Arte, que existían desde 1964. La escuela contaba con el apoyo irrestricto del gobierno, dijo Elfriede aquella noche, lo cual le permitía contar con una sede amplia y cómoda, dotada no de uno ni dos sino de cuatro salones de clase, inmensos todos. Los alumnos ingresaban a la escuela a los doce años y se especializaban a los dieciséis en danza moderna o afrocubana. En los verdes predios de la escuela, que estaba en las afueras de La Habana, apartada del ruido y tumulto de la ciudad, se les daba la mejor alimentación, y una formación académica rigurosa. Había que tomar en cuenta, explicó, que el grupo que ahora estaba por graduarse era el primero, y que por eso era, en realidad, menos homogéneo que los que venían detrás: incluía a muchachos hasta de veintidós años, y el nivel técnico era bastante disparejo. Elfriede parecía estar consciente de sus propias limitaciones como bailarina y profesora. Nos dijo que ella y otra bailarina de danza moderna, americana también, eran las únicas dos maestras: les urgía renovarse y abrirles un panorama más amplio a los estudiantes, sobre todo a los muchachos que ya se iban a graduar.

Nos esforzamos todos, pero la noche no tuvo brillo. Elfriede y Harold comieron con displicencia la cena que mi madre se había pasado toda la tarde preparando. Ella, a su vez, reaccionó con cierta falta de entusiasmo ante las consignas revolucionarias que proferían a cada instante los invitados. Al denunciar los sacrificios que le imponía a Cuba el embargo económico decretado por Estados Unidos, la pareja puso como ejemplo la falta de aparatos electrodomésticos en la mayoría de los hogares. Pensando, como acostumbraba, en la comida y la comodidad, mi madre ponderó las dificultades de vivir sin refrigerador en el monstruoso calor de la isla.

«¡Oh, no!», respondió Harold en el acto, chorreando sopa en la gastada corbata en sus ansias por limpiar a la Revolución de cualquier mácula. «Afortunadamente Cuba tiene un clima tan espléndido que el refrigerador realmente no hace falta.»

¡Pobre Harold! Bastó esa frase para que yo lo catalogara para siempre como un perfecto imbécil. Y es cierto que acababa de decir una gran tontería. Pero también es cierto que yo no entendía nada del amor, y que Harold estaba enamorado de corazón, cuerpo y alma de su Revolución.

¡Pobre Elfriede! A ella y a mí nos habría ido mejor si hubiéramos hecho lo que nuestros corazones indicaban. Porque la verdad es que yo le caí tan mal a ella como ella a mí. Pero Elfriede estaba desesperada: no era fácil convencer a cualquier bailarina de nivel más o menos correcto que abandonara sus clases y sus eternas ilusiones en Nueva York para irse a meter a una isla comunista, rodeada de tiburones y embargos económicos. En ese momento no había logrado aún concretar un trato con una estudiante de danza radicada en Chicago, que parecía estar interesada en dar las clases de primer nivel. Le había pedido también a una reconocida maestra que dictara un curso intensivo de un mes durante el verano, pero ella todavía estaba indecisa. Ahora tenía que abandonar la idea de dar con un espíritu afín para el puesto que más le importaba, porque en todo Nueva York yo era la única candidata a maestra de planta para los alumnos del nivel avanzado.

¡Pobre de mí! Estaba por condenarme a trabajar íntimamente con una mujer que me parecía desde ya insoportable. Si yo hubiera sido un poco más tolerante, si no hubiera considerado pecado mortal la falta de gracia y la facha, le hubiera podido reconocer por lo menos algunos méritos a mi futura supervisora: su empeño y su optimismo eran admirables. Y su audacia también, porque ahora se me ocurre que seguramente estaba violando alguna de las múltiples leyes que prohibían a los ciudadanos de Estados Unidos cualquier contacto con Cuba, y que al volver a su país natal se estaba exponiendo a sanciones, multas o tal vez hasta cárcel por colaborar con el enemigo.

También era innegable la humildad con que ella aceptaba sus limitaciones, y su disposición a intentar algo nuevo buscando profesores en la técnica de Merce Cunningham. En toda Latinoamérica en ese momento, no había una sola institución educativa, ninguna escuela que ofreciera la especialización en danza moderna. Y tampoco había un grupo de danza que quisiera apartarse por un instante de la ortodoxia de Martha Graham. Sin embargo, Elfriede había decidido romper el aislamiento de su institución para buscar, no a la gente de Paul Taylor o Anna Sokolov o Alvin Ailey, artistas menos escandalosamente vanguardistas, sino al propio Merce. Hubiera sido justo reconocerle por lo menos eso.

Claro que, si hubiera sido un poco más tolerante conmigo misma, no me habría sentido obligada a aceptar, por despecho, un trabajo que no quería en Cuba.

Si lográbamos ponernos de acuerdo, dijo Elfriede al final de la cena, estaría en posición de ofrecerme un contrato por un año, con gastos de viaje, viáticos y alojamiento incluidos, y aparte un sueldo de doscientos cincuenta dólares al mes –pagado, claro está, en pesos cubanos no convertibles a dólares, pero muy buenos pesos al fin y al cabo–. Volteó a mirarme, se atornilló su mejor sonrisa, y vi una súplica mal disfrazada en el fondo de sus ojillos relumbrantes. Dije que sí, que aceptaba, y la súplica se tornó en alivio, pero no en calidez.

A pesar de nuestras mutuas desconfianzas logramos rápidamente un acuerdo: a cambio del sueldo, pasaje y viáticos, daría dos clases al día durante un año –una, al grupo que estaba por graduarse, y otra, a los muchachos de cuarto nivel–. Impartiría técnica Cunningham dos días a la semana y técnica Graham los otros tres. Este acuerdo fue el mejor y el más importante que llegamos a concretar Elfriede y yo: a las dos nos pareció sensato ofrecer a los estudiantes una gama de posibilidades y no una sola técnica, y a las dos nos pareció también mejor darle más peso a la técnica más armada, original y coherente que hay en la danza moderna, que es, sin duda, la dè Martha.

A los pocos días Elfriede se fue de Nueva York, y creo recordar que nos las arreglamos para no tener que volver a vernos. Por teléfono, me avisó que en cuanto regresara a la isla empezaría a tramitar mi permiso de trabajo y la visa para mi estancia. La representación de Cuba ante las Naciones Unidas, que tenía sus oficinas en la Quinta Avenida, me mandaría un aviso en el mismo momento en que se autorizara mi entrada a Cuba. La visa se situaría cuanto antes en la Embajada de Cuba en México y, después de recogerla allí, yo tomaría un vuelo directo a La Habana. Con algo de suerte, podría ocupar mi plaza a comienzos del año nuevo.

Mis amigos reaccionaron con curiosidad y emoción ante la noticia del viaje, y mi madre se preocupó: no le gustaba mucho la idea del socialismo, y le caía gorda la barba y el empaque de Fidel Castro. A Elaine le pareció fantástica la idea de viajar a un territorio desconocido. Creo que a Graciela le pareció un error abandonar la exploración de la danza que me ofrecía Nueva York, pero no quiso entrometerse.

No pude contarle a nadie el desconsuelo que me provocaba el viaje, porque hubiera tenido que confesar fracasos y desilusiones que me llenaban de vergüenza. Cuando pensaba en Cuba, Manhattan me parecía nuevamente una isla alegre y llena de posibilidades, y los escollos en el camino lucían menores. Pero en cuanto consideraba la opción de cancelar el viaje y quedarme en Nueva York, mi futuro se volvía a oscurecer. ¿Con quién iba a bailar si no con Twyla? Pero ¿cuánto tiempo soportaría seguir haciendo el papel de peor-es-nada? Me daba ánimos diciendo que era bueno salir de casa, ponerme a prueba; que sería un viaje de descubrimiento por la legendaria isla de la Revolución, que regresaría ya fogueada como maestra, que con la experiencia adquirida podría empezar a ganarme la vida dando clases. Sobre todo, repetía que sólo me estaba ausentando de Nueva York por un año, y que al regreso encontraría todo exactamente igual. La única diferencia sería que en un año ya habría dejado de sufrir por Twyla y podría comenzar a soñar de nuevo y a forjar otros caminos. Podría reiniciar mi vida de antes, hacer un mole para los amigos como antes, volver a tomar clases como antes. Mi mundo sería el mismo, y yo también.

2

CUBANACÁN

Aterricé en La Habana con un retraso de cuatro meses, el primero de mayo de 1970. La visa no fue autorizada sino hasta mediados del mes de marzo, y al llegar a México a recogerla sufrí otra demora inesperada: la tos terca que traía desde hacía varios meses, producto de semanas de ensayo con Twyla en un estudio sin calefacción, se había convertido en bronconeumonía. Llevaba un mes en recuperación en la Ciudad de México cuando decidí de un día para otro tomar el siguiente vuelo a Cuba. Por casualidad hubo cupo, y nunca se me ocurrió que sería prudente avisar en La Habana de mi llegada.

Una amiga bailarina que conocía bien Cuba me ayudó a preparar las maletas. Me contó de las consecuencias del embargo económico que Estados Unidos le había impuesto a la isla en 1960. Había surtido efectos terribles, dijo: en general no abundaba la comida, aunque nadie pasaba hambre, pero no había nada que comprar en las tiendas. Siguiendo sus instrucciones empaqué ropa para el calor, y todos los zapatos y sandalias a mi alcance, porque cuando se me gastaran los que llevaba, no habría manera de comprar otros. Muchos libros, porque habría pocos (pero había que escogerlos bien, no fuera que los compañeros del Ministerio del Interior que revisaban todo en la aduana pensaran que se trataba de material subversivo). Llevaba una extravagancia pequeña: un frasco de perfume caro que había comprado a escondidas de mí misma, y una mayor: una grabadora y toca-casetes portátil de primera generación que se llevó la mayor parte de mis ahorros. Pesaba como tres kilos y funcionaba por medio de toscos botones alineados como teclas al frente del aparato, innovación tecnológica que me permitió empacar grabaciones de Bach y Mozart y algo de jazz, junto con el *Rubber Soul* de los Beatles, y lo último de Aretha Franklin y Creedence Clearwater Revival. Mi asesora advirtió que todo lo que fuera rock o rhythm and blues estaba prohibido, pero no la creí: ¿qué podía tener de censurable *Respect*?

Para los amigos cubanos de mi amiga, y para la gente que iría a conocer, llevaba una maleta completa de regalos; latas de mantequilla australiana, leche en polvo, barras de chocolate, latas de galletitas danesas. («Que tenga muchas calorías», decía mi amiga, paseando una y otra vez con el carrito por los pasillos del supermercado.) Compramos jabón de tocador, peines de plástico y espejitos, y un costal de toallas femeninas y tampones que nunca llegué a regalar, pues se convirtieron en mi mayor tesoro. Gasté mis penúltimos dólares en pilas de transistores, cuadernos, bolígrafos y un libro que tal vez resultaría subversivo, pero que Galo, el mejor amigo de mi amiga en la isla, se moría de ganas de leer; *Cuba, est-il socialiste?* Por lo menos la pregunta acusadora venía en francés. Conforme se iba amontonando en mi cuarto este retrato a la inversa de las carencias cubanas, yo me emocionaba: mi estadía en la isla habría de ser una especie de purificación, una prueba de fuego. Empecé a leer al Che:

> Éste es uno de esos momentos en que tienen que tomarse grandes decisiones: este tipo de lucha nos da la oportunidad de convertirnos en revolucionarios, el rango más alto de la especie humana, pero también nos permite graduarnos como hombres. Quienes sean incapaces de lograr uno de estos dos estadios, deberán decirlo y abandonar la lucha.

Al final, los preparativos para mi nueva vida ascética resultaron dignos de un acaparador de tiempos de guerra. En el aeropuerto José Martí de La Habana, mientras yo contaba los riítos de sudor que se me iban formando en la columna vertebral y los muslos, un oficial de aduana se asombró ante la cornucopia de paquetes y envoltorios que salió rodando de mi equipaje.

Ya estaba vacía la sala, ya habían salido los demás pasajeros, y él no lograba salir de su desconcierto. ¿Cómo que nadie me había ido a esperar? ¿Dónde estaba mi responsable? ¿Quién había autorizado mi subida al avión? ¿Y ese libro? ¿Para quién era? Menos mal que Cuba tenía relaciones de amistad con Australia, pero ¿para qué quería yo todas esas latas de mantequilla? El aparato para grabar, lo sentía mucho, se quedaba allí. Uno a uno sacó de un baúl de henequén unos bultos envueltos con periódico y los desbarató, y uno a uno fueron apareciendo otro par de zapatos y sandalias nuevas y usadas, hasta sumar diecisiete. Apiló los chocolates, las cintas de música ilegal, las galletas. Habían pasado casi tres horas, estaba cayendo la tarde, pero el calor seguía sofocante.

Contemplando al oficial calculaba mis pérdidas. Pasaría un año sin música, tal vez sin zapatos, tal vez sin libros. ¿Se perderían también los chocolates de Galo? No se me ocurría otra explicación para mi surtido equipaje que la verdad, y no encontraba cómo adornarla de manera que mis bultos y mi presencia resultaran inofensivas y lógicas para el aduanero. Obviamente, había cometido una serie de faltas graves, y sentía vergüenza: tanta cosa que pretendía meter, tantos privilegios que quería asegurar de antemano, cuando aquí lo que tocaba era compartir la escasez. No dije nada.

El oficial me escudriñó una vez más. Revisó una última vez mi visa. Estaba en orden. Con categoría de «técnico extranjero», estaba autorizada para residir un año en Cuba, impartiendo clases. Mi destino era la escuela de danza de la Escuela Nacional de Arte en el barrio-municipio de Cubanacán. Suspiró.

–Llévate todo, chica. Yo no sé qué puedo hacer contigo.

–¿La grabadora también?

–Todo.

–¿La música?

–Todo, te dije. ¡Que no te quiero ver más!

Atolondrada por el triunfo, salí arrastrando cajas y maletas a la sala de recepción del aeropuerto y ahí dudé de haber llegado al país correcto, o tan siquiera a algún país. La sala estaba completamente desierta y vacía. Por todo mobiliario había una hilera de sillas metálicas en un rincón. No había un puesto de información turística, ni una casa de cambio, ni nada que pareciera un paradero de transporte público. Ya había llegado el último vuelo, ya estaba cerrado el aeropuerto. No había una sola persona. Era el primero de mayo de 1970, y no supe que había aterrizado en el Día Internacional del Trabajo, fiesta sagrada de la Revolución. Una mujer policía que, asomada desde el interior de una oficina, me interrogó. Cuando se enteró de que yo había volado a Cuba «por la libre», reclamó duramente mi falta de disciplina y respeto para con la Revolución.

Por fin, de mala gana, me señaló a un hombre canoso que esperaba fuera del aeropuerto, al lado de un carro destartalado. Era el último taxi del día. El viaje a Cubanacán, me informó, costaba un peso. Busqué en la cartera y, extrayendo uno de los diez billetes de un dólar que eran todo mi capital, le pregunté si me lo podía cambiar.

–¡Qué te pasa, chica! ¿Que tú no ves que te puedes meter en un lío? ¡Guarda eso!

En México me habían dicho que el dólar era moneda ilegal en Cuba, pero no me habían advertido que la pena mínima por incitar al tráfico de dólares eran varios años de cárcel.

Costó trabajo convencer al taxista de que sin él estaba perdida, pero como era cierto, finalmente aceptó llevarme a la Escuela Nacional de Arte. Ahí, le prometí, encontraríamos a alguien que le pagara el viaje en pesos cubanos. Subimos la pequeña montaña de bultos al auto, que dio como un suspiro desde lo más profundo de sus amortiguadores desvencijados, y arrancamos.

El paisaje rural que recorrimos en los veinticinco kilómetros que separan el aeropuerto de la escuela de arte de Cubanacán era un panorama de soledades. Viniendo de México, donde un rosario de pueblos van bordeando los caminos que llevan a la ciudad, y donde decir pueblo es decir de una vez campanas, cuetes, y radios a todo volumen, las desiertas extensiones de cañaveral que ahora recorríamos parecían, en la última luz del día, parajes del inframundo. De vez en cuando pasaba un camión de redilas cargado de campesinos de regreso a sus hogares. Aquí y allá había un multifamiliar, inverosímil en su entorno agreste. Repetidamente interrumpía el horizonte una valla de letreros que, en vez de anunciar Coca–Cola o aftershave, exaltaban la Revolución. ¡A CUMPLIR! ¡DIEZ MILLONES! Y luego, de a palabra por letrero:

COMANDANTE

EN

JEFE:

¡ORDENE!

Por ratos nos acompañaba algún ciclista, pedaleando al mismo compás que el cansado motor del taxi. A veces otro carro, vetusto y paciente como una mula, nos rebasaba con toda calma. El nuestro, cual mula, se detuvo de repente. El taxista, que había venido manejando en total silencio, masculló, se bajó del carro, alzó el cofre, investigó durante unos momentos y, asomándose por la ventanilla, me pidió prestado uno de los pasadores que llevaba en el pelo. Se lo acomodó al motor, arrancó de nuevo y seguimos camino, siempre en silencio.

Lo que recuerdo más claramente de la llegada a Cubanacán es que, después del confuso recorrido por los predios de la escuela hasta dar por fin con alguien que le pagara al taxista, y siendo ya de noche, el hombre alzó de nuevo el cofre del carro y me ofreció el pasador. Cuando le dije que se lo podía quedar me regaló la única sonrisa de nuestra breve convivencia. De las otras circunstancias de mi llegada distingo apenas el abrazo cálido de una mujer muy sorprendida, que se presentó como delegada del Partido Comunista en la escuela. Le tocaba estar de guardia esa noche de fiesta y cuando le expliqué quién era y cómo había llegado me dio una bienvenida efusiva y escandalizada. Seguramente fue ella la que pagó el taxi y me llevó al cuarto en el pabellón de dormitorios destinado a los invitados especiales. Tal vez me consiguió algo de merendar. Recuerdo una impresión de humedad, de oscuridad desesperante, de rumor de selva. Los moscos eran un ejército invisible. En la habitación el único foco daba una luz triste y débil. En cuanto me quedé sola sentí que iba a caer devorada por la angustia: ¿Qué hago aquí? ¿Qué he hecho, qué he hecho, qué he hecho? Desde la bajada del avión sentí que me había puesto un corset que apretaba más a cada instante, y que ya no me dejaba respirar. Entendí que en las novelas cuando un personaje da vueltas en redondo por el cuarto no es por afectación literaria del autor: me descubrí a alguna hora de la noche haciendo lo mismo, incapaz de sentarme. Recuerdo la humedad de las sábanas cuando por fin me metí a la cama.

Desperté en la madrugada de una pesadilla monstruosa: del baúl de henequén escurría sangre, y cuando me levantaba a investigar, en vez de zapatos descubría cabezas cercenadas y sangrantes en los envoltorios de periódico. Ya despierta y con la luz prendida comprobé que en el baúl se agitaba uno de los bultos. Lo abrí. Una cucaracha gigantesca me saltó pesadamente a la cara y cayó de nuevo, arrastrando las alas entre los pliegues del papel, intentando revolotear. Otras más se revolvían en el nido de periódico.

Protagonicé de nuevo una escena de folletín: cuando vinieron a buscarme los representantes de la escuela esa mañana para llevarme a desayunar me encontraron ardiendo en fiebre. Fui a dar derecho al hospital.

El médico de turno que me examinó en el hospital militar Carlos J. Finlay era fornido, moreno y bigotón. Atendía en un cuartito del viejo y elegante edificio que alguna vez habrá sido alacena. Con la Revolución, la población de enfermos que tenía acceso a la atención médica se multiplicó, y ahora en el hospital se aprovechaba hasta la última esquina. A pesar de la estrechez el cuartito tenía todo lo que hacía falta: instrumental reluciente, una mesa de diagnóstico cubierta con una sábana también albeante, termómetros y baumanómetros para tomar la presión.

Una enfermera morena y gorda iba y venía alegremente por el lugar. Las nalgas le rebotaban como si fueran animalitos juguetones, y ella soltaba risotadas con cualquier motivo, como si los animalitos le estuvieran haciendo cosquillas. Con el médico, desgranaba una variante de la conversación que habría de oír repetida hasta el delirio a lo largo de los siguientes meses: que le había tocado hacer la guardia del Comité de Defensa de la Revolución toda la noche porque fulano no había llegado, que entonces iba a tramitar que zutano le supliera a ella su guardia de la noche siguiente para tener tiempo de ir a buscar una *jaba*, o bolsa, de abastecimiento con una tía que se la tenía guardada porque la cuota de arroz que le tocaba a mengano le sobraba porque a perengano lo habían movilizado para el corte de caña. Me vinieron a la mente Celia Cruz y su Burundanga. Por primera vez desde la llegada al aeropuerto tuve ganas de sonreír.

Con una última palmadita en la espalda el doctor me dijo que, aparte de la inflamación del colon, que era mi padecimiento crónico, y del episodio de fiebre y los ataques de tos que seguramente eran resabios de una infección mal atendida, mi salud era impecable. Sería mejor, sin embargo, que me quedara internada un par de días más, para ver si lograba mejorar esa tos empedernida. No cambió de opinión cuando le insistí que ya estaba acostumbrada a toser, y que no valía la pena que siguiera ocupando una cama de hospital.

—¡Pero muchacha! ¿Cómo tú crees que te vamos a dejar ir así? Aquí estamos para servir a la Revolución, y tú, como internacionalista que eres, ¡mereces el mejor cuidado!

Me turbé. Yo no era ninguna internacionalista, sino una simple bailarina. Me pareció de elemental decencia aclararle que tenía un buen empleo y me urgía empezar a trabajar.

—¡Nada de eso, chica, nada de eso! ¡Si internacionalista no es sólo quien arriesga la vida con una metralleta en la mano! Nosotros los revolucionarios sabemos reconocer el esfuerzo de todos: también luchan los que se enfrentan a la policía en las entrañas del Imperio, y se arriesgan y protestan contra el sanguinario Nixon y su guerra genocida. Así seguramente lo has hecho tú. Y luego has venido aquí a compartir nuestras carencias, a brindarnos lo mejor de tu experiencia y a mostrarnos tu solidaridad. ¡No me pongas esa cara triste, muchacha! ¿Cómo crees que lo mejor de nuestra Revolución no va a ser para ti?

Regresé al cuarto sintiendo que los signos de exclamación y las palabras con mayúsculas del médico me perseguían como lluvia de flechas, y me hundí en la cama como si allí pudiera esconderme. En México, la bronconeumonía me la había curado un doctor que era amigo de una amiga. En Nueva York también estaba acostumbrada a depender de médicos buena gente o de clínicas populares. Sin embargo, en La Habana me acababan de hacer el primer examen médico completo de mi vida, y la radiografía, los análisis y los tres días de hospital no me iban a costar nada. O, más bien, me acababan de aclarar que se me estaba ofreciendo este cuidado a cambio de una cierta conducta, de una postura ante el mundo que presuponía valor y compromiso con la sociedad. Y yo no tenía esa moneda de cambio. Nunca había participado en una manifestación contra la guerra en Vietnam, ni me había enfrentado al sanguinario Nixon; nunca se me había ocurrido que yo tenía la obligación moral de protestar por una injusticia. Jamás imaginé que yo pertenecía a una comunidad más amplia que la de mis amigos y compañeros en la danza.

Y al mismo tiempo sentía que me amenazaba la fuerza de algo a lo que no habría sabido dar el nombre de retórica. Gracias a mi madre, fui desde niña una lectora tan voraz e indiscriminada como ella; lectora de novelas –o consumidora, tocaría decir más bien, dada la urgencia con que devoraba todas las que me caían en las manos– pero también de cualquier otro texto impreso. Y más que a las aventuras del relato en sí, le daba especial importancia al uso del lenguaje. Desde el Doctor Seuss hasta Vladimir Nabokov y Jorge Luis Borges, agradecía y recordaba cualquier palabra que, al impactar con otra, hiciera nacer una frase viva. «¡Viejas, jijas del demonio!», hacía decir Juan Rulfo a Lucas Lucatero en la primerísima frase de un cuento, y yo me acordaba. «Nurse that tooth», mascullaba Humbert Humbert, enfrentado a la disyuntiva que le ofrecía la madre de su nínfula, de tomarse los dos una copita íntima o quedarse él solo cuidando su muela enferma, y yo quería aplaudir la brillantez de quien había logrado que se apretujaran tantas emociones en apenas tres palabras. La graciosa torpeza en el andar de Beatriz Viterbo en *El Aleph* de Borges, tan exactamente reflejada en las sílabas trastabillantes de su nombre; el «¡Viban los compañeros!» que hizo escribir César Vallejo a Pedro Rojas «con esa b del buitre en sus entrañas» en sus cantos fúnebres a la República española; la deliciosa ironía, la gracia con que los protagonistas de Nancy Mitford describían las variedades del tedio, y el cuidado con que diferenciaban entre los miembros de la alta sociedad que sabían llamar *writing paper* al papel para escribir cartas y los arribistas que le decían *note paper*; el relámpago verde de los loros de Ramón López Velarde y la rabia verde y fría de Octavio Paz; atesoraba las palabras y las llevaba conmigo.

Ponía cuidado también a la hora de escribir cartas a mis amigos en México, llenas de frases y oraciones que iba escogiendo según la ocasión, examinando cada una para determinar su grado de brillo o densidad oscura. En realidad, después de la danza el placer del lenguaje ocupaba un lugar preponderante en la lista de cosas que me importaban. Pero esta nueva manera de hablar que resonaba por todo el hospital y que el médico había empleado conmigo desde el primer momento me dejó incómoda y perpleja: Humanidad, Solidaridad, Internacionalismo, Revolución, Imperialismo, Sacrificio... Eran palabras-martillo, palabras de gran peso a las que no podía dejar de prestar atención, que convocaban a la reflexión cuidadosa, pero que también sentía como aplastantes, sin matices ni secretos. Ya me habían provocado escozor en la conversación con Elfriede y su marido, porque dichas por ellos me sonaron artificiales, forzadas. Pero el médico las usaba con toda naturalidad. Había otras frases escritas en las áreas designadas para periódico-mural en cada piso del hospital cuyo significado ignoraba. ¿Qué querría decir «alienación del trabajo», y «¡Vamos por los diez millones!»? ¿Y por qué estas frases pesaban tanto en la mente del médico bonachón, de manera que no tenía necesidad de preguntar quién era yo ni de dónde venía, puesto que las frases ya le daban la respuesta? ¿Qué hacía yo aquí? ¿En qué país, en qué planeta tan diferente al mío, acababa de aterrizar?

«Yo te noto triste; pero, chica, ¡vas a tener que curarte rápido!», dijo la mujer que ocupaba la cama al lado de la mía. «Faltan solamente doce semanas y un día para los Diez Millones, y ese día va a haber la fiesta más grande que se ha dado nunca en este país, ¿oíste?»

¿Diez millones de qué? De toneladas de caña, que era lo que había que cortar para superar el bloqueo imperialista y arrancar, ahora sí, con la construcción del socialismo. «Porque la Revolución nos ha dado escuelas, y buen alimento, y esta atención médica que antes era sólo para los blanquitos, ya tú sabes...

Pero se sufre bastante por causa del bloqueo de los yanquis, eso es verdad. No se ha podido avanzar mucho en lo de la cuestión de la economía, y por eso Fidel dijo que teníamos que hacer este gran esfuerzo, y bueno, con Fidel lo que diga, "hasta la victoria siempre".»

Escuchaba de nuevo el peculiar modo de hablar de los cubanos que me hacía sentir pequeña, incapaz y al mismo tiempo escéptica. ¿Qué era esa forma de hablar tan rara de los revolucionarios?

«¡Pero no ha sido fácil!», decía mi vecina... «Llevamos ya catorce meses en este tren. Yo misma estoy aquí porque me dio una como *surmenage* de agotamiento –yo estaba demasiado cansada, me faltaba el aire, sentía unos dolores por todo el cuerpo. Bueno... una cosa tremenda. Y entonces un primo militar me consiguió el cupo en este hospital, que es el mejor, ya tú lo has visto. Pero ya yo di mi aporte para la zafra: durante más de un año no tomé un solo día de descanso. Porque Fidel lo ha dicho: ¡los diez millones van!»

Las consignas y exhortaciones que escuché en esos primeros días, el caos de la vida cotidiana, las privaciones y el agotamiento, eran todos producto del esfuerzo enorme de la zafra.

A principios de 1966, cercado por el embargo económico que Estados Unidos le había impuesto a Cuba, rodeado de los escombros de una infinidad de proyectos concebidos a la carrera y ejecutados sin la infraestructura indispensable, el gobierno cubano lanzó lo que es, hasta la fecha de hoy, el proyecto de modernización más ambicioso que se haya dado en la isla, y muy posiblemente en todas las Américas: la zafra de los diez millones. La isla entera se volcó al esfuerzo heroico de sembrar y cosechar diez millones de toneladas de azúcar; casi tres millones de toneladas más que el récord histórico, y más o menos el doble de lo que se había cosechado en promedio en las primeras diez zafras de la Revolución. Según los cálculos de Fidel, una cosecha de diez millones de toneladas de caña permitirían a la Revolución saldar sus deudas con la Unión Soviética y generar un excedente. Con este precioso saldo la Revolución lograría financiar su propio desarrollo y se liberaría de su ya alarmante dependencia de la ayuda soviética.

Fidel había de anunciar esta gran victoria el 26 de julio de 1970, aniversario de la Revolución. En preparación, la isla se había vestido con las consignas que veía reproducidas en los muros del hospital. Había que repetir estas palabras, corearlas, gritarlas, para vencer el agotamiento, renovar la fe y recobrar el ánimo. Cuando la Brigada 2506 invadió la isla por el lado de Playa Girón y Playa Larga, cuando se esperaba de un momento a otro el estallido atómico que habría de borrar La Habana del mapa, y tal vez el mundo entero, no hicieron falta consignas: en situaciones críticas salen sobrando. Pero ahora el esfuerzo era lento y ciego. En vez de tener vacaciones los trabajadores se iban a cortar caña. En vez de irse a dormir, la enfermera alegre se quedaba haciendo una guardia extra para suplir al compañero trasladado a los cañaverales. Y esto ocurría no después de años de bonanza sino de muchos años ya de privación. No era posible pensar en las consecuencias del fracaso de semejante esfuerzo. Era preferible repetir consignas.

Es fácil ver esto hoy. En aquel momento, rumiando mi destino entre las frescas sábanas del hospital, trataba de comprender que el tamaño de una cosecha fuera un asunto de interés histórico. Hasta la palabra «zafra», que es como se llama la cosecha anual de caña de azúcar, era otra de las tantas que aparecían en el periódico mural y cuyo significado se me escapaba. Porque había que reconocer que aunque mi acervo de palabras era rico, no estaba muy cargado de términos que se refirieran a la amplia realidad del mundo de la construcción, la siembra, la manufactura o cualquier otro tema que no tuviera que ver con el arte.

Encontré un refugio de la insistente realidad cubana en una terraza abandonada que quedaba al final del pasillo. Alrededor de la cama de la otra paciente se formaba un jolgorio constante; los parientes de la enferma eran muchos, y muy expresivos. Hablaban a todo volumen entre ellos y con su familiar de su guardia de turno, de las jabas y las cuotas de abastecimiento, la movilización y los sobrinos; también conmigo, inquiriendo por mi salud con una generosidad que se volvía más intensa en cuanto mi compañera de cuarto les contaba que yo era mexicana. «¡México!», gritaban entonces, y enseguida entonaban un himno a mi país; sus estrellas de cine, sus canciones rancheras, su solidaridad reiterada con Cuba, su negativa heroica frente a todas las presiones del imperialismo a romper relaciones con la Revolución. Y yo no hacía más que hundirme en una vergüenza que no alcanzaba a entender y mucho menos a explicar. ¿Qué había hecho yo para merecer semejantes elogios? Buscando un poco de silencio esa primera tarde empujé la puerta al final del pasillo y vi que daba a la terraza. Desde la barda baja y ancha que la delimitaba se veía la calle, dos pisos más abajo. Le daba sombra la copa de un árbol maravilloso que escondía entre su pesado follaje un sinfín de flores, amarillas en algunas ramas y lilas en otras: la *majagua*. La barda era lo suficientemente ancha como para que me pudiera recostar en ella —el cansancio que me afligía parecía infinito—, y allí pasé muchas horas, a la sombra del árbol prodigioso, contemplando el movimiento de sus ramas y tratando de aquietar mis pensamientos.

Pensaba, entre otras cosas, en Adrián, a quien había conocido semanas antes de salir de Nueva York, y en Jorge, que llegaba con frecuencia de visita a la casa en México donde me recuperaba de la bronconeumonía, y quien había prometido escribirme a La Habana. La soledad que me abrumaba era tan grande que no pensé en lo que hasta la hora de subirme al avión me había parecido urgente: establecer cuál de los dos afectos me asustaba menos. Pensaba en ellos y deseaba con toda el alma que algún dios del transporte se apiadara de mí y trajera de una vez todas las cartas que ambos habían prometido. Me habría conformado en realidad con una sola, con una tarjeta postal siquiera, unas líneas que con su cadena de palabras me conectaran de nuevo a mi mundo, y a la persona que estaba empezando a desconocer, que era yo misma.

Después de haber dormido muchas horas me sentí mejor. Recostada al amparo de la majagua (las súplicas de las enfermeras por cancelar las excursiones a la terraza no habían surtido efecto), me dije que era el momento de decidir si me quedaba o me devolvía a Nueva York antes de hacer perder más tiempo a nadie. En cuanto me planteé las cosas así, fue evidente que no me podía ir. No estaba lista para aceptar otra derrota. Por lo demás, pensé ya con más ánimos, ni siquiera conocía la escuela aún.

Al día siguiente, una enfermera vino a la terraza y anunció, no sin cierto alivio por verme partir, que debía ir al cuarto a recoger mis cosas. Lorna Burdsall, la subdirectora de la escuela de danza, y Elfriede Mahler –o «Elfrida», como le decían todos en Cuba, y como la llamaré yo desde ahora– habían llegado por mí.

Cuando entré al salón de clases a la mañana siguiente, me desarmó de entrada el rostro abierto de los muchachos que habrían de ser mis alumnos. Estaban sentados en el piso del salón de clases, conversando, pero en cuanto me vieron entrar se pusieron de pie y se alinearon en formación militar. Siguió un silencio en el que nos escudriñamos con avidez. Hubiera esperado la desconfianza normal de cualquier estudiante frente al nuevo maestro, la misma desconfianza que sentía yo ante ellos, o simplemente la reserva que cualquier transeúnte lleva en la mirada en la Ciudad de México. Pero los estudiantes me miraban sonrientes, con curiosidad e ilusión. Entre ellos había adolescentes de dieciséis años, y también alumnos de mi edad o algo mayores, pero en ese momento, mirándolos a los ojos, todos me parecieron varias vidas más jóvenes que yo. Durante meses había esperado con terror el momento en que me encontraría con ellos, y en el desvelo me había preguntado una y otra vez cómo lograría impedir que se percataran de mi inexperiencia, de lo inadecuado de mis conocimientos técnicos, de mi susto. A partir de esa primera mirada mi mayor impulso fue el de protegerlos.

Sentí vergüenza al ver los harapos que traían por ropa de práctica: ¡había gastado tanto dinero en perfume y sandalias! A sugerencia de Elfrida había hecho una recolecta de leotardos y mallas usadas entre mis compañeros de clase en Nueva York, pero no era mucho lo que traía; la ropa de práctica es cara, y a nadie le sobra. Ciertamente la mochila que había logrado llenar no alcanzaba a reemplazar aquel surtido de leotardos desteñidos, agujereados y reventados, hechos del material más burdo, que en cada cuerpo quedaban groseramente cortos de pierna y grandes de hombros, o al revés. Con el saludo casi militar que me habían hecho, con sus harapos y la extraordinaria variedad de colores y cuerpos que presentaba el grupo, con su aire tan dispuesto, me dio la impresión de un pequeño ejército irregular que, llegando de una escaramuza que los hubiera dejado maltrechos, se declaraba otra vez listo para emprender la batalla.

Conforme Elfrida fue presentando a cada uno, examiné con más detenimiento los cuerpos que serían nuestro material compartido de trabajo. No tenían lo que yo estaba acostumbrada a aceptar como físico de bailarines, pero era una colección de gente singular y hermosa. Una muchacha color chocolate tenía las piernas tan largas que parecían nacerle debajo de las costillas. Se llamaba Carmen, en honor a la virgen cubana. Sólo había un muchacho más alto y más negro que ella, Roberto, pero no tenía el mismo aspecto descoyuntado. Los músculos largos que se le dibujaban por todo el cuerpo me hicieron pensar que se había formado en el trabajo físico más arduo, y en efecto, después me enteré de que Roberto venía de una familia de estibadores. Otra muchacha, muy seria, con piel de porcelana y pelo rubio y lacio, era pequeña pero de huesos largos: Antonia. Había un muchacho de piel canela y proporciones clásicas, José, y a su lado estaba parado un joven no muy alto, con el torso largo, los hombros anchos y las facciones pronunciadas de un español. Se llamaba Manolo, como buen hijo de español que efectivamente era. Una joven que tenía perfil de camafeo, Leonor, también con aire de españolita, tenía un no-sé-qué en el gesto que denotaba gran eficiencia. Luego venía una jovencita muy pasada de peso, con pelo negro como la tinta y piel blanca como el papel, que se llamaba Pilar, y al final un mulato que me pareció el más bello de todos. Su nombre era Orlando, y aunque no pareciera, era el más joven del grupo, pues apenas acababa de cumplir dieciséis años.

José, el de la piel canela, rompió la contemplación que nos tenía tan absortos. A una señal de Elfrida pronunció un breve discurso de bienvenida. No recuerdo muy bien cómo respondí, pero sé que me vi torpe: no se me ocurrió expresar mi emoción por encontrarme en Cuba o agradecer a Elfrida Mahler por haberme traído, y en cambio sí les pedí a los muchachos que de ese momento en adelante no se volvieran a formar en fila cuando me vieran entrar. La sonrisa de la directora de la escuela se apretó otro poco.

Había decidido que, para mayor seguridad de ellos y sobre todo mía, empezaríamos por el terreno que nos era más familiar a todos, trabajando en esa primera clase con la técnica de Martha Graham. Me imagino que hablé de lo que me parecía que ellos podrían encontrar en la técnica Graham, con su larga e inventiva serie de ejercicios codificados que se basan en el movimiento vital del abdomen al tomar aire y exhalarlo. Supongo que les conté algo acerca de mí misma, y también de cómo había aprendido la técnica a lo largo de varios años, primero en México y luego en Nueva York. No sé si les dije que la clase que estábamos por empezar era la primera que iba a dar en la vida. Finalmente, como ya no quedaba otro recurso para posponer el asunto, comenzamos.

La primera misa de la jornada debe darle al sacerdote la misma satisfacción trascendental que los bailarines sentimos al iniciar la clase del día: el maestro llega, se instala frente a los alumnos, revisa con una ojeada que todos estén listos, inclina brevemente la cabeza y da el compás de entrada: «… Y… ¡Uno!». En ese instante se ordena el mundo. El sol sale cada día, la tierra gira sobre su eje, el pasto alimenta al ganado y nosotros, sentados en el piso con las piernas cruzadas, hacemos la respiración en dos tiempos sin movimiento de cabeza y luego con movimiento de cabeza, con cuatro tiempos para cambiar de lado. Y después haremos la respiración en tres tiempos con movimiento de cabeza e inicio de espiral desde la cadera, seguida de la extensión de pierna subiendo ambos brazos y con cambio de dirección de torso en tres tiempos, y cuatro tiempos para cambiar de lado. Quien no baila pensará tal vez que es difícil no enloquecer haciendo exactamente los mismos ejercicios todos los días durante toda la vida, pero en los años que pasé en la danza la repetición me pareció tan inevitable, tan reconfortante y tan natural como respirar, y nunca más que aquella mañana, cuando después de haber atravesado continentes, mares y abismos culturales para llegar hasta ese salón de clases, me encontré nuevamente repasando los movimientos del canon de Martha Graham junto con un grupo de muchachos que ponían toda su devoción en cada esfuerzo.

Como si el salón entero se llenara de luz, sentí que en ese espacio no tenía por qué tener miedo, y me pareció que el grupo y yo tendríamos siempre cosas que aprender y compartir allí.

La propia clase me fue llevando: la secuencia de piso de Martha está tan codificada como la sección de la clase de ballet que se conoce como «la barra». El maestro puede ir escogiendo entre este y aquel ejercicio del canon, pero afortunadamente para todos los que nos estrenamos como profesores no hay que inventar nada. Los movimientos ya existen y la secuencia en que han de presentarse también. Sentados en el piso con las piernas cruzadas, hicimos expansiones y contracciones del torso, y después le agregamos a la contracción flexiones y alargamientos de piernas y brazos. Aquí, les decía a los alumnos, hay que procurar que las piernas floten, en vez de arrastrarse pesadamente sobre la duela. Mientras avanzaba la clase inicié el proceso de memorizar los cuerpos de los muchachos. Orlando, el que me había parecido más hermoso, parecía estar armado con tablas de madera, aunque sus pies eran flexibles y puntaban bien. En cambio, Pilar, la gordita, era completamente elástica, y tenía el mejor ritmo del grupo. Carmen era evidentemente la que tenía más posibilidades de llegar a ser bailarina, por su cuerpo flexible y largo, pero no tenía fuerza. Sentada en el piso, sin músculos en el vientre ni en la espalda que la ayudaran a sostenerse, me daba la impresión de un títere a punto de desparramarse. En general, la falta de fuerza en el torso de los muchachos era sorprendente. Con excepción de Manolo y Roberto, y su musculatura proletaria, todos tenían el abdomen fláccido.

Los alumnos, entretanto, me examinaban a mí. Me preocupaba demostrar los ejercicios de la mejor manera posible, no porque me estuvieran viendo con ojos críticos; al contrario, porque era evidente que lo que yo hiciera sería para ellos ley a partir de ese día. Si cuando explicaba el siguiente ejercicio cruzaba una pierna sobre la otra, enseguida todos cruzaban la pierna también. Si le daba un último jaloncito al movimiento al final de una frase, Antonia y Carmen lo imitaban tal cual. A los quince minutos de haber comenzado la clase estábamos todos chorreando sudor. No necesitaba ser vanidosa para saber de una sola mirada que Elfrida y Lorna no habían sido los mejores modelos a seguir, ni hacía falta mucha modestia para entender que no me estaba conquistando la admiración de mis nuevos alumnos: ellos me la habían regalado de antemano, porque entre las muchas cosas que les hacían falta eran maestros a quienes admirar. Viéndolos tan entusiasmados y tan hambrientos, hubiera querido ser para ellos Mary Hinkson o Yuriko Kimura —dos de las bailarinas de la compañía de Martha a quien yo admiraba particularmente—, y decidí que si imaginaba con todas mis fuerzas que era Mary o Yuriko, algo de su espíritu y su dominio técnico se transparentaría en mis movimientos.

Terminó la sección de piso y seguimos, ya de pie, con la sección de centro. La gran fuerza en los muslos y el abdomen que se adquiere en la sección de piso sirve después, al estar parados, para lograr movimientos tan contundentes como los de un karateca, y para desplazarse con una fluidez chiclosa por el espacio. Pero una vez puestos de pie, y por falta de fuerza, estos muchachos se movían espasmódicamente, como si por sobre todas las cosas estuvieran tratando de no caerse. Intentaban imitarme, en vez de buscar las raíces del movimiento en sus propios cuerpos. Me dio risa verme adoptando las mismas exhortaciones que tantas veces habíamos remedado mis amigas y yo al salir del estudio de Martha. «¡Desde la vagina muchachas! ¡El movimiento nace en el vientre!», gritaba Martha, dándose de golpes en el vientre como si se lo estuviera apuñalando. Traté de expresar la misma idea, en tono algo menos dramático.

Finalmente llegamos a la diagonal. En esta sección el bailarín se desplaza de una esquina del salón a la otra con una combinación de pasos y saltos de invención más libre y ejecución más personal —la parte que a todos nos gusta más—. Los que ya están en una compañía disfrutan de la posibilidad de bailar sin las restricciones y la tensión del foro. A quien no ha tenido todavía la oportunidad de subir a un escenario la diagonal le permite moverse con un máximo de expresividad y amplitud, como si fuera bailarín de verdad. Para cualquiera, es el momento indicado para arriesgarlo todo. Aquí los muchachos demostraron que sí tenían corazón de bailarines. Se lanzaron por la diagonal temerarios y exaltados, aleteando el aire y brincando con todas sus fuerzas, los rostros llenos de emoción. Un bailarín puede ser dueño de la mejor técnica del mundo, pero si no tiene nada que decir siempre será aburrido. Mis nuevos alumnos tenían pocas herramientas técnicas, pero daban ganas de seguirlos viendo mucho rato. Terminaron la clase agotados, y yo también.

Al mediodía, Lorna y Elfrida me acompañaron al comedor de la escuela. Por fin pude conocer una parte de la Escuela Nacional de Arte.

La Escuela Nacional de Arte quedaba a unos quince kilómetros del centro de la capital, en el municipio de Marianao. Era un barrio lujoso, de calles serpenteantes e inmensos jardines, que después de la Revolución fue bautizado con el nombre autóctono de Cubanacán: los alumnos se referían a la escuela indistintamente como «Cubanacán» o, por sus iniciales, como «la ENA». Las instalaciones de la ena ocupaban los predios del antiguo Country Club, que era un destacado símbolo, junto con el vecino Havana Yacht Club, de la «sacarocracia»: una burguesía nacional complaciente, racista, corrupta y, como hasta los nombres de los «clubes» indicaban, perdidamente colonizada.

Existe una foto relativamente desconocida de Fidel y el Che, tomada probablemente el mismo día en que se les ocurrió crear lo que en un principio se concibió como un magno proyecto para educar a la juventud artística de todo el hemisferio y, ojalá, de todo lo que entonces se empezaba a conocer como el Tercer Mundo. En la foto aparecen los dos héroes de la Revolución, divertidos, haciendo como si estuvieran jugando al golf, deporte que a ninguno de los dos entusiasmaba. En realidad estaban tomando posesión simbólica, en nombre del pueblo, del Country Club; de sus vastos prados ingleses rodeados de manigua, de su alberca color turquesa y sobre todo de su esplendoroso edificio principal, lleno de mármoles, candiles y espejos en el mejor estilo caribeño-colonial-californiano. No está claro si fue el mismo Fidel el que decretó que no se demoliera el inmueble central cuando dio las órdenes de desmontar el resto del club y hacer en sus predios un gran semillero de las artes, o si fue simplemente que aquí, como en el resto de Cuba, el imperativo económico exigió la conservación de edificios que eran en sí representaciones del enemigo de clase. El caso es que cuando se construyó la escuela, a cada una de las artes –teatro, danza, ballet, música y artes plásticas– le correspondió una sede independiente, con aulas académicas y salones de clase. Pero las oficinas administrativas de la escuela y su dirección se ubicaron en los marmóreos salones del edificio viejo. Quien llegara a la escuela pasaba forzosamente por su portal garigoleado y el amplio lobby. Como arquitectura, el edificio era un remedo de glorias ajenas. Y sin embargo, en la época en que me tocó conocerlo ya era bello, porque para entonces hacer la Revolución iba resultando tarea muy áspera, y tras años de privaciones y exigencia constante, la antigua sede del Country se había convertido, hasta para quien no hubiera gozado nunca de sus lujos, en edificio-fantasma, nostalgia encarnada del derroche y el esplendor, un mundo mágico en una burbuja.

El comedor de la ENA quedaba en este edificio central. Para llegar hasta allí desde la escuela de danza había que atravesar lo que la primera noche me había parecido una selva. Y, en efecto, para quien llegara de los laberintos urbanos de México o Nueva York, aquélla era una jungla: plantas con hojas del tamaño de un paraguas, helechos en forma de árbol, enredaderas que se dejaban caer al río desde las alturas de una ceiba y, a diferencia de la supuesta floresta de Central Park, ni un solo edificio en todo el horizonte. Pero en realidad las demás escuelas quedaban a tiro de piedra: pronto aparecieron por el camino alumnos de las otras escuelas. Me miraron con gran curiosidad: no todos los días llegaban desconocidos hasta la ENA, y menos alguien que estuviera empapada de sudor de la cabeza a los pies.

El camino por la veredita que se abría paso entre el follaje se me hizo eterno. Llevaba horas trabajando y me urgía comer. Tras dos días en el hospital a base de arroz y unos potajes desabridos –dieta de enfermo, suponía yo– estaba dispuesta a devorar lo que me pusieran enfrente. Con todo lo que me había hablado Elfrida de las excelencias del programa alimenticio, ya me hacía sentada frente a un grueso pernil de cerdo, una montaña de tostones de plátano, arroz con frijoles negros y una bandeja de frutas tropicales. Apenada, noté que tenía que chupar la saliva que me inundaba la boca. En algún momento Elfrida me había comentado que en la ENA los alumnos aprendían un manejo señorial de los cubiertos y las copas, para no causar vergüenzas en cualquier futura gira internacional, y al recordarlo me preocupé. Yo no era muy diestra con los cubiertos, y en realidad nunca había tomado una copa de vino; no fuera a ser que la que quedara en vergüenza frente a los alumnos fuera yo. Pero ahora apretaba el paso para llegar al comedor que imaginaba lleno de espejos, candiles, cristal y porcelana, y refrescado también por un rugiente aire acondicionado. Quería no copas, sino garrafones, del líquido que fuera. Estaba acalorada, sedienta, muerta de hambre y muy cansada.

Lo que Elfrida seguramente quiso decir cuando alabó la comida de la escuela es que, en términos de cantidad, no faltaba. Cuando llegamos al comedor, que no tenía ni manteles ni juegos de copas ni aire acondicionado, los alumnos nos pasaron al frente de una cola que terminaba en lo que seguramente fue la cocina principal del antiguo restaurante del Country. Lorna buscó unas bandejas de latón que no estuvieran muy abolladas, y extendió la mía al compañero encargado de la cocina; un hombre flaco, canoso y fibrudo, con una barba cerrada de tres días sin rasurar, que atendía detrás de un gigantesco mostrador. Treinta años después, todavía recuerdo la contundente falta de sonrisa en su expresión. Se acercó a una estufa donde reposaban unas ollas frías, y me sirvió una rebanada dura y verde de tomate en uno de los compartimentos pequeños de la bandeja. En otro puso un trozo de plátano macho hervido. Enseguida, en uno de los dos compartimentos grandes sirvió una cantidad gigantesca de arroz y en el contiguo un cucharón del mismo potaje desabrido que había comido en el hospital y que, ahora lo supe, era de garbanzo con flecos de papa y de zanahoria, y bastante cebolla. En el último compartimento pequeño colocó algo oscuro, duro y rebotón: postre de gelatina.

«Con huevo», le dijo Elfrida. Los de la escuela de danza teníamos derecho a una ración extra de proteína, aparte del vaso de leche en el desayuno y la cena y un vaso de yogur a media mañana. El hombre frió un huevo en una cacerola de aceite que tenía al fuego y lo colocó encima de la pila de arroz. Por último y *motu proprio*, tomó un cucharón limpio, lo hundió en la palangana donde acababa de freír el huevo, y roció toda la bandeja con aceite hirviendo. Sin una sonrisa, me la devolvió.

Por un momento volví a tener cinco años. La montaña de harinas, grasas y engrudos que tenía frente a mí era sobrecogedora. Se me llenaron la boca y la garganta de lágrimas, pero era absurdo llorar por este almuerzo que, entendí de inmediato, no era ni siquiera el peor que se ofrecía en la escuela. En lo que entresacaba los granos más secos del arroz ensopado de aceite, me llegó el consuelo como por inspiración. Recordé que tenía prometido un sueldo, y empecé a hacer planes. Seguramente, en los restoranes de La Habana se comería muy bien: por lo menos habría pescado del mar que nos rodeaba y frutas tropicales y los famosos helados de Coppelia, de los cuales también me había hablado Elfrida. En cuanto me pagaran, decidí, iría todas las tardes a La Habana a gastar mis ingresos en helados y opíparas comidas.

¿Cuándo devolverían los espejos?, le pregunté a Elfrida hacia el final del almuerzo en el que, mientras me enteraba del funcionamiento de la escuela, la conversación transcurría con cierta fluidez. Elfrida ahora alzó la mirada con un inesperado relampagazo de rabia que se me habría de volver familiar. «Nunca», declaró, como quien repite un juramento. Me sentí confundida. ¿Cómo que «nunca»? ¿Y a qué tanta agresión?

Estábamos hablando de los espejos del salón de clases, que normalmente recubren por lo menos una, y de preferencia tres, de las paredes de cualquier estudio de danza. Al notar su ausencia en la mañana, di por hecho que los nuestros estarían montados en marcos sobre ruedas, como se usa en muchos locales con pocos recursos, y que se habían roto, o mandado renovar, y no se habían entregado a tiempo. Supuse todo esto casi sin pensarlo, porque la idea de una clase de danza sin espejo era inconcebible; un escritor puede leer su texto, un pintor puede examinar su cuadro, un pianista puede escuchar las notas, pero una bailarina no tiene cómo examinar su obra si no es a través de un espejo, porque ella es, en sí, su propio medio e instrumento. El espejo es la herramienta más valiosa que tiene el bailarín —más importante, tal vez, hasta que los mejores maestros—. A partir de la voz del maestro, uno puede entender, en teoría, la corrección «Estira la pierna desde el interior de tu muslo, no desde la rodilla»; pero cuando ese mismo instructor nos jala la pierna con una mano, nos da palmaditas en la rodilla y soba o pellizca el músculo que quiere que trabajemos, mientras con la otra mano nos mantiene la espalda derecha y luego, al lograr lo que quiere grita «¡Mira!», y nos lleva la vista hacia el espejo, hay una especie de engranaje que embona entre la mirada, el cuerpo y la memoria. El espejo también ayuda mucho en la adolescencia, cuando alguien nos hace notar lo ridículas que nos vemos poniendo cara de Galina Ulanova en el *Lago de los cisnes* a la hora de hacer un silvestre *plié*. Más tarde, ayuda a comparar distintos efectos dramáticos o contrastes de línea, y fijarlos.

El espejo tiene también grandes peligros, por supuesto, siendo el mayor su capacidad de destruir la autoestima de tantas aspirantes a bailarina con cuerpos algo menos que perfectos. Pero Elfrida entendía tan poco de danza que pensaba que el espejo era símbolo de la vanidad, y también de una decadencia que se reflejaba en cada desluida luna que sobrevivía en su marco de ornato sobre los muros del viejo edificio del Country. «Somos revolucionarios», declaró ahora, alzando desafiante el mentón: en las aulas de danza de Cubanacán no habría espejos jamás.

Elfrida y Lorna se ofrecieron para llevarme de paseo después del almuerzo, pero les dije que prefería quedarme a descansar. Seguramente pensaron, con razón, que esquivaba su compañía, pero además tenía urgencia de recorrer la escuela, orientarme en ella y hacer un balance de lo que habría de ser mi mundo a partir de ese momento. Desde mi cuarto en el pabellón de huéspedes atravesé de nuevo los riachuelos y la selva, y en el pequeño patio que era el corazón de la escuela de danza me detuve a examinar su extraña arquitectura. Más que escuela, la serie de salones redondos con sus veredas comunicantes parecía un pueblito africano, pensé primero, pero enseguida cambié de opinión; en vez de techos de paja flotaban encima de cada estructura unas bóvedas acanaladas que le daban al conjunto un aire fragmentado y sin embargo majestuoso, como si fuera un gran templo pagano, o tal vez el observatorio lunar de alguna civilización pasada o futura. ¿Quién lo habría construido? El sol brillaba con calor amable, los árboles meneaban sus frondas en la fresca brisa de la tarde. Todo estaba limpio; sobre el piso de ladrillo del patio no había ni una hoja caída. Al pie de las columnas del serpenteante corredor unas siemprevivas en macetas saludaban alegremente. No había nadie; los alumnos estaban en sus cursos académicos y los adultos ya se habían ido. Agradecí el silencio.

Saqué cuentas. En la columna de haberes quedaba sin duda el grupo de muchachos: estaba encantada con la belleza de cada uno de ellos, con su intensidad, con su manera gritona y alborotada de hablar y con las preguntas que hicieron al final de la clase: ¿Cómo es el estudio de Martha? ¿Es cierto que en Nueva York la vida de los artistas es muy dura? ¿Te parece que tengo buen empeine? Pero no cabía duda de que su formación era muy deficiente —la propia Elfrida me lo había advertido desde un principio— y yo no tenía la menor idea de cómo ayudarlos a abandonar tanto vicio; que dejaran de trabajar las piernas desde la parte inferior del muslo, por ejemplo, y que comenzaran a usar los músculos del abdomen en vez de cargar todo el esfuerzo con la espalda. Sentí que el caudal entero de mis conocimientos se había agotado esa misma mañana. Y eso era por el lado más positivo de las cosas.

En cuanto a los demás aspectos de mi situación, el saldo era todavía menos claro. Estaba, entre otros, el problema de la música. No había piano en el estudio ni acompañamiento musical de ningún tipo para la clase. Se podía comisionar un tocadiscos antiguo, pero una clase con tocadiscos es peor que una clase en la que se marca el tiempo con palmas; tanto el profesor como los estudiantes se vuelven marionetas. Los muchachos ya estaban acostumbrados a las clases con palmas o con un tamborcito de mano, y por eso mismo, me parecía, tenían tan pocos matices en sus movimientos, siendo que a su edad lo que hay que quitarles a la mayoría de los bailarines es el exceso de matices que llamamos amaneramiento.

Luego estaba el personal de la escuela. Había llegado al almuerzo la directora del departamento de folclor, Teresa, y de todo el grupo fue la persona por quien sentí una simpatía grande e inmediata. A la secretaria de la escuela y delegada del Partido, Hilda, ya la había conocido la primera noche, cuando me dio la bienvenida y pagó el taxi. Era alegre, directa y trabajadora. También estaba Nancy, una muchacha estadounidense de unos veinticinco años de edad, que Elfrida logró reclutar en Chicago. Había llegado a la escuela como un mes antes que yo y tenía a su cargo las clases de los alumnos de segundo y tercer nivel –niños de entre doce y catorce años–. Me pareció simpática, sencilla y muy americana.

Y estaba Lorna Burdsall, la subdirectora. Ahora, en el recuerdo, la entiendo mejor. También había llegado a Cuba desde Nueva York, donde estudió danza y también el programa de *liberal arts* en la Universidad Barnard. Pero en su caso, había aterrizado en la isla por fidelidad al compañero de universidad que se había convertido en el hombre de su vida: un cubano grandote y pelirrojo que al volver a su patria anduvo sembrando una que otra bomba en La Habana antes de subir a la Sierra Maestra para incorporarse directamente a las tropas guerrilleras de Fidel. Cuando Lorna se casó con Manuel Piñeiro Losada, la Revolución y él eran jóvenes y rebeldes. Diez años después Lorna se descubrió a sí misma casada con uno de los hombres más poderosos e institucionales del régimen: Manuel Piñeiro tenía a su cargo la seguridad personal de Fidel, y también todos los operativos que tuvieran que ver con la lucha internacionalista, pues era el director del legendario Departamento Américas, encargado de *exportar la Revolución*, fomentando la creación de grupos guerrilleros por toda América Latina. En teoría Piñeiro estaba bajo el mando del Comité Central del Partido Comunista, pero en realidad sólo le rendía cuentas a Fidel.

Cuando lo conocí varias semanas después, todavía no había entendido que Manuel Piñeiro era algo más que el señor Burdsall. Lorna era una mujer rubia, joven aún y guapa, aunque por esnobismo entonces no me lo pareciera (yo estaba acostumbrada a concederle pocos méritos a la gente de danza que no sabía bailar). No hablaba de su marido jamás, y vivía como avergonzada del coqueto jeep rojo que estacionaba todas las mañanas al lado de la carcacha soviética de Elfrida. Me imagino que fue una lucha convencer a su marido de que ella no necesitaba guardaespaldas; a él, que aparte de ser el encargado oficial de la paranoia de la Revolución era efectivamente blanco de toda suerte de odios y atentados, y que vivía y dormía rodeado de su gente de confianza. Lorna andaba sola, y nunca sentí que usara su estatus para ejercer más poder en la escuela, ni tampoco me percaté de que los muchos pequeños privilegios que pude disfrutar a lo largo de mi estancia en Cuba —el agradable cuarto que me tocó en el mejor hospital de La Habana, por empezar— se debieron seguramente a la discreta intercesión de Lorna.

Ese primer día sabía apenas que ella era una más de las personas encargadas del destino de la Escuela Nacional de Danza que entendía muy poco del oficio. ¿Quién habría decidido, por ejemplo, la disposición de los salones de clase? Crucé el patio, y entré de nuevo a la principal de las cuatro estructuras cilíndricas que eran el alma de la escuela. Cada una de estas construcciones de ladrillo abrigaba en su interior solamente una indispensable área de recepción y enseguida, bajando dos escalones, el enorme salón de piso de madera. Cada una estaba coronada por su respectiva bóveda de ladrillo.

Entre la bóveda y los muros unas celosías —de ladrillo también— dejaban ver el cielo y servían de ventilación. En términos visuales, el resultado era muy bello, pero la acústica, un desastre. En corto, cada palmada se poblaba de ecos, cada frase del profesor generaba fantasmas. En cambio, de un lado del inmenso salón al otro había que hablar a gritos para hacerse escuchar.

Cero música, acústica desastrosa, muchachos mal alimentados, ninguna idea de cómo llevar la clase del día siguiente… y Elfrida. Ya me había tocado ver el chispazo defensivo y desafiante de su mirada, llena de una rabia inexplicable, y ni siquiera había logrado dar la batalla fundamental por los espejos. ¿Sería que todo mi futuro en la isla consistiría en un enfrentamiento continuo con la mujer que me había contratado? La larga disciplina de la danza me había forjado el hábito de la obediencia, y como mexicana era sumamente respetuosa de las jerarquías, pero sólo verla parada sobre sus piernas regordetas, escuchar su acento y el tonito apretado en el que hablaba de «nosotros» para decir «ustedes» —«Nosotros vamos a trabajar muy duro para la nueva maestra, ¿no es cierto?»— me provocaba una rebeldía incontenible. ¿Cómo evitarlo? ¿Cuál sería la manera apropiada de ganarme su confianza, si yo estaba en contra de todo lo que ella parecía creer? No tenía a nadie a quien pedirle consejo. Busqué apoyo en algunos recuerdos y sensaciones de la mañana: el contacto del pie descalzo con la madera, pulida y suave por efecto de miles de pasos anteriores; el sudor y la respiración compartida con los muchachos; el abrazo alegre que enlazó la piel y los músculos de todos nosotros al terminar la clase. Pero el desasosiego y el temor que me rondaban desde el primer día volvieron ahora y se asentaron de golpe, como si me hubieran exprimido todo el aire de los pulmones.

3

LA HABANA

Los miedos que me acompañaron en sueños se dispersaron con la mañana limpia y olorosa a selva, llena del alboroto provocado por mil y un pájaros, cada uno ensayando su repertorio de silbidos, arias y graznidos. Llegué al estudio con nuevos ánimos, y sin embargo la clase nueva, de introducción a técnica Cunningham, salió mal. Estábamos iniciando una exploración de la estética y las preocupaciones morales de un hombre de vanguardia, y para los alumnos equivalía a intentar viajar conmigo a Neptuno. Mientras más me demoraba en las explicaciones, más distraídos veía a los muchachos, y más se nos enfriaban los músculos a todos. Enojada conmigo misma por no haber preparado mejor la sesión, veía de reojo cómo Elfrida y Lorna me observaban inmóviles desde el área para espectadores, y tuve la certeza de que Elfrida guardaba como modelo de conducta a la reina Isabel de Inglaterra, la actual; tenía, me dije, la misma sonrisita zurcida en la comisura de los labios sin la cual Su Majestad no salía a la calle jamás.

«Es por eso que en las clases de Merce no existe una secuencia de ejercicios que vayamos a repetir siempre», me oí decir, y me enredé más. Sí había una secuencia, pero variaba, porque para Merce el arte se tendría que parecer a la naturaleza, en la cual todo es mutable, por lo cual forzosamente tendría que haber varias maneras de enfocar el calentamiento de piernas… Pilar enrollaba la manga de su leotardo y se la volvía a bajar, y Manolo se contaba con los dedos los músculos del diafragma. De pronto no logré recordar si era mejor empezar con el calentamiento de tobillos o con los *pliés*. Faltaba música. Me pareció que con el tambor iba batiendo un toque de redoble por la muerte del tiempo. La clase terminó a las diez, y fue un alivio ver que las manecillas del reloj de cuerda que me había prestado Elfrida por fin se arrastraban hacia la meta.

«¿Adónde tan deprisa, compañera?», me interrogó Teresa, la maestra de folclor, cuando pasé, ardiendo de vergüenza, por la puerta de su salón. «Si aquí te estamos esperando. ¡Mira que te has olvidado de que hoy te prometimos una demostración del trabajo nuestro!» Teresa era blanca, de facciones finas y bonitas. Tenía unos treinta años. Mientras más terrible era lo que tenía que decir, más reía. «Por causa de la tuberculosis perdí un pulmón», me había dicho la tarde anterior, dibujando con los labios una curva suave y traviesa. «Ya nunca más voy a poder bailar», y la sonrisa le iluminó la cara. Estaba el cielo oscuro y cargado de nubes, y de pronto lo traspasaban los rayos del sol.

«Entra, niña», dijo ahora, con una de sus sonrisas complicadas. «A menos que no te interese… Me da la impresión de que tienes más hambre que ganas de conocer nuestro folclor. ¿A nadie le sobró un caramelo de la merienda?» Como nadie contestó, acabó por hurgar en su morral, del cual extrajo un pañuelo atado con varios nudos, y uno de los caramelos que le llevaba a diario a su marido.

Teresa González llevaba casi diez años desglosando y desmontando los elementos fundamentales de la danza afrocubana, pero sus preocupaciones técnicas chocaban con mi concepto de lo que debe ser la danza que suele llamarse folclórica, y en particular la afrocubana. Yo la quería espontánea, primitiva, y, de ser posible, un poquito orgiástica. Tere sentía el mayor desprecio por el show business de la danza autóctona cubana. Al graduarse, los alumnos que así quisieran podrían ingresar al Conjunto Folclórico Nacional, pero Teresa guardaba la esperanza, decía, de que la técnica que habían aprendido con ella, estas letras del alfabeto del cuerpo, también les sirvieran a los futuros bailarines y coreógrafos para forjar una nueva danza; moderna, sí, pero íntegramente cubana.

Unos hombres fornidos, negros retintos, se sentaron frente a lo que en las películas mexicanas de rumberas siempre se conocieron como «tumbadoras». En realidad, eran tres tambores sagrados, el Okónkolo, el Itótele y el Iyá, me susurró Tere al oído, acomodándose a mi lado. Enganchó un pie en el tobillo del otro y, alisando pudorosamente la falda corta de florecitas estampadas, presentó a los músicos. El de la boina se llamaba Lázaro, el del sombrerito de paja Teófilo, y el más viejo era Jesús Pérez, el tocador más renombrado de los últimos cincuenta años de Cuba, y el último que supo hacer «hablar al cuero», como los ancianos dueños del ritual yoruba en África. En general, los «tocadores» eran trabajadores portuarios, aclaró Teresa, y no músicos profesionales. Comisionados a la ENA, los que ahora nos acompañaban prestaban su colaboración en calidad de «informantes» sobre las tradiciones musicales y dancísticas del pueblo cubano. El «toque» que en este momento comenzaba a sonar se usaba para invocar a Yemayá, diosa yoruba de los océanos. Ahora, nos enseñaría los pasos de la diosa-sirena Nieves Fresneda, una vieja larga y flaca, informante también.

Nieves vestía una falda circular de algodón azul de mucho vuelo, rematada con unos cuatro o cinco olanes bordeados en blanco. Debajo de la falda se había dejado puestos los pantalones de mezclilla, y traía también una camisa arremangada y un paliacate amarrado en la cabeza, como si la hubiéramos interrumpido trapeando el piso. Arrastrando el ritmo con sus chancletas de goma, avanzó hasta colocarse frente a los tambores, que soltaban un complejo ritmo entramado con los tonos graves y resonantes del tambor Iyá y los golpes más ligeros y acentuados del Itótele y el tambor femenino, el Okónkolo.

Al principio sus movimientos fueron acompasados y precisos: sus brazos huesudos recortaban el aire como tijeras, mientras que con los pies marcaba el mismo ritmo que el tambor intermedio, moviéndose suavemente y con el gesto adusto. Pero al tiempo que los tocadores empezaron a enredar sus voces en unas armonías entre tibetanas y felinas, pareció que a ella se le arremolinaba en el plexo solar una ola gigantesca: agachada hacia el piso como si una fuerza subterránea la tuviera agarrada de los tobillos, comenzó a ondular el torso, movió los brazos como si fueran de agua, y con las manos empezó a agitar la falda azul en ondas cada vez más amplias, hasta que de repente quedó convertida en mar.

Me arrancó del trance un cambio brusco de ritmo y la voz de Teresa, anunciando que los tocadores ahora presentarían el *pataki* –o relato, en yoruba– del terrible duelo entre Oggún, deidad del bosque y los metales, y Changó, señor del trueno y de la guerra. De un rincón del salón vi salir a Roberto, y del otro a José, mis torpes y bellos alumnos, convertidos ahora en dioses. Roberto, con la cara nublada por la furia, avanzaba como si fuera la venganza misma, con implacables pasos que lo hacían zanjar montañas, derribar ceibas. José, arrogante y confiado, pisaba haciendo retumbar la tierra. Al centro de cada uno de sus movimientos estaba su pelvis, más alerta y viva que su cara, como si todo él se hubiera encarnado en falo.

Changó, dios mujeriego y travieso cuyos colores son el rojo y blanco, es la divinidad preferida de los hombres cubanos, me decía Teresa al oído. En el combate, iba explicando, Changó lanza relámpagos cuya fuerza emana de su sexo, pero al final es derrotado por la larga espada de Oggún. Changó se ve obligado a huir de la furia del dios taciturno de los árboles, y para lograrlo tiene que disfrazarse de mujer. De ahí que en el sincretismo que practicaron los esclavos africanos, principalmente de la nación yoruba, para mantener vivos, aunque clandestinos, a sus dioses, adoraran a una santa durante la misa católica: en la persona beatífica de santa Bárbara, que según la iconografía del catolicismo viste de rojo y blanco y lleva espada, podían adorar en realidad a Changó.

Sin poder prestar mucha atención a las palabras de Teresa, yo veía a un Changó gigante sacudir la cabeza e inflar los cachetes con gesto furibundo; veía a Oggún, el aniquilador, agitar la serpiente de su espada, y temía que la amplitud inmensa de sus gestos me derribara de un manotazo. Pensé que, excepción hecha de Merce, de Nureyev y de Paul Taylor, y del primer bailarín de Martha, Bertram Ross, todos los demás hombres que había visto bailar eran unos esmirriados petimetres. Con razón no me cansaba yo de ver a estos muchachos en mi clase; no tendrían mi técnica, pero tenían otra, y ya parados en un foro eran artistas plenos.

Cambió el ritmo, y los demás alumnos entraron al foro bailando una rumba de cajón (la forma primera y más primitiva de la rumba, explicaba Teresa, practicada por los trabajadores portuarios de La Habana con el acompañamiento apenas de un cajón de madera y un par de cucharas para marcar la clave de son). Isabel, la muchacha de cara de camafeo, era una rumbera espléndida. Pero yo aún tenía la imagen de Roberto y José dibujada en la pupila.

Cuando terminó mi clase al día siguiente, me detuve en el umbral del salón de Tere a observar los últimos minutos de la suya. Los estudiantes atravesaban el salón en sentido diagonal a grandes zancadas, doblando y alzando mucho la pierna que avanzaba, y meneando la cabeza cada vez que daban un pisotón con el pie flexionado, como hace Changó en uno de sus movimientos. Entre ellos avanzaba también Nancy, la maestra de Chicago. Tomaba la clase de folclor al lado de sus propios alumnos de tercer año, y ya me había dicho, riendo, que aunque se sentía bastante ridícula, estaba aprendiendo y disfrutando. Mirándola, pensé que nunca nadie se vio más gringa y más deslavada que ella, garabateando gestos borrosos, como si fuera un pulpo, entre tanto muchacho rumbero y vivaz. Decidí que primero me haría matar que dejar que me ganara el hambre enorme que tenía de ensayar esos movimientos yo también, y me consolé observando, intentando descifrar un dos por cuatro entre la aturdidora oleada de ritmos. Cuando Teresa salió del salón la ataranté de preguntas. ¿Así que cada dios tenía su ritmo, sus cantos, su *pataki* y sus pasos? ¿Y cada dios tenía un equivalente en el santoral cristiano? ¿Y esta religión ya se había acabado? «No completamente», contestó Tere. Por eso era importante registrar y documentarla. Pero en este punto la noté algo incómoda.

Hay un verso muy conocido del trovador revolucionario Carlos Puebla —«¡Se acabó la diversión! ¡Llegó el comandante y mandó a parar!»— y un chiste que se contó hasta en México, en el cual Fidel, exasperado con la vagabundería lúbrica de su pueblo, lanzaba una consigna desde lo alto de una manifestación: «¡Que se acabe la rumba!». Gozoso y adorando como siempre a su comandante en jefe, el pueblo cantaba obediente la consigna: «¡Que se acabe la rumba!» (Suena bien.) «¡Que se acabe la rumba!» (Otra vez.) *¡Que se acabe la rumba… Aé!*, y arrancaban chancleteando por la avenida, al compás de la exhortación que se había convertido irremediablemente en conga.

Me acordé del chiste al escuchar a Tere, y traté de descifrar en sus ademanes, y en la mirada que mantenía clavada en la tierra, si la vergüenza que detectaba en sus rodeos se debía al hecho de que Fidel no supiera bailar («… pero dicen que ni un pasito. Parece que no le gusta, y… ¡bueno! Qué le vamos a hacer»). O si era porque quería explicarme que a Fidel −y al Che también, por cierto− tampoco le gustaba mucho que los revolucionarios perdieran el tiempo bailando. («Yo entiendo que no estamos para diversión. Y es que, además, cada quien tiene sus ideas sobre la cultura, y él tendrá las suyas, que no incluyen la danza popular. Pero lo que sí te puedo asegurar es que el apoyo de la Revolución a este proyecto ha sido siempre incondicional, así como te lo digo.»)

−¿Y alguna vez te has visto de cerca a Fidel? Es guapísimo, ¿verdad? ¿No vino a la inauguración de la escuela?

−No. Él tiene otras prioridades. −Tere sonrió−. Hay que entender que a veces nuestros dirigentes no aciertan tan completamente en lo que a cultura se refiere, pero es que ellos todavía están viendo la música afrocubana con los ojos de antes, cuando luchaban contra Batista y la decadencia yanqui, y hasta la música había sido prostituida. ¡Compañera! (en Cuba, cualquiera que estuviera al borde de un pronunciamiento teórico siempre decía antes «¡Compañera!», o «¡Caballero!» con gran énfasis), si lo que ha habido aquí no ha sido ninguna revolución marxista-leninista, te lo aseguro, sino una gran insurrección nacional en contra de la dominación de los yanquis. ¡Si yo siempre digo que Fidel es hijo de José Martí y no de Lenin! ¿O por qué crees tú que cada aniversario de la Revolución él hace el discurso a los pies de la estatua de Martí?

La explicación siguió en el camino al comedor de la escuela.

−Hay que ver que aquí en tiempos de Batista se metió un mafioso, Meyer Lansky, que llegó a transformar Cuba en el burdel de los yanquis. Y todos los muchachos que se alzaron para la Sierra Maestra con Fidel siempre consideraron que la rumba era lo mismo que la prostitución (menos Camilo Cienfuegos, que ese mismo fuego del apellido lo tenía en la cintura). Y bueno, algo había de eso. Tú sabes que en el cine de Hollywood vendían la imagen de Cuba como el lugar del placer y el sexo. Y yanqui que se dejaba venir por aquí, yanqui que venía a buscar lo exótico, y ya tú sabes que cuando dicen «Oh, very exotic», ahí mismo en lo que están pensando es en cómo conseguirse una mulatona para la cama.

La explicación de Teresa sobre la penetración de la mafia en los tiempos de Batista difería en un aspecto esencial de la que me tocaría leer infinitas veces después: trataba con respeto el legado cultural de aquellos años.

—Es verdad —reconocía—, que la rumba y el son tienen mucho que ver con la vida de los burdeles, así como el jazz en Nueva Orleans nació allí mismo. Y que los negros son los que tocan esa música. Y que aquí entre los dirigentes de la Revolución, y los intelectuales, hay tanto racismo como antes había entre la «gente decente» (porque de allí vienen ellos, te cuento). O la mayoría por lo menos. Muchachos de familia decente todos. Y entonces la música y la danza nuestra han quedado un poco marginadas, porque hay mucha gente en la más alta cúpula de la dirigencia (y no me gusta decirlo) que se avergüenza de lo cubano, y piensa que la cultura nuestra es decadente. Pero eso es por ahora. Porque ya en esta generación que estamos educando en esta escuela, por ejemplo, la música tiene otras raíces. Y los dirigentes que vienen naciendo ahora tendrán otra mentalidad también.

—¿Y Celia Cruz? —pregunté yo.

—Celia Cruz se fue porque quiso, y nadie la detuvo —contestó en seco Tere, y me pareció prudente no seguir preguntando. Pero lo cierto es que Celia Cruz, Cachao y Pérez Prado, las mayores glorias de la música afrocubana, habían optado por el exilio.

—Aquí tenemos cantantes mucho mejores, mil veces mejores, que Celia Cruz, ¿oíste? —dijo Tere, como si me hubiera estado escuchando el pensamiento—. Y nadie sufre ni un poquito por que se vaya a Miami ella o muchos más. Allá lo que hay son gusanos, y lo que hay aquí es un pozo inagotable de músicos, de compositores y cantantes. Ahí tienes tú a Beny Moré, el más grande de todos, y eligió morir aquí.

«Pero como Celia no ha habido nunca nadie», pensé para mis adentros.

Tendría tiempo para aprender que en Cuba los negros eran casi siempre «negritos», o «un negro», o «el negro aquel». Y que Tere tenía razón en cuanto a la desconfianza de Fidel respecto a todo lo «africano», aunque muchas veces esa desconfianza se mezclara y confundiera con la condena militante a cualquier religión organizada. A raíz de la invasión anticastrista a Playa Girón, Fidel pronunció un discurso en el que proclamó la vocación socialista de la Revolución cubana. A partir de entonces se prohibieron todos los actos religiosos públicos, y comenzó una persecución religiosa discreta pero sin tregua. Iba dirigida en contra de los curas y el catolicismo, pero también contra esa otra «cosa de negros», la santería; la religión sincrética afrocubana cuyos ritmos y leyendas constituían la base del aprendizaje de los alumnos de Teresa González en Cubanacán. Por eso Tere contestaba con evasivas cuando yo le preguntaba si la santería todavía existía, y por eso a la Yemayá, Nieves Fresneda, y a los tocadores magistrales como Jesús Pérez, se les llamaba «informantes», como si fueran apenas especímenes antropológicos y no fervorosos creyentes.

Sólo tuve un breve contacto con los informantes, muy al comienzo del curso. Se me ocurrió que el mejor acompañamiento para la clase —el mayor privilegio, en realidad— sería el ritmo de los tambores afrocubanos, y le pregunté a Teresa si pensaba que los tocadores querrían colaborar en las clases de danza moderna. Me miró de lado. «Bueno… ¡tú inténtalo! Pero óyeme bien, que no va a ser fácil. Esa gente no se deja con cualquiera; si lo que tú buscas es cogerles el compás a ellos, vaya y pase. Pero si lo que quieres es que te sigan a ti…» Se alzó de hombros.

No era tanto, como yo temía, una cuestión de machismo o de hostilidad a la danza moderna. En realidad los tocadores, hombres parcos y de sonrisa difícil, aceptaron sin problema la propuesta: tal vez les interesó ser vistos como músicos y no como informantes. El caso es que una mañana llegaron puntuales al salón Lázaro, Teófilo y Jesús con su arsenal de percusiones, se instalaron a tocar, les pedí un cuatro por cuatro, y nos quedamos perplejos todos. Ni ellos ni yo teníamos el menor conocimiento teórico de la música, y yo desconocía la forma de contar en clave de son —el «un-dos-tres, un-dos» que es la base misma de toda la música afrocubana—, y que puede coincidir, pero no necesariamente cuadrar, con un tradicional cuatro-por-cuatro europeo. Lo intentamos largo rato, los tocadores acabaron golpeando cuatro cuentas cuatro veces en el tambor mayor, se aburrieron visiblemente, y los alumnos y yo sentimos el ritmo como una serie de clavos que se iban martillando sobre un ataúd. Los muchachos, que sí sabían música, quisieron explicarles a los tocadores de qué se trataba, pero no hubo caso. Intervino Teresa sin mejores resultados. Al final de la clase les pedí un simple tiempo de vals —un-dos-tres, un-dos-tres, un-dos-tres— y para su propio asombro los músicos no lograron siquiera cogerle el compás. Empezaban todos contando con los labios, marcando con la cabeza cada «tres», y ya para la séptima u octava cuenta estaban perdidos. Era exactamente lo que me pasaba a mí cuando trataba de desentrañar la clave de son en los toques a Yemayá. El misterio nos intrigó y nos hizo reír a todos, nos enseñó algo sobre la diferencia entre lo que se aprende con el cerebro y lo que se asimila a través del cuerpo y, a la tercera clase, nos dejó absortos ante el fracaso.

Dimos por muerto el experimento, pero no antes de que yo llevara al salón aquella innovación tecnológica que ni siquiera Lorna conocía, la grabadora-casetera, y registrara cinco minutos de una sesión de tambores. Les había preguntado a los tocadores si habían grabado algún disco que pudiera escuchar y me miraron con extrañeza. Lázaro, Teófilo y Jesús, tal vez los mejores percusionistas de La Habana, ni siquiera sabían a qué sonaban, así como los estudiantes de danza no sabían cómo se veían. Grabé el comienzo de un toque de santo, retrocedí el casete ante la mirada expectante y tensa de los músicos, oprimí *play*, y lo que se escuchó fue un barullo triste, plano, metálico y distante. Al ver la cara de decepción y desconcierto de los músicos paré la cinta. Ellos se llevaron sus instrumentos para siempre al venteado salón de folclor, con sus amplias celosías que abrían la vista a la selva. Y yo seguí batiendo palmas y pandereta por las mañanas en el salón de danza, y dando vueltas en redondo por las tardes, buscando entender mejor cómo se construía una clase, y cómo se lograba bailar sin música.

«Me pareció que no ibas a llamar nunca», dijo Galo. «Así que te vine a buscar.» Era el final de mi primera semana en Cubanacán. Había rechazado la invitación de Lorna de ir a la playa con sus niños y enfrentaba un fin de semana vacío, cuando mandaron avisar en el dormitorio que me esperaba una visita en el lobby del edificio administrativo. El mejor amigo de mi amiga mexicana, un hombre de mediana estatura y unos treinta y cinco años de edad, de mirada divertida y cuerpo de bailarín, me examinó de arriba abajo. Hubiera querido que no fuera homosexual. «¡Bueno! Vamos a dar una vuelta», declaró al terminar la revisión. «¿No te parece?» Me parecía. Era cierto que no lo hubiera llamado nunca –vencer la timidez para hablarle por teléfono a un desconocido resultaba imposible– pero ahora tenía ganas de lanzármele a los brazos de alivio.

Volví corriendo al dormitorio por los regalos que mandaba nuestra amiga en común. El compañero de Galo, un muchacho delgadito, de anteojos y aspecto serio, me ayudó a subir el altero de cajas a su automóvil. Con Pablo al volante, salimos a recorrer la frágil y vaporosa elegancia de la capital cubana.

«Ya irás viendo cómo, desde el barrio popular de Santos Suárez hasta los desconchados edificios de La Habana Vieja, el refinamiento de esta ciudad nunca se pierde», dijo Galo. «Pero por hoy centraremos el recorrido en el barrio del Vedado.» Con su nombre de prohibición, sus jardines cubiertos de enredaderas desbordadas y sus casas de amplios pórticos sostenidos por columnas delicadas, el Vedado ya era el símbolo por excelencia de la gloria y ruina de la capital. Desde principios de siglo había fijado las pautas más audaces de la moda: su colección de residencias de estructura delicada pero enfáticamente modernista, los pequeños edificios de apartamentos art déco, trabajado cada una en planos y relieves como si hubieran sido pequeñas esculturas y no grandes viviendas, eran joyas de la arquitectura de vanguardia del siglo xx.

Recorrimos las veredas a la sombra de sus árboles copudos. Los nombres tan funcionales de las vías –«L» y «14», «27» y «G»– contrastaban con su extravagante realidad. Aquí y allá, protegida por rejas, cubierta de enredaderas como si fuera de encajes, y medio escondida por los mangos, majaguas y almendros de sus anchos jardines, se podía entrever una mansión de comienzos de siglo, corroyéndose de a poco pero sin perder el donaire, como si una especie de jalea del tiempo la envolviera y protegiera su belleza. La ciudad no se parecía en nada a La Habana exótica, peliculesca y burda, que yo había imaginado hasta ahora. ¿Cómo surgía una revolución –por definición tan brusca y radical– de esta ciudad hecha de sutilezas, ornatos de filigrana y los juegos de sombras y luces con que la adornaba su vegetación?

–Pero ya veo la película que tú traías en la cabeza –reclamó Galo ante mis exclamaciones de asombro–. Negrones de machete en mano paseando por las calles, todas las mujeres vestidas con sombreros de fruta y plumas, y en vez de antenas de televisión, ¡cocoteros!

Hicimos un rápido desvío para admirar ese monumento al esplendor del turismo tropicalista que es el Hotel Nacional. Como había sido construido para extranjeros que venían a darles cuerpo a sus sueños, se parecía mucho más a los míos, y desde que lo vi tuve ganas de ocupar una de sus habitaciones de persianas de madera, que imaginaba amuebladas con mecedoras de mimbre y ventiladores en el techo.

–Ni se te ocurra –me decepcionó Pablo–. Está reservado principalmente para los soviéticos.

Seguimos por Línea, la avenida principal que traza una de las fronteras del Vedado, hasta llegar a la Rampa, en el crucero que marca el punto más moderno y dinámico de la ciudad. Por el camino, Galo y Pablo hicieron de guía de turistas: este edificio modernista y sin gracia era el hotel Habana Libre, antes conocido como el Havana Hilton; éste, Eloy's Bar; éste, el edificio de Prensa Latina; éste, el cine Yara. La calle en declive hacia el mar remataba en el Malecón, la frontera norte cubana. Las enormes olas de la marea alta empapaban las aceras, los carros y los transeúntes desprevenidos. Espuma, mar y, a noventa millas, Estados Unidos y su arsenal atómico, su odio, su implacable voluntad de destruir la Revolución.

–¿Estamos tan cerca, Galo? Noventa millas son pocas, ¿no? ¿Se puede llegar nadando?

—Tú inténtalo. —Galo a cada instante se asombraba más de mis preguntas, pero los habitantes de Manhattan no sabemos medir las distancias en nada más grande que cuadras urbanas.

—¿Y qué hay del otro lado?

—Cayo Hueso, y el teatro donde Martí lanzó su último discurso patriótico antes de embarcar a Cuba. Y una buena parte de la población de este país.

El alivio de su compañía me volvió locuaz. Llevaba una semana tratando de esconderles a todos la verdad de mi condición: no sólo no era revolucionaria, era también una ignorante. Ahora, con Galo y Pablo, no sentí la menor necesidad de fingir —tal vez porque hubiera resultado imposible ante la mirada irónica y observadora de Galo; tal vez porque la presencia de Pablo era tan suave y acompañante— y disparaba todas las preguntas que había ido acumulando. ¿Cómo era Fidel? ¿Por qué la plaza de la Revolución no estaba en el centro de la ciudad, como el Zócalo en México? ¿Por qué la zafra de los Diez Millones? ¿Por qué el Che no se quedó a vivir en Cuba? ¿Cómo había empezado la guerra en Vietnam? ¿Por qué el periódico oficial, *Granma*, era tan aburrido?

«Porque lo hacen unos tontos», contestó Galo. «Mira, ésta es la universidad. Aquí se paró Fidel, en esta escalinata, a dirigir la gran marcha estudiantil de mil novecientos cincuenta y dos. Fue ahí que se dio a conocer por primera vez ante la gente, poco antes del asalto al Moncada.»

Galo era un personaje que no entraba bien en ninguna categoría, cosa que le complicaba la vida a él y a la Revolución. Alguna vez fue bailarín, pero había evolucionado hacia el teatro. En el teatro su interés por el movimiento lo aisló de una vanguardia ocupada por artistas como la diva trágica Raquel Revuelta. Apasionado de Cuba, pero de temperamento crítico, los viajes de su juventud lo habían vuelto cosmopolita, y su espíritu crítico lo distanciaba de otros defensores de la Revolución seguramente menos apasionados pero más incondicionales que él. Era homosexual e intelectual, y era revolucionario. («Claro que me podría haber tocado ser negro también», se consolaba.) Su compañero, Pablo, a pesar de tener cara de niño, se había especializado en estadística y tenía un puesto de cierto nivel en la Junta Central de Planificación, la importantísima Juceplan. Esa tarde paseábamos en un carrito soviético que se le había autorizado como una especie de medalla de honor.

La situación de Galo era menos solvente: daba clases aquí y allá, y tenía una asesoría de medio tiempo en alguna dependencia teatral, pero le sobraba tiempo para leer, cosa que hacía vorazmente. De hecho, lo único que le provocó una exclamación de placer al abrir en el coche la caja de regalos fue el libro francés de título escabroso que le había mandado nuestra amiga: *Cuba est-il socialiste?* de René Dumont. «Este hombre es muy importante. Fíjate tú que es un agrónomo maoísta, y se graduó en la Sorbonne, o sea, que viene muy preparado. Trabajó aquí a comienzos de la Revolución... Vamos a ver lo que dice. Yo creo que lo que le estamos haciendo a la agricultura aquí es meterle una burocracia del coño de su madre. Éste es un país en el que escupes una semilla de fruta bomba en la acera y ahí mismo crece un árbol, pero pueden pasar meses enteros en que tú no encuentras ya no digamos fruta bomba sino una naranja, o un mango... ¡ni yuca, carajo!»

No sabía lo que era fruta bomba, ni lo que era el Moncada, ni bien bien lo que hacía un agrónomo y mucho menos uno maoísta, pero no tuve tiempo para preguntar, porque acabábamos de parquear el carrito en una calle sofocante y estrecha, llena de vecindades ruidosas y olorosas a potaje de garbanzo, y ahora dábamos vuelta a una esquina para toparnos de frente, en la rosada luz del atardecer, con la plaza de la catedral.

Era como un teatrito, pequeña e íntima, y con el mismo aire de inmanencia que tiene un foro vacío cuando se acaba de alzar el telón y todavía no entran los bailarines. Limitada por los cuatro costados por centenarias y pesadas construcciones de piedra, la plaza, sin embargo, carecía por completo del monumental impacto de los sitios coloniales de mi país. Estábamos en la ciudad capital de una isla en medio del mar, y el material de construcción, una cantera porosa y clara que no era más que coral petrificado, flotaba en la mirada como la espuma. El ambiente cálido y mágico de la plaza tenía que ver también con la modesta escala de sus construcciones y con la forma en que el trópico se colaba por entre las rendijas de la solemnidad ibérica. La graciosa catedral, por ejemplo, estaba rematada por una portada de perfiles curvos que remedaba las faldas de una coqueta. En el palacio de los Marqueses de Aguas Claras, detrás de un bosque de columnas y enredaderas, se asomaban puertas y biombos hechos de cristales de colores –las tradicionales mamparas–. Las ventanas estaban rematadas por semicírculos del mismo vidrio, llamados medios puntos, que dibujaban sus alegres reflejos en los pisos de cantera.

–Luego vamos a hacer que Boris te explique las mamparas y los medios puntos –dijo Galo–. Son su gran pasión.

¿Quién era Boris?

–Un amigo que ahora mismo te vamos a presentar. Él y Carlos ya nos deben de estar esperando. Vamos.

De regreso al Vedado, lancé una especie de aullido de frustración.

–¿Qué pasa?

–Es que se me olvidó mi dinero, y lo que quisiera hacer ahorita es invitarlos a todos a cenar en algún magnífico restorán.

Galo y Pablo rieron tanto que Pablo tuvo que hacer el carro a la banqueta para quitarse los anteojos y limpiarse las lágrimas. «¡Magnífico restorán!», repetían, sin que yo entendiera el chiste, y se doblaban de risa de nuevo. Galo se inclinó hacia mí desde el asiento trasero, me agarró la cabeza y me dio un sonoro beso. «Te prometo que algún día cenaremos todos en un magnífico restorán. Por ahora solamente te podemos ofrecer un postre, que ya es mucho.»

De nuevo nos estacionamos en L y 23, la esquina de la modernidad. En contraesquina al Habana Libre queda el parque de la heladería Coppelia, cuyas glorias me habían cantado ya los alumnos y hasta la misma Elfrida. Entramos al parque, dimos enseguida con una larga cola, y Galo y Pablo la fueron revisando hasta encontrar, a unos cincuenta pasos del mostrador de la heladería, a Boris y a su compañero, Carlos.

–¿Y qué? ¿A qué hora llegaron?

–Hace como dos horas. La cola no estuvo tan mal.

Enseguida Pablo les contó lo de mi invitación a cenar, y esta vez yo también le encontré la gracia: si había que hacer una cola de dos horas para conseguir un helado, ¿cuánto tardaba una cena en un restorán?

«Un día entero», contestó Carlos, sin tomarlo a broma. «Y no te dan el turno para ese mismo día… Dicen que ahora para conseguir un turno en El Conejito y en el 1830, hay que llegar desde la noche anterior.»

¿Por qué? ¿Por qué las colas? ¿Por qué la escasez? ¿Por qué el absurdo de un país rodeado de mar y sin una sardina que comer? ¿Por qué no podía invitar a nadie a cenar sin incluir en los planes una cola de ocho horas?

—Es que estamos en guerra —dijo Pablo—. Estados Unidos nos tiene sitiados. ¡Rodeados!

—Nos tiene cogidos de los pelos del culo —dijo Boris haciendo un gesto ilustrativo y preciso con las dos manos. Compartía con la mayor parte de sus compatriotas una procacidad inventiva e inacabable.

En cambio, Pablo era serio. Hablaba poco, salvo cuando se arrancaba a explicar algún detalle de la economía nacional, y siempre asumía un aire docto cuando hablaba de cifras. Como ahora:

—En Juceplan no hay proyecto económico en el que no se nos atraviese el bloqueo de los yanquis. No sólo nos afecta en la adquisición de material nuevo: muchos de los cuellos de botella más serios que enfrentamos en la producción son provocados por la falta de repuestos. Porque suponte tú que nosotros logremos darle la vuelta al bloqueo en Europa y América Latina, conseguir transporte urbano con los ingleses, por ejemplo, como lo hemos estado haciendo con la empresa Leyland, que nos vendió todas las guaguas que tú ves ahora. Pero para modernizar realmente la industria azucarera frente al bloqueo, ¡tendríamos que empezar de cero! Simplemente en el área de producción del dulce, para tener una industria eficaz tendríamos que comprar y construir un ingenio nuevo por cada ingenio viejo americano que hay, antes de comenzar siquiera a aumentar nuestra capacidad de producción. Porque ¿de dónde si no vamos a sacar repuestos y partes nuevas y equipo actualizado? Si toda la industria azucarera moderna la montaron los yanquis.

Tomó aire:

—Entonces tienes tú que todos nuestros recursos, toda nuestra producción la tuvimos que canalizar a esta zafra, que si no la sacamos adelante nos vamos a ver en problemas de verdad. Y en estas condiciones tan malas, con todas las vicisitudes que nos ha tocado remontar, no sobra nada para la población. Estados Unidos nos quiere destruir, y con el embargo casi lo logra.

—Claro que nosotros también ponemos de nuestra parte —acotó Galo.

La plática avanzaba al mismo despacioso ritmo que la cola. En Cuba, a comparación del mundo capitalista, ocurrían muy pocas cosas. Se estrenaban, cuando mucho, una docena de películas al año, incluyendo las bochornosas muestras del realismo socialista soviético. En el diario *Granma*, podían pasar semanas enteras en que las primeras planas anunciaran todo menos las noticias («Parte de regreso la delegación del partido BAAS de Siria después de una visita de una semana a Cuba»), mientras se daban hechos que no se hacían nunca del dominio público («Graves problemas para alcanzar los diez millones»). El consumismo, que en Estados Unidos buscaba convencernos de que alcanzaríamos el esplendor sexual al cambiar de marca de desodorante, no existía.

La población tampoco cambiaba gran cosa: llegaban pocos extranjeros; pocos cubanos conseguían —o tal vez buscaban— la visa de salida, y no era sencillo tramitar un permiso para ir a vivir a otra ciudad, o siquiera mudar de apartamento. Rara vez había vecinos nuevos. De cualquier forma, la sensación era de inmovilidad, y como parecía que no ocurría nada, sobraban las horas. Vivir suspendida en el tiempo como las viejas mansiones del Vedado me desesperó muchas veces, y muchas otras, como aquella noche en el Coppelia, me provocó embeleso. La conversación, forma de compartir que en Nueva York privilegiaba la rapidez y la concisión, era en Cuba un arte barroco. Haciendo la cola, Galo y Pablo les narraron a Carlos y Boris, lenta y pormenorizadamente, el paseo que acabábamos de dar, adornando cada escala con su pequeña dosis de exageración, inventiva y humor, y aún quedó tiempo para que yo hiciera el relato detallado de mi primera semana en Cubanacán. Era delicioso charlar así.

—¿De qué sabor tú quieres?

De los cuarenta que se anunciaban, había en realidad cinco o seis, y ninguno de los que se me antojaban más.

—Y si vamos al restorán, ¿sí habrá de todo?

—Parece que últimamente lo que hay es langosta, ancas de rana y conejo —contestó Carlos, que parecía estar conectado a una transmisión secreta y permanente de cuanto tuviera que ver con colas y abastecimiento.

Pablo: «¿Y masitas de puerco?».

—No. Puerco no hay de ninguno.

Yo: «¿Y fruta?».

—Fruta no hay nunca. Pero ¡ven acá! Ahora cuéntanos tú cómo fue que dio Elfrida Mahler contigo.

Me dejaron en la puerta de Cubanacán los cuatro, no sin antes señalar cuidadosamente las paradas de la guagua y en cuál me tendría que bajar a cambiar de transporte para llegar a casa de Galo, «porque no siempre va a haber combustible para venir por ti». Nos abrazamos todos, pero ya en ese momento comenzaba a opacarse el resplandor que había tenido la tarde, como si hubiera aparecido la mancha negra que empieza a morder la luna cuando está más llena. Me daba miedo quedarme sola, porque nunca había estado tan sola como en Cuba. Y me remordía también la pregunta más urgente y difícil, la que surgía cada vez que oía a un cubano hablar de la Revolución —de *su* Revolución—. La pregunta que no podía hacer porque me daba vergüenza: ¿Por qué todos, desde Galo y Carlos, pasando por Teresa González, la maestra de folclor, y hasta Nancy, la maestra de Chicago, estaban tan en armonía con la Revolución, y por qué yo estaba convencida de estar fingiendo cada vez que trataba de sentir lo mismo? ¿Qué tendría que hacer para lograr que me interesara tanto la política como a ellos?

Al lunes siguiente, sentada en el piso con los alumnos durante la «merienda» de yogur y un par de caramelos que se repartían en las escuelas a media mañana, traté de nuevo de entusiasmarlos con la clase de técnica Cunningham que tocaría al día siguiente, explicándoles más sobre el trabajo de Merce y el tipo de danza de vanguardia que me interesaba ver y hacer en Nueva York. Pero teníamos problemas hasta de vocabulario:

—Aquí «vanguardia» es lo que tiene que ver con el Partido —aclaró Roberto-Oggún.

—Allá es algo que está más allá de lo convencional, ¿no es cierto? —intervino Antonia, que era hija de artistas—. Algo que tal vez la gente no entiende, pero que sirve para abrir nuevos caminos en el arte.

—Pero si la gente no lo entiende, ¿qué interés puede tener? —quiso saber Roberto—. Vamos poniendo un caso: cuando tú y tu amiga hacen esas exhibiciones que nos contabas, y no es en un foro sino una calle y ni siquiera han hecho la promoción para anunciar el evento, y un músico está por su lado improvisando cualquier cosa en el instrumento que le da la gana, sin que hayan ensayado juntos con anterioridad, y ustedes están haciendo eso que tú dices que son «secuencias de movimientos», y que ni siquiera es danza propiamente… ¿Eso para quién es?

—Bueno, para nosotras —contesté yo—. Y para los que quieran o puedan disfrutar, por un accidente del destino, del haberse topado con nosotras en ese lugar y en ese momento realizando esa particular actividad.

—No —dijo Isabel, el gesto muy serio en su cara de camafeo—. Yo creo que eso a mí no me puede interesar. ¡Sería como bailar encerrada en un closet! ¿Para qué? No es que me interese el realismo socialista de los soviéticos —Isabel pronunció el término como si le supiera mal—, ni que quiera bailar *Sílfides* como la gente de Alicia, para que todo el mundo me aplauda y diga: ¡Qué linda que te ves! Pero yo creo que mi ideal como artista es entrar en comunión con el público, encarnar algo —¡un misterio, una emoción!— que está en todos nosotros, trascenderme a mí misma.

—Pero es más emocionante lo otro —dije yo—. El experimento, la auténtica libertad de creación.

—No, no me parece —dijo José-Changó, quien había estado escuchando de lejos, mientras estiraba una pierna en la barra—. Pero es difícil opinar de algo que uno no conoce. ¿Por qué no nos montas una coreografía de Merce, para entender de qué se trata?

Respondí que no me sabía ninguna, y que además tendría que conseguir la autorización previa de Merce, puesto que él tendría que regalarnos la obra.

—Explícame eso: ¿él vende su obra de arte como si fuera una mercancía? ¿Cobra por su trabajo artístico?

En el alboroto que se armó entendí que estaba dejando en el suelo el prestigio de Merce, y además, yo misma no sabía muy bien cómo funcionaban los derechos de autor, salvo que en el caso de Martha, ella prohibía terminantemente el montaje de sus obras fuera de su compañía —cosa que me parecía por entero razonable— y que Martha, pero tal vez Merce no, insistía en que cualquier curso de técnica Graham sólo se podía impartir previa autorización, y haciendo un pago aunque fuera simbólico a su estudio, exigencia que los muchachos y yo estábamos violando descaradamente. Preferí cambiar de tema.

—Pero, entonces, ¿ustedes qué es lo que quieren bailar?

—Ahí mismo está el asunto, Alma —apuntó Orlando. Llevaba un buen rato acostado con las piernas en el aire abiertas en «uve», tratando de alargar los tendones de las ingles, que tenía muy contraídos, pero ahora se acuclilló de un salto—. Tú lo acabas de plantear. Así como están las cosas no hay mucho de dónde escoger. Fíjate: está el Conjunto, que es la única compañía de danza moderna en todo el país. ¿Allá nos vamos a meter todos los de este grupo? Eso es absurdo: ¡no hay lugar! —Nunca Orlando, el que me parecía el más hermoso, había dicho tantas palabras juntas, pero ahora hablaba con urgencia de una preocupación que obviamente no era nueva—. ¿Y dónde se van a ir los que se gradúan el año que viene? ¡Además, siempre bailan lo mismo! Eduardo Rivero hizo dos obras buenas, y se acabó. Yo no quiero llegar a viejo ejecutando *Suite Yoruba*.

—A mí sí me gusta el Conjunto —dijo Carmen, que no tenía problemas de elasticidad en la cadera pero sí en la espalda y que ahora, sentada con las piernas en segunda posición, luchaba por pegar la barbilla al piso. Yo sabía por qué le gustaba el Conjunto, cuyos ensayos de danza moderna ya había ido a ver. El rol de la mujer-fuego en *Okantomí*, un dueto sensacional que era el ancla del repertorio, estaba hecho a su medida. Sospechaba que a Carmen, que tenía menos inquietudes intelectuales que los demás, no le importaría llegar a vieja recibiendo todas las noches la ovación de un público enamorado.

Las preguntas de mis alumnos eran en realidad confesiones alarmantes: ignoraban casi todo de la profesión que habían elegido. En los teatros de La Habana no existía un repertorio coreográfico con el cual hubieran podido aprender a bailar: padecían un hambre de material casi física. Y Orlando tenía razón. No había forma de que cupieran todos los egresados de la escuela en el Conjunto y, además, su repertorio realmente no era tan interesante. ¿Dónde más podrían ir?

—Al Folclórico, por supuesto —dijo Antonia con sorna, y José e Isabel se rieron con ella.

—¿Qué tiene de malo el Folclórico? —se indignó Pilar, la gordita del pelo de azabache, que se abría en cruz sin ningún problema y ahí pegaba el ombligo y el pecho y la barba al piso.

—No tiene nada de malo, nadie ha dicho eso —contestó Roberto—. Pero ven acá; si yo me estoy rompiendo el lomo tomando cuatro horas de clase al día, aprendiendo técnica de esto y técnica de aquello y teoría de lo de más allá —¡cuatro años seguidos!— para acabar ejecutando todas las noches la misma danza de Oggún que tiene montada la última agrupación folclórica de aficionados del último de los sindicatos de este país —con mejor vestuario yo, claro, un machete de verdad, la coreografía auténtica, lo que tú quieras, pero todas las noches del resto de mi vida la danza de Oggún, ¡que ya yo me la aprendí hace mucho!—, entonces yo no sé que es lo que estoy haciendo acá.

—Pero las condiciones de trabajo son buenas, y se hacen giras por el exterior y toda la cuestión —insistió Pilar.

—Muy buenas, chica, sí, muy buenas condiciones. —Roberto ahora estaba indignado—. Ya tú te has dado una vuelta por su salón de ensayos? Están mejor los nuestros. ¿Y alguna vez te paraste por el edificio del Ballet Nacional? ¿Tú has visto esos salones? Si Alicia hubiera querido inodoro de mármol se lo ponen. ¿Y la ropa de práctica de primera que les dan? ¿Y la alimentación de lujo que tienen?

José: «La verdad es que la gente del Folclórico está casi tan abandonada como la de danza moderna. Aquí los únicos privilegiados son la gente de Alicia. Ellos sí que tienen vida buena».

Orlando saltó de nuevo al centro del siguiente silencio, hablando rápido y dirigiéndose sólo a mí, como si temiera la interrupción de los demás.

—Alma, yo lo que quiero es tomar clases de ballet —confesó ante el asombro general—. Entiéndeme, yo no quiero bailar *Giselle* ni el *Lago de los cisnes*, eso no me interesa. ¡Pero es que ellos bailan mejor que nosotros! Tienen más técnica, de acuerdo. —Alzó la voz ante la protesta de los demás–. Nosotros tenemos la técnica moderna y ellos no la manejan, pero se mueven más rápido, saltan más alto, levantan la pierna más. Yo quiero poder levantar la pierna más alto también. ¿Verdad que eso no es malo?

–Claro que no –contesté. Es más, yo estaba pensando ir la semana siguiente a la sede del Ballet Nacional en el Vedado, a presentarme con Alicia Alonso y pedirle permiso de entrenar con su compañía, porque no podía seguir sin tomar clase. ¿Por qué no íbamos juntos?

–Pero es que en realidad eso no está permitido –dijo Antonia.

Fue la primera oportunidad que tuve de usar una palabra que acababa de aprender: «contradicción». Se trataba de una *contradicción* al interior de la Revolución. La Revolución había adoptado como portabandera a Alicia Alonso, maravillosa bailarina y organizadora de temple de hierro, que un día aceptó la invitación extendida por Fulgencio Batista, de volver a su país natal para fundar una compañía de ballet clásico. Cuando llegó la Revolución eligió quedarse para siempre, y en diez años había formado un conjunto de excelente nivel y estilo propio. Era admirable, pero no dejaba de ser cierto que el ballet fue el más extraordinario logro estético de la Rusia de los zares, aunque los rechonchos burócratas de la Unión Soviética no hubieran reparado jamás en esos orígenes cuando llegaron al poder. Hasta yo sabía que en la URSS no se permitió asomo de danza moderna o abstracta en los teatros, ni ningún otro movimiento artístico de peligrosa vanguardia. Pero en setenta años no hubo delegación de amistad con el pueblo soviético que no fuera invitada a pasar una velada en el Teatro Bolshoi viendo el *Lago de los cisnes* o *La fuente de Bakhchisaray*.

Siguiendo el ejemplo ruso, los encargados de la política cultural cubana no escatimaron apoyo económico ni moral a la compañía de Alicia. En cambio, le dieron pocas alas al Conjunto Folclórico Nacional, que tenía el potencial de ser enormemente popular, pero cuyo repertorio estaba tomado casi íntegramente de la cultura negra. Y al mismo tiempo, en Cubanacán, la dirección de la Escuela de Danza Moderna, la más marginada y pobre de todas las instituciones de danza –pero tal vez la más fervorosamente revolucionaria– había retomado una ya antigua rencilla de los creadores de la nueva danza en Estados Unidos y la había trasplantado a Cuba, decretando que el ballet era un arte decadente y burgués, y declarando traidores a quienes fueran a meterse a escondidas a los salones de Alicia a intentar descifrar los misterios de una *pirouette*.

«Pobres muchachos», pensé. Ni siquiera yo estaba tan sola.

Ocurrió el milagro que todos me habían advertido no se podría dar. «Prepárate para recibir con mucha demora tu correo», me había dicho Lorna con toda claridad. «A veces tarda hasta seis meses, aunque por lo normal el retraso no es de más de unas ocho semanas. Pero es que el personal de inteligencia tienen que revisarlo todo, y no se dan abasto. A veces también», aquí soltó una risita pequeña, como pidiendo disculpas, «es posible que tachen alguna cosa. Sobre todo de las cartas que mandas tú.» Y sin embargo, cuando pasé por la recepción de la escuela una mañana a los diez días de haber llegado, Hilda me extendió sonriente un sobre con timbres de Nueva York. Era de Adrián. Lo había puesto en el correo al día siguiente de que nos despidiéramos, unas seis semanas atrás.

«Ven», decía la carta. Y como él no sabía nada del personal de inteligencia, decía otras cosas más que no hubiera querido por ningún motivo que leyese nadie más que yo.

A Adrián lo conocí un mes antes de dejar Nueva York, en un curso de entrenamiento para aspirantes a vendedores de zapatos de la tienda Macy's. El trabajo pagaba un poco más que el de mesera, y me urgía ahorrar dinero para el viaje. Adrián, más experto que yo, pensaba tomar el curso de cinco días y reprobarlo, lo cual le daría derecho automáticamente a tomarlo otra vez. Al final del segundo curso renunciaría, consiguiendo así, con un mínimo de esfuerzo, diez días de sueldo que le permitieran otros tantos de asueto para seguir escribiendo poemas. Vender zapatos era un oficio horrible y agotador, me advirtió cuando intercambiamos unas palabras durante el descanso del primer día, y tenía razón. Yo duré exactamente cinco días, y creo que si resistí tantos fue porque me ilusionaba encontrarme con Adrián, aunque esto no lo hubiera admitido jamás. Tardé en entender que me atraía, porque me desconcertaba tanto… Estaba a punto de ser maravillosamente guapo, pero no lo era. Tenía un cuerpo muy bello, pero su porte era desgarbado. Sus ojos verdes, enormes, eran un poco saltones, la voz remolona emergía de una boca de expresión desidiosa, y en general la expresión del rostro parecía la de alguien no muy inteligente. Por eso dejé que se me acercara: porque no había advertido –él agachaba mucho la cabeza al hablar– que en su mirada por instantes chicoteaba una luz que dejaba ver, allá en el fondo, al cazador.

Era diez años mayor que yo. Había nacido en Polonia, y toda su familia, judía, fue exterminada en el campo de concentración de Auschwitz. Sólo se salvó su madre, una mujer muy humilde que logró atravesar con él la frontera y encontrar refugio en Bélgica. Cuando las tropas nazis ocuparon ese país, la madre logró conseguir un solo pasaje a bordo de un buque mercante. A Adrián lo dejó escondido con una familia campesina. Desembarcó en Nueva York, donde encontró la forma de ganarse la vida como trabajadora de limpieza y logró por fin mandar por su hijo cuando él tenía siete años. Adrián se acabó de criar en el Lower East Side de Manhattan, y eventualmente se graduó de matemático.

Cuando lo conocí le interesaban principalmente la poesía y el budismo. También les dedicaba muchas horas por semana a sus prácticas de kempo, un arte marcial en el que se usan armas largas. No le gustaba mucho la ciudad. Vivió largas temporadas en el norte frío e inhóspito de Nueva Inglaterra, cerca de la frontera con Canadá, pero cuando lo conocí acababa de regresar de dos años en Puerto Rico, de donde se fue, o porque terminó con la puertorriqueña con quien vivía, o porque no encontró un buen estudio de artes marciales donde practicar el kempo; nunca supe bien. Hablaba bastante español, leía mucho, y pasaba horas al día trabajando sus poemas. No escribía más que sonetos y vivía en la miseria absoluta.

No tengo idea de qué hablábamos a la hora del almuerzo al encontrarnos en la cafetería para empleados, viniendo él de su segundo curso de entrenamiento, y yo de una mañana extenuante, recorriendo al trote pasadizos eternos en busca de seis pares de calzado talla siete y medio, y corriendo de regreso con el altero de cajas para colocárselos en los pies a una mujer que evidentemente calzaba del nueve. La conversación de Adrián siempre me resultaba tan desconcertante que no podía anticipar sus salidas, ni reconstruir su lógica después. Era, eso sí lo sé, una lógica implacable, como la de los retrasados mentales o los niños muy pequeños, y soltaba al paso unas observaciones que, supongo, hubieran hecho reír en su engañosa simpleza a los monjes budistas que tanto admiraba. A mí me hacía reír (aunque siempre me demorara unos segundos en descifrar si estaba bromeando), y luego me dejaba pensativa. Me desconcertaba también su completa falta de caballerosidad o galanteo. No esperaba a que yo llegara con mi sándwich para empezar a comer el suyo (que preparaba en casa, para no tener que pagar más por él en la cafetería), ni me abrió nunca una puerta. Nunca me invitó a un café. (Por lo demás, como tanta gente que lo ha perdido todo, era exageradamente cuidadoso con su dinero.) Pero sí llegó una tarde a buscarme al departamento de zapatería, insistiendo en que en ese mismo instante tenía que acompañarlo hasta la salida de la tienda.

Estaba comenzando un eclipse solar, el último que se veía completo en el hemisferio norte en más de veinte años. En la atestada calle Treinta y cuatro, los transeúntes y los carros fueron alentando el paso hasta detenerse por completo mientras la sombra de la luna terminaba de devorar al sol. Ni Adrián ni yo teníamos lentes especiales ni un recuadrito de película para rayos equis que nos protegiera la vista, pero yo tampoco quería ver. Me asustaba la muerte de la luz. El aire se fue volviendo turbio y amarillo, el silencio se hizo total, y desaparecieron de repente todas las sombras, aunque nosotros mismos parecíamos sombras en esa densa tiniebla. Las palabras *nuclear apocalypse* se me iluminaron en la cabeza como con luz neón, helándome. De niña me había tocado vivir en Los Ángeles los años álgidos de la Guerra Fría, y ahí pasé por los absurdos y nefastos rituales en los que, al sonar la alarma de la escuela, los alumnos teníamos que imaginar que había estallado la guerra nuclear, y acurrucarnos debajo de los escritorios para protegernos de la explosión de una bomba atómica. Así supuestamente lograríamos sobrevivir –pero sólo para poder presenciar la demorada muerte de la humanidad entera por irradiación, en una penumbra eterna provocada por una nube de ceniza que cubriría para siempre al sol–. En la paralizada calle Treinta y cuatro, deseando con todas mis fuerzas que la luna se diera prisa y terminara de una vez con su espantoso festín, pensé: «Así es como se acaba el mundo». Adrián dejó por un momento su inspección del cielo, volteó a verme y me besó.

No teníamos adónde ir. No lo podía llevar al apartamento de mi madre, y él estaba durmiendo en el sofá de un amigo que vivía en Coney Island. Hablé con una amiga –la misma que me había preguntado del estreñimiento y las dietas– y en lo que ella se fue a trabajar nos dejó usar su cuartito alquilado, en un sótano. Al día siguiente Adrián anunció que había rentado un cuarto en uno de los siniestros hoteles para desamparados que por entonces se multiplicaron en el West Side de Manhattan. Se llamaban Single Room Occupancies, se alquilaban por mes, y eran el refugio de los drogadictos, los ancianos sin recursos y los desesperanzados. Supongo que Adrián le habrá dado dinero al portero de noche para que me dejara pasar. En ese hotel nos hospedamos hasta que me fui a Cuba. El lugar me daba horror, pero puedo decir que las sábanas siempre me dieron la impresión de estar limpias, que nunca descubrí pulgas ni chinches, y que nuestro cuarto tenía las molduras originales del fin de siglo en que fue construido, y una ventana que daba a la calle.

Fue una relación difícil: yo vivía con más miedo que de costumbre en esos últimos días en Nueva York, y la total incapacidad de Adrián de protegerme –que yo interpretaba como falta de voluntad– me llenaba de furia y resentimiento. A su lado, además, yo resultaba una mimada niña burguesa: por las noches Adrián colocaba un litro de leche y otro de jugo de naranja en la helada repisa de la ventana y con eso desayunábamos, aunque yo hubiera preferido comprar un café caliente en la tienda de la vuelta. Caminábamos hasta conseguir pan de caja barato, por más que yo decía que por unos centavos más podríamos comprar los deliciosos bagels de la esquina –que eran, por casualidad, los mejores de Nueva York–. Creo que nunca sospechó que a mí me repugnaba nuestra habitación, porque en su criterio era perfecta; tenía una cama, una ventana, una mesa y una silla.

Y sin embargo nos entendimos. Vivía su vida con seriedad, y fuera del ámbito de la danza eso lo había encontrado poco. Yo valoraba su trabajo de poeta, y no hubo para mí en aquel entonces nada más varonil que su estrambótica falta de superficialidad, conformismo o disimulo. Era claro que no estábamos compartiendo nada, sino que yo estaba ocupando por algunos días un espacio en la vida de él, pero sentí que le hacía bien que lo acompañara, y me gustó dormir a su lado. No hablamos nunca de un «después» al día en que me fuera, ni pensé que nuestra relación tuviera futuro. Había algo en todo lo que transcurría entre nosotros que me llenaba de desconsuelo. Yo necesitaba cariño, y él no me lo podía dar. La última mañana que pasé en el hotel, cuando ya me estaba vistiendo, sentí que se colaba por debajo de la puerta un olor a humo. Adrián insistió que era fantasía mía, pero no era así: a los pocos minutos llegaron los bomberos, y también una ambulancia, a recoger a un anciano que se había quedado dormido en una de las habitaciones, con el cigarro en la mano. Antes de que se fueran me fui yo, en la temprana llovizna de la mañana, a preparar las maletas y despedirme de mi madre.

Y ahora la carta llegaba a alterarlo todo. La leí de pie en la oficina de Hilda, alelada, tratando de ocultar mi bochorno ante Hilda y Tere, que sonreían como si fueran ladronas frente a un supremo botín, y luego me fui corriendo al dormitorio a estar a solas con el sobre milagroso, y a descifrar con calma las palabras escritas en una letra minúscula y engarruñada. Quería chupar la tinta del papel con los ojos y adivinar letras escondidas entre los renglones. Quería también hacer desaparecer los muros absurdos que me tenían encerrada en esa habitación y levitar hacia algún éter desconocido, donde nos pudiéramos encontrar y enlazar Adrián y yo. «Vuelve», decía la carta, y la volvía a leer, no fuera a ser que las letras se hubieran reacomodado de manera diferente en lo que no las veía. «Vuelve», decía la hoja otra vez.

Hubiera podido irme: la carta me llegó cuando aún no se habían resuelto los últimos trámites burocráticos de mi estadía en

Cuba. Apenas ese lunes me habían avisado que para el miércoles podría pasar a firmar el contrato. Todavía no me habían pagado (aunque, a decir verdad, esto último no hacía falta: Lorna me había prestado cien pesos, y todavía no me había gastado uno).

¡Qué fácil hubiera sido tomar la decisión si Adrián fuera el único factor! Pero en el mismo instante de leer la carta que me emocionaba tanto, una enorme lombriz de duda se revolvía en mi interior: la idea de una vida con Adrián me espantaba. No me sentía capaz de tanta austeridad. Y no era todo. Una especie de coqueteo en México, que duró lo mismo que la bronconeumonía, me había provocado gran confusión, y ahora me obligaba a reconocer que Adrián no me ocupaba entera. Jorge era muy feo pero tenía un donaire indiscutible, sabía de revoluciones y había participado en ellas. Me visitó casi a diario durante el tiempo que estuve enferma: llegaba con libros y revistas con que entretenerme durante la recuperación, me hizo sentir halagada y protegida y, sobre todo, dijo «una flor da una flor», una tarde en que le devolví una camelia del ramito que me acababa de regalar. Me tenía hipnotizada. Una nube de culpa cubrió la felicidad que me había traído la carta de Adrián. Lo extrañaba, ocupaba un lugar central en mi vida, me sentía unida a él por un lazo físico misterioso y fundamental, pero estaba también la curiosidad fascinante que me producía Jorge. Y además, no quería volver a pisar jamás ese horrible cuarto de hotel.

Pesó también el deseo de los alumnos. Aunque las clases me parecieran trastabillantes y llenas de errores, no podía dejar de ver que los muchachos habían puesto todas sus esperanzas en mi curso. Para decepcionarlos menos me urgía estar a la altura, y de tanto que me esforzaba, a veces daba con uno que otro logro. Esa misma mañana, por ejemplo, trabajando a fondo la sección de piso de Martha, había intentado que abrieran las piernas a segunda posición, alargándolas desde la ingle, y no como estaban acostumbrados a hacerlo, abriendo los pies de un jalonazo. Se me acababan las explicaciones. «¡Es como el sexo!», grité por fin y para mi propia sorpresa. «¡Tienen que abrirse completamente a lo que van a recibir!» Me sonrojé hasta la médula de los huesos, pero los alumnos se despabilaron de pronto, y produjeron un alargamiento nuevo, intenso y lleno de resonancia, que era un movimiento, y no una transición mecánica de una pose a otra.

Aprendí la lección: Martha, esa vieja zorra, no estaba tan loca —sabía usar sus infinitos trucos dramático-sexuales no sólo en el escenario, sino también en el salón de clase—. Y aprendí que yo era capaz de aprender a enseñar. No podía traicionar a los alumnos, y no estaba segura de querer volver con Adrián. Para mi propio asombro, entendí, además, que Cuba —y sobre todo su Revolución— me asustaban, me desconcertaban y me hacían sentir más sola que nunca, pero que quería quedarme.

4

ENSAYO Y ERROR

–Lo bueno de ir a la zafra –dijo Yazmina a la tarde siguiente–
es que en el campo siempre se consigue fruta.

–Y yuca, y con suerte hasta boniato –añadió Carmen.

Los alumnos estaban arremolinados de nuevo en mi dormitorio –Yazmina, Antonia, Orlando y Carmen–, esculcando los
cajones y practicando sus *arabesques* frente al espejo del tocador.
Al alzar la pierna, Orlando tiró una silla con la punta del pie, se
puso morado de vergüenza y ya no volvió a abrir la boca. Mi
alumno más joven no faltaba nunca a las visitas a mi cuarto, aunque aparte del exabrupto con respecto a las clases de ballet casi
no abría la boca. Frente a su mudez sólo podía sonreírle e intentar que se sintiera tan bienvenido como sus compañeros. En
realidad lo era hasta un poco más: la intensidad de su pasión por
la danza me agradaba mucho. Y siempre era un placer verle el
cuerpo, al que no lograba hallarle una sola imperfección.

–¿Y cuándo van al campo ustedes? –pregunté.

–Todos los años en vacaciones –contestó Carmen–. Por lo
regular vamos a Isla de Pinos, o bueno, Isla de la Juventud, que
ahora le han empezado a decir así.

¡Qué bonito! Imaginé unas vacaciones en una playita rodeada de bosque, con deporte y natación, pero hicieron todos juntos una mueca de disgusto. Isla de Pinos quedaba unos pocos
kilómetros al sur de la isla de Cuba, y gracias al clima relativamente templado que le aseguraban los vientos alisios, era el lugar
idóneo para cultivar frutas, hortalizas y, en particular, cítricos de
todo tipo. A partir de la Revolución, se habían construido gale-

rones con cocinas y dormitorios en todos los centros de producción: durante las vacaciones el gobierno mandaba a la isla a los estudiantes cubanos, de nivel secundario para arriba, a trabajar en la cosecha.

—No es malo, se come bien… —matizó Carmen, arrepentida de haberme dado una impresión negativa de Cuba.

—Es aburrido —dijo Antonia.

—No hay nada que hacer —explicó Yazmina.

—Pero en las noches es agradable, se puede uno juntar con los demás, y cantar —insistió Carmen.

—Y comer toda la fruta que uno quiera —insistí yo a mi vez, obsesionada.

—Pero también a eso le pierde uno el gusto —dijo Manolo, el que parecía español y bailaba rumba como negro. Acababa de entrar a buscar a su novia Yazmina—. Por ejemplo, lo ponen a uno a cosechar melón, y eso es lo único que hace, recoger melón a toda hora. Y cuando le da sed a uno, coge un melón de un surco, lo parte y se lo come. Y cuando le da hambre, ¡otro melón! Al final ya uno no quiere tener nada que ver con un melón más nunca. ¡Hasta se baña uno con melón, coño!

Yazmina lo miró con ojos de reproche. Los alumnos no podían usar malas palabras.

Y además, según Antonia, no era cierto que lo del melón fuera tan tremendo como lo estaba pintando Manolo, quien a su vez inmediatamente le recordó que ella misma acababa de decir que era aburrido. ¡Pero no es lo mismo!, brincó Antonia exaltada. Yazmina terció a su favor que aunque fuera aburrido uno tenía la satisfacción de saber que estaba cumpliendo con la Revolución, y yo me resigné a presenciar lo que ya había aprendido a reconocer como una típica discusión cubana; agitada, ensordecedora, y, con demasiada frecuencia, sorda también.

Interrumpió Orlando, que había estado esculcando entre mis objetos de tocador y ahora tenía en la mano un frasco. «¿Qué es esto?», quiso saber.

Ahora la que se sonrojó fui yo. Era el perfume que había adquirido con tantos sentimientos de culpa, pero Orlando no habría tenido manera de reconocerlo: ése fue el año en que los fabricantes de envases de Estados Unidos descubrieron los aspersores con compresor integrado, y ahora hasta los perfumes brotaban de su frasco con aspecto de clara de huevo batida. Hice una demostración y todos se apretujaron a ver: a cada uno le unté un merenguito de olor y rieron encantados, ya olvidados del melón y el pleito. Suspiraron.

—Alma, ¿por qué no nos cuentas otra de las coreografías de Martha Graham?

Me había dado por narrar versiones ultra-compactas del repertorio de Martha, en las que protagonizaba todos los papeles yo. Quizá, pensé ahora, estaba generando entre los alumnos apetitos que luego no tendrían manera de satisfacer.

—Mejor cuéntenme ustedes cómo va a ser esto de la zafra —dije para cambiar de tema—. ¿Alguien ya fue de aquí de la escuela?

—Sí, los de música fueron desde el año pasado —me contestaron—. Parece que no es fácil aprender a usar el machete: uno de los compañeros de música, Ricardo Laborde, que estudiaba piano, perdió un dedo.

Queriendo ser tan revolucionaria como me imaginaba que lo hubieran sido en ese momento Teresa o Galo, declaré que no me parecía más grave que un estudiante de música se cortara un dedo a que se lo cortara un trabajador.

Pero es que un pianista sin dedo ya no es pianista, respondió como flecha Manolo.

El corte de caña que ocupaba la atención del periódico *Granma* y las discusiones de la escuela se iban convirtiendo también en el centro de mis preocupaciones. Era evidente que me iba a tocar aportar trabajo voluntario en los cañaverales, y la sola idea me llenaba de espanto. Yo era una criatura urbana cuya experiencia del campo se limitaba a unos cuantos picnics al lado de la carretera a Cuernavaca; y en pocos días en Cuba ya había aprendido a odiar el aplastante sol y el calor. Gracias a las descripciones de los muchachos, sabía que me esperaban letrinas malolientes, catres desvencijados, el libre asalto de cucarachas voladoras como las que había conocido al llegar, arroz y potaje mañana tarde y noche, y calor y sol, sol y calor. ¿Y qué haría sin un estudio de danza? Un año sin clases con Merce o Martha ya se me hacía mucho, pero ¿semanas enteras sin poder siquiera entrenar sola? No había llegado a Cuba con la intención de sacrificar lo que más me importaba, pero entendía que si decidía ignorar el llamado de Adrián y quedarme en Cuba, me tocaría participar en la zafra.

En mayo faltaba poco para que terminara. El periódico *Granma* publicaba a diario gráficas de primera plana que mostraban el cumplimiento del plan de corte en cada una de las seis provincias de la isla, y la cantidad de azúcar acumulada: Camagüey, 1.890.137 toneladas de azúcar molida; Oriente, 2.081.001 toneladas; Pinar del Río, 141.329. Para esos días cualquiera que se tomara el trabajo de comparar las gráficas vería que durante los primeros siete meses del corte se había logrado moler un millón de toneladas de azúcar más o menos cada tres semanas, pero que en el último mes el ritmo había decaído precipitadamente. Según se comentaba en la escuela, era porque el corte se encontraba en su etapa más difícil. Para lograr los diez millones, decían Lorna e Hilda, preocupadas, se habían habilitado hasta los cañaverales más viejos y descuidados; plantíos que tal vez estaban en desuso desde los tiempos del éxodo de finqueros que siguió a la Independencia, o que no se habían modernizado desde entonces. Y en Cuba aún no se había podido industrializar la cosecha de la caña. La mocha, o corte a mano, es un proceso brutal: hay que avanzar por el surco sujetando el manojo de tallos, cortándolo con fuerza y dejándolo caer con orden, de manera que el trabajador que viene detrás, limpiando y apilando las cañas, pueda juntarlas fácilmente y cargarlas a la carreta primero (tirada por bueyes) y luego al vagón de ferrocarril que las llevará a la molienda. En los cañaverales viejos el corte ahora se volvía un infierno; un trabajo de esclavos que «el hombre libre sólo puede asumir a partir de la más profunda conciencia revolucionaria», como decía Fidel. A veces no se trataba de surcos, sino de verdaderas junglas de caña, según los muchachos que traían noticias frescas de los alumnos de música. Uno iba abriéndose camino con lentitud en el calor exasperante, buscando el nacimiento de cada caña por separado, cortando una aquí, otra, atravesada, allá, antes de poder avanzar un paso; tal vez de frente, tal vez en redondo, pues muchas veces no había camino que señalara un norte.

Tampoco era fácil coordinar los tiempos de la cosecha. El corte de la caña no se puede extender indefinidamente; una caña madura mantiene su punto máximo de sacarosa apenas unas setenta y dos horas. Había que ir detectando en cada zona del país cuándo era el momento justo de iniciar el corte, y movilizar a los macheteros a ese lugar. La fecha límite para el cumplimiento de la zafra se había fijado para el 15 de julio. Ahora comenzaba una carrera en que los cortadores eran las tortugas, y el tiempo era la liebre.

Con la risa dañada por la preocupación, Hilda me instruía en la importancia mundial de esta cosecha, lo imprescindible que resultaba triunfar. ¡La liberación definitiva del yugo de la dependencia estaba en juego! Cuba sería el primer país pequeño y pobre en acceder por su cuenta a la prosperidad socialista. Desde noviembre del año anterior el país entero se había organizado en brigadas de cortadores, me instruyó. «Y eso ha sido parejo para todo el mundo, compañera, de los dieciocho años para arriba.» Las personas mayores de cierta edad, o que no estuvieran en condiciones físicas para ser macheteros, eran enviadas a vastos campos de arroz y huertos de cítricos recién estrenados a trabajar en programas paralelos a la zafra, destinados a garantizar el abasto interno y aumentar la exportación.

—¡Aquí esto es una epopeya! —se entusiasmó Hilda, como siempre que hablaba de cifras—. Imagínate que ya más de un millón de cubanos han participado en la zafra; la mitad de la fuerza laboral del país. Cada fábrica y cada escuela, incluida la ENA, ya ha mandado por lo menos una brigada. ¡Y mandaremos todas las que hagan falta! Imagínate si nos vamos a quedar en el camino por falta de un último empujón.

También mandaron brigadas cada una de las organizaciones gremiales y —ahora aprendí el término— las de «masas»; la Federación de Mujeres Cubanas, los Comités de Defensa de la Revolución, la Unión de Escritores y Artistas de Cuba. Se movilizaron las Fuerzas Armadas en su totalidad.

—Y no se te olviden las brigadas internacionalistas —acotó Osvaldo, un profesor del área académica que también era militante del partido.

–De Francia, de Vietnam, del Japón, de Canadá… –agregó Hilda emocionada.

Osvaldo, más juguetón:

–Chica, ¡si aquí no ha habido delegación de amistad con el pueblo cubano que llegue de Libia o Panamá, por pequeña que sea, que no lo lleven a darse una vueltereta por un cañaveral!

–Y la Venceremos –apuntó Hilda, y bajo su mirada el profesor recuperó la seriedad.

–Claro –concordó él–. Todas las brigadas internacionalistas son importantes, pero para nosotros ninguna tiene más valor que las Venceremos. Porque ellos son la prueba de que el gobierno imperialista no es lo mismo que el pueblo americano. Ya tú sabes: las Venceremos han tenido que organizarse en secreto y reunirse en Canadá para viajar aquí, y para eso han tenido que evadir todo tipo de prohibiciones sobre el contacto que pueden tener los ciudadanos de Estados Unidos con la Revolución. Imagínate, si no fuera por eso ¡el pueblo americano entero se volvía fidelista! y ahí sí que la revolución mundial pegaba un gran salto. En la Venceremos está lo mejor: los Panteras Negras, los chicanos… Ésa es una vanguardia tremenda.

–¿Y a ellos sí les tocará conocer a Fidel? Yo no lo voy a conocer nunca ¿verdad?

–Sí, es lógico que Fidel les dedique bastante tiempo. Ellos tienen un valor muy grande para todos nosotros.

–Ya ves –sonrió Tere, que acababa de entrar a la oficina de Hilda–. Hubieras venido mejor a cortar caña.

–Tere, no le digas eso a la compañera. ¡Mira cómo se le ha puesto la cara! No te aflijas, chica, que aquí ninguno de nosotros ha conocido a Fidel, pero sabemos que él valora nuestro esfuerzo.

Chicanos de Los Ángeles, estudiantes de piano de Cubanacán, oficinistas de Camagüey… No se había tomado en cuenta la baja productividad de tanto machetero improvisado. No tanto la de los extranjeros, puesto que el aporte de esas brigadas era estrictamente simbólico, sino de los cientos de miles de cortadores cubanos. Cualquier bailarín le podría haber dicho a Fidel que los movimientos del baile de la zafra –elásticos para agacharse hasta el nacimiento del tallo, donde está almacenada la mayor parte del dulce, fuertes para cortar el manojo de tallos de un solo machetazo, y precisos para quitarle a cada caña sus hojas y apilarla con toda rapidez al lado de sus hermanas– no se aprendían ni en uno ni en muchos días. La zafra apenas estaba en sus inicios cuando ya uno de los jerarcas del Partido Comunista de Cuba, Armando Hart, tuvo que viajar a Camagüey, la segunda provincia en producción azucarera, a reclamarle a los jefes de brigada la falta de rendimiento de sus macheteros. Pensaba que el problema era ideológico: hasta los retoños del Hombre Nuevo que ya estaban brotando en la isla –«fuerzas que agrupan a un importante contingente de comunistas, como, por ejemplo, la Columna Juvenil del Centenario»– estaban rindiendo poco, se quejó. Habría que sustituir en todos los puestos de coordinación y administración al mal personal técnico con buenos cuadros, decía; poner militantes del partido con capacidad de mando, para que el rendimiento de todas las brigadas de macheteros igualara la eficiencia del ejército.

Pablo resumió la situación en los cañaverales una tarde con esta explicación intrincada, pero Galo rezumó desprecio al escucharlo: «Si esos militantes modelo Superman existieran, ya estarían manejando el país». De hecho, la Revolución llevaba diez años tratando sin éxito de formar cuadros administrativos. «Pero los que sabían algo están todos pa' Miami…»

Había estado leyendo el libro *Cuba est-il socialiste?*, y ahora me reprochaba la falta de rigor intelectual.

–Tendrías que leer el libro de Dumont. Es buenísimo.

–Ay, Galo, ¡pero está en francés!

–Pero tú lees francés…

–Pues sí, ¡pero no leo agronómico!

–Escuchen esto –insistía a los demás, caída yo en la ignominia:

En la recolecta de la caña, un obrero competente cortará de 3,5 a 4 toneladas por día … los mejores ciudadanos, 500 kilos. Los otros de 250 a 300 kilos, sobre todo si se trata de burócratas o intelectuales, que no están entrenados para el esfuerzo físico … Esos trabajadores urbanos conservan su salario, que es mucho más elevado que el de los obreros agrícolas, y sin embargo rinden mucho menos. De manera que la economía termina con precios de fábrica demasiado elevados, con producciones muy débiles, que ocasionan privaciones…

No capté la conclusión implícita: que para comprar en lo que había costado un kilo de azúcar producido por un intelectual, habría que pagarlo como si fuera caviar. Pero entendí que el corte iba demasiado lento.

Los que rindieron en la zafra fueron, por un lado, los integrantes del ejército –jóvenes en óptimas condiciones físicas y organizados bajo un mando vertical–, y por otro, los hombres que habían nacido en los cañaverales, los macheteros históricos, hijos y nietos de macheteros que aprendieron a caminar y a tumbar caña casi al mismo tiempo. Sin embargo, cada vez había menos macheteros de oficio: en cuanto la Revolución les daba la oportunidad, huían del miserable campo a las ciudades. Y era en gran parte gracias a esa migración hacia la prosperidad y los servicios sociales –logro y fuente de orgullo revolucionario– que había que movilizar a tan alto costo a un país entero de macheteros incapaces.

A final de cuentas yo no corté ni mucha ni poca caña durante la zafra, por causa de la tos: para mi gran alivio, resulté exenta. Propuse ir con Nancy a trabajar en el Cinturón Verde de La Habana, aunque ese programa ya era un reconocido fracaso y cuando la escuela tampoco lo autorizó, no me quejé. En todo caso, dijo Nancy, la excursión con la brigada nocturna de la ENA fue una pérdida de tiempo. La camionetita que los tenía que recoger llegó con dos horas de retraso, no había linternas suficientes para iluminar los surcos de noche, y al amparo de la oscuridad no fueron pocos los compañeros que buscaron un rinconcito para charlar o besarse. («Que irresponsabilidad…») Pude pasar las últimas semanas de la cosecha dando clases, y encerrada por las tardes en el estudio vacío, tratando de diseñar mejor los cursos y también ensayando una coreografía que me importaba mucho.

La obra era un regalo de Sandra Neels, bailarina de Merce y maestra más o menos titular de la clase de nivel intermedio. Sandy tenía tanto peso en mi vida que cuando Merce me convidó a entrar a la clase de avanzados seguí tomando la de intermedios con alguna regularidad, siempre y cuando la diera ella. Todo en Sandy me parecía exótico y maravilloso. Entre otras cosas, nunca había visto pies iguales a los suyos. Los míos parecían espátulas de tan anchos y planos; los de Sandy eran como manos, con dedos largos y expresivos que antes de desprenderse del piso lo acariciaban lánguidamente, para luego juntarse en punta como si fueran un pañuelo que se pliega. Creo que nunca fui tan adolescente como cuando traté de lograr que mis pies adquirieran la flexibilidad prensil de los de Sandy.

En realidad quería imitarla en todo, aunque fuera tan diferente a mí —o tal vez por eso mismo—. Me parecía un milagro que hubiera logrado ser tan rara y tan hermosa. Yo era de cadera ancha y cintura larga, y parecía estar enraizada en la tierra. Sandy me recordaba a una hormiga, con su cara pequeña de grandes ojos redondos, torso chiquito y sin cintura, y unas piernas larguísimas y delgadas que movía sin esfuerzo aparente, como si fueran sus antenas. Su cuerpo y la concentrada seriedad con la que bailaba la hacían aparecer en escena como la más espiritual de los bailarines de Merce, pero en la vida real era muy divertida, con un humor procaz que me llegaba a escandalizar. Al mismo tiempo era tal vez la integrante más trabajadora de la compañía de Merce, tanto en los ensayos como en las clases que daba. Llegaba al estudio al inicio de cada semana con un cuaderno en el que traía anotada una extensa serie de movimientos y combinaciones, siempre de gran belleza, para que los fuéramos desarrollando en clase a lo largo de los siguientes días. Frente a la generosidad de su trabajo me olvidé por primera vez del miedo. Comencé a trabajar en clase ya no con el propósito de evitar el ridículo frente al espejo, sino intentando ser lo más fiel posible a los movimientos y a mi propio cuerpo. Comencé por fin a expresar la danza, y Sandy cada vez me observaba y corregía con mayor cuidado.

Como si todo esto fuera poco, la mágica bailarina hacía el favor de tratarme como si fuera yo su amiga y no su dedicada fan; hacía chistes conmigo, hablábamos de danza y llegó a invitarme a cenar a casa con su compañero. (Por timidez, nunca acepté.)

Pocos días antes del viaje a Cuba me buscó en el camerino después de la clase de avanzados, y alargando una de sus manos de extraterrestre me entregó el regalo. Era un sobre con una serie de tarjetas para fichero de 8 × 10, y para mi helado asombro la primera de ellas decía «Dances for Alma while teaching in Cuba». Miré el sobre, miré a Sandy, y ella se encogió de hombros. «No sé si te gusta…» Hoy logro entender que para ella el momento era tan arriesgado como para mí, y que no era un hada madrina sino una coreógrafa llena de dudas creativas la que me hacía el regalo más inesperado, y más conmovedor, que hubiera recibido jamás. Le prometí a Sandy que cuidaría el obsequio, y efectivamente, lo envolví en una pañoleta hindú que me gustaba mucho y lo llevé a La Habana junto con el pasaporte y el sobre con mi dinero. Ahora, con la sensación levemente ridícula y maravillosamente irreal de haber salido de mi propia vida para entrar en una película («La vida de la artista»), me dispuse a ensayar la obra.

Al entregar el sobre, Sandy me había explicado la metodología de su propuesta. «Cada tarjeta tiene una secuencia completa de movimientos», dijo. «Algunos ya los hemos trabajado en clase, otros no. Puedes presentarlos como te parezca: si quieres puedes ensayar cada secuencia de movimiento por separado, y ya a la hora de la función decides cómo vas a escoger el orden en que las vas a bailar. Puedes comenzar aventando las fichas al aire, y luego las vas recogiendo e interpretando al azar. O se las puedes ofrecer a los espectadores para que ellos te las vayan entregando de una en una. También puedes aprendértelas todas de memoria en el orden que te guste más.» Entendí claramente que escoger esta última opción la decepcionaría. Para arrancar el primer ensayo, coloqué todas las fichas boca abajo en el piso, las revolví y escogí una.

Adagio: desde primera posición, mirando al frente: *plié* sobre la pierna izquierda y curvar la espalda mientras el pie derecho cepilla hacia delante y entra a *coupé*. Quedar en *plié* conforme la derecha sube a la rodilla y pasa por detrás de ella a *coupé* de nuevo. Resbalar el pie derecho de nuevo por enfrente de la rodilla izquierda hasta llegar a cuarta posición *relevé* en diagonal izquierda con la espalda aún curva y la rodilla izquierda sin estirar. Cambio de peso a la pierna derecha estirando la izquierda atrás y la columna en diagonal hacia delante. Semicírculo de la izquierda arrastrando el pie en punta por el piso hasta adelante, curvando de nuevo la columna hasta cerrar a quinta posición en *relevé* pero de nuevo con las rodillas dobladas.

En el salón gigantesco fui traduciendo una a una las palabras de tarjeta a cuerpo. Era una labor extraña, seca y estéril, pero confiaba en que a fuerza de repetición las palabras comenzarían a moverse…O tal vez no: ¿alguna vez se había ensayado una obra de danza por correspondencia? Tendría que haber comenzado a trabajarla junto con Sandy, en su sala o en el estudio de Merce. Hubiéramos debido hablar por lo menos, plantear dudas, ver los escollos, establecer un código. Pero, claro, yo andaba distraída con Adrián. Veamos: donde dice pasar el pie por la rodilla y llegar al piso… ¿cuál pie, y cuál rodilla y cuál de los dos llega al piso? Obviamente no valoré como era debido el regalo de Sandy.

Sería todo infinitamente más fácil con un espejo, pensaba. Conocía tan bien la lógica cinética de mi maestra que cuando la veía demostrar una secuencia por primera vez le iba adivinando el siguiente movimiento. Ahora no me podía ver ni a mí misma, y tenía taponada la intuición. «Elfrida cabalga de nuevo», me dije con rabia. Esa mujer quería obediencia total, pensé. Por eso había mandado quitar los espejos, para que los muchachos no tuvieran libre albedrío sobre su propia imagen siquiera. Quería la obediencia de un soldado, y no la de un artista, pero yo no me le iba a cuadrar jamás. Seguí así un buen rato, machacando rabias, hasta que de repente le encontré un gozne al «cambio de peso a la pierna derecha estirando la izquierda atrás» que me permitió abrir el siguiente movimiento, el círculo con la pierna izquierda, y encontrar el punto meridiano en el que me gustaba estar; bien sembrada en el piso y desplegándome con amplitud desde esa raíz, abrazando el espacio.

«Bueno, para ser el comienzo no está tan mal», decidí algún tiempo después, enjuagándome el sudor en el baño. «A lo mejor les pongo esto a los muchachos mañana en la clase, a ver si le encuentran el gusto.»

Me estaba resultando imposible comunicarles a los alumnos una visión de la obra de Cunningham, y lo que en efecto era una concepción entera del mundo, a partir de unos ejercicios de clase que en su mayoría ni siquiera había inventado él, sino yo. Porque a diferencia de la técnica Graham, la de Merce Cunningham no contaba con un canon fijo de movimientos; había una serie de rutinas de calentamiento que se hacían de pie, en el centro del salón. Lo que siguiera a eso dependía de la inventiva y la inspiración de cada profesor y de las necesidades de los alumnos, siempre de acuerdo con los principios de Merce —los cuales, como era de esperarse de un estudioso del budismo, nunca había querido codificar en palabras—. Cuando refrescaba el día al final de la tarde, y los pájaros aprovechaban los ritmos del viento para ensayar las últimas arias de la jornada, me gustaba ponerme a trabajar en la secuencia de movimientos que ensayaríamos en la clase de la mañana siguiente, pero nunca estaba segura de haber inventado ejercicios que reflejaran adecuadamente las estructuras dinámicas de Merce. Ahora, gracias a Sandy, podría apoyarme en secuencias enteras, hermosas, de una obra creada por alguien que estaba completamente bajo su influencia.

Se me complicaba la estructura de la clase —la secuencia en la que había que presentar los diferentes tipos de ejercicios—, pero sobre todo me iba pareciendo que el abismo cultural entre la visión de Merce y la de los alumnos era insalvable. ¿Cómo explicarle a un muchacho criado dentro de la Revolución cubana que la palabra más importante en todo el vocabulario de Merce era *still*? En esta sílaba se podía resumir la actitud de Merce hacia la vida y hacia la danza, y ni siquiera tenía traducción al español. *Stillness* es la quietud que alcanzan las cosas y los seres cuando no tienen conciencia de sí, cuando simplemente *son*, sin intención ni propósito. Conciencia, por el contrario, era la palabra clave de Fidel —conciencia de sí, conciencia de clase, conciencia revolucionaria— y no se concebía en Cuba un ser humano sin propósito ni intención, a menos que se tratara, claro, de un vago, que, según comenzó a proponer Fidel por esas fechas, debería ser castigado con cárcel.

En la clase me paraba en el centro del salón y trataba de hacer que los alumnos vieran *stillness* —una quietud absoluta, como la de los animales, a partir de una colocación armónica del cuerpo— y enseguida me sentía inútil. Buscar la quietud en medio de una Revolución no tenía sentido, y a los muchachos los veía aburridos en las clases de los martes y jueves. Era mejor tratar de entusiasmarlos enseñándoles la libertad del trabajo de piernas que no daban los ejercicios de Martha, y que sí se lograba con la técnica de Merce: los maravillosos adagios, la velocidad de los pies, los imposibles cambios de dirección. Tal vez a través de estas conquistas técnicas los alumnos lograrían captar una de las cualidades esenciales de la obra de Merce: su extrema modernidad. Porque ¿a qué otra cosa sino a la modernidad última, la más avanzada, la más perfecta, aspiraba la Revolución?

Pero ¿cómo enseñarle a dibujar semicírculos con una pierna en el aire a un alumno que no sabía cómo fincar la otra en el piso? Imaginé a Sandy parada en medio del salón y le hice la pregunta a ella.

«Empieza por los pies», propuso Sandy acariciándose elegantemente los largos dedos de los suyos con los larguísimos dedos de las manos. «Si no puedes empezar por el centro, que es el torso y la quietud, empieza por la base y trabájales los pies.»

Me dirigía al salón después del desayuno, pensando en la difícil clase que estaba por comenzar, y en la maraña de conflictos que me había traído la carta de Adrián y que seguía sin resolver, cuando Elfrida me hizo una seña desde la oficina de Hilda. En la fresca penumbra del cuarto me encontré con un silencio expectante. Detrás de su pequeño escritorio, Hilda esbozó apenas una sonrisa. Parada a su lado, Elfrida dijo, siempre con la mirada altiva, que había una pequeña cuestioncita que aclarar respecto a unos informes que le habían llegado. Comprimió los labios y con un gesto le cedió la palabra a Hilda. Efectivamente, aseveró la secretaria de la escuela y delegada del partido: según los reportes, los estudiantes se estaban reuniendo conmigo en el dormitorio reservado para huéspedes extranjeros. ¿Sería esto cierto?

Claro, respondí.

Bueno, dijo Hilda. Pues esto estaba prohibido. El lugar adecuado para la convivencia entre profesor y alumno era el aula, y si acaso durante la hora del almuerzo, y en el comedor, tenía yo ganas de regalarles a los muchachos algo de mis conocimientos y valiosísima experiencia, ella, a nombre de la escuela y de la Revolución, me lo agradecía desde ahora. Pero debía yo entender que en una situación como la de la Escuela Nacional de

Danza, donde los internos eran muchachos jóvenes y sin conocimiento del mundo todos ellos, y por lo mismo sin la preparación adecuada para valorar las diferencias tan grandes que mediaban entre su mundo y el de internacionalistas como yo, que llegábamos de una realidad tan diferente a compartir nuestro destino con ellos de todo corazón, por fuerza cualquier convivencia indebida, o, mejor dicho, no indebida, sino tal vez inaconsejable, podría resultar en situaciones que ninguno de nosotros pudiéramos desear para los jóvenes que estábamos entre todos ayudando a preparar para un mejor futuro.

Le di las gracias a la delegada del partido por su recomendación. Al terminar la clase regresé a toda prisa al dormitorio y me ovillé en la cama. Era como si un súcubo hubiera tomado posesión de Hilda. Sentía miedo de ella y rabia contra Elfrida, quien ni siquiera había querido evitar el pequeño auto de fe que ahora me hacía arder de humillación. Peor vergüenza sentía conmigo misma, por haber escuchado y aceptado sin protesta mi condena. ¿Sería que realmente estaba prohibido que un grupo de alumnos, entre ellos algunos que ya habían cumplido la mayoría de edad, charlara con una maestra en su habitación? La idea me parecía ofensiva e imposible. Todas las explicaciones que se me ocurrían me parecían ofensivas e increíbles. ¿Y quién nos habría visto? ¿Habrían sido los muchachos los que me denunciaron? ¿Todos? ¿Cuál de ellos? Los imaginé uno por uno, parados frente a Hilda, las manos cruzadas en la espalda en actitud de respeto, acusándome, y no lograba adivinar a cuál le sentaba el papel. Pero el bochorno más intenso no me lo producía la visión de mi delator imaginario, sino la conciencia reprimida, terca, y revuelta ahora con los traicioneros ires y venires de mi corazón entre Jorge y Adrián, de lo mucho que me gustaba el cuerpo del adolescente Orlando. ¿Alguien se habría dado cuenta? ¿Sería ése mi pecado?

Al día siguiente pasé a la dirección administrativa de la ENA a firmar el contrato de trabajo. Antes de ir busqué a Elfrida. Me sorprendió el tono que usé para dirigirme a ella, idéntico al que había usado Hilda conmigo en su presencia, y que ahora ejercité con perfección y sin ensayo previo. Lo sentía mucho, dije, pero habiendo tomado varios factores en debida consideración, llegaba a la conclusión de que mis problemas de salud –era cierto que aún no había dejado de toser–, así como la falta de mecanismos adecuados para continuar con mi propio entrenamiento profesional, hacían poco aconsejable que me quedara en Cuba hasta la fecha que originalmente habíamos acordado, en otras condiciones y hacía tiempo, ella y yo. En vez de permanecer en la Escuela Nacional de Danza hasta mayo del año siguiente, como estaba planteado, pensaba que lo más conveniente sería regresar a Nueva York al final del semestre en curso, en diciembre.

¿Por qué diciembre? ¿Por qué no ya? ¿O por qué no de una vez cumplir con mi promesa de un año completo? No tenía idea. No sabía lo que quería ni lo que estaba haciendo, pero sentí cierto alivio cuando vi la cara de Elfrida. Por una vez, se le había esfumado la sonrisita que le retorcía las comisuras, y por una vez estábamos de acuerdo.

Me crucé con Hilda en el corredor, y antes de que yo pudiera girar y salir corriendo en dirección contraria, ella me saludó con la misma sonrisa de siempre. «¡Compañera! ¿Cómo amanecimos?» ¿Cómo? ¿Qué, mi escarnio del día anterior no le pesaba? ¿O sería que la iniciativa no había sido de ella? ¿Habría sido Elfrida la que había recibido los informes en mi contra? Imposible: a Elfrida nadie en la escuela le tenía el respeto suficiente como para informarle de cosa ninguna. ¿Le habría llegado la orden a Hilda de más arriba? ¿De quién, entonces? O, tal vez, el incidente que me había alterado tanto era apenas una ocurrencia normal en Cuba, algo sin importancia, una advertencia tranquila sobre las normas de la Revolución. Pero creo que esta última explicación se me ocurre apenas ahora. En ese entonces, chapaleé en el desconcierto y la incertidumbre.

Los ensayos de la obra de Sandy lograron anclar mis tardes, y sirvieron para aumentar mis conflictos. No era posible trabajar la coreografía sin preguntar por qué habría de querer bailarla en Cuba. No contaba ni siquiera con las herramientas más elementales para iniciar tal reflexión. Al elegir como vocación una forma de danza abstracta y una relación con el público muy íntima pero a la vez arbitraria, elegí simplemente ejercer una libertad más entre las tantas que me ofrecía el inmenso panorama artístico neoyorquino, y escogí guiada por mis propios gustos e instintos, sin que nadie me pidiera justificaciones. Incluso a la hora de ensayar, la misma forma artística abstracta por la que había optado me libraba de la necesidad de plantearme los porqués. Quien representa una obra narrativa tiene que interrogarse a cada instante: ¿por qué hago este movimiento? ¿Qué me motiva o me lleva a hacerlo? De igual forma, tanto el coreógrafo como el bailarín dramático tienen que saber cuáles son las emociones que impulsan a su personaje a alzar el brazo o a dar un brinco. En cambio, las preocupaciones de quien interpreta a un coreógrafo abstracto pasan por el ritmo, la dinámica, los matices, contrastes, impulsos, pero no por las motivaciones. Ahora esas preguntas resultaban inaplazables. ¿Por qué esta danza? ¿Para qué? ¿Para quién? Sola en el estudio, trataba de cerrarles la puerta a las interrogantes, pero cada vez tocaban con más insistencia.

Me iba pareciendo que ser artista y revolucionario en Cuba era muy difícil —o, por lo menos, ser artista de la Revolución—. Una noche fui con Galo a ver un «homenaje onírico» a la novela de Gabriel García Márquez, *Cien años de Soledad*, que él y sus amigos del centro experimental Teatro Estudio habían montado ese año. Los actores eran estupendos, su entrenamiento físico era sorprendente, todos los involucrados asumían el trabajo del montaje como si fuera una causa sagrada, y sin embargo la obra era pesada, pretenciosa y larga, y el teatro estaba vacío. Por esas fechas los habitantes de la capital cubana trabajaban de ocho a doce horas diarias, invertían en el viaje del trabajo a la casa otras dos, y le dedicaban por lo menos otra hora a hacer la cola en la bodega de la esquina para recoger los alimentos autorizados en su libreta de abastecimiento que estuvieran disponibles ese día. ¿Quién, que viviera en La Habana en ese año esforzado, querría pasarse su noche libre en una butaca de teatro, viendo cómo siete actores refundidos en leotardos y mallas negras se revolcaban en un foro desprovisto de escenografía y gritaban «¡Macondo! ¡Macondo!»?

Les pregunté a mis amigos si había algo que valiera la pena ver en pintura. Era un sábado por la tarde, y habíamos llegado Pablo, Carlos, Boris y yo al apartamento fresco y amplio de Galo, a comer macarrón con mantequilla australiana y ajo. «Está Wilfredo Lam, pero él con Revolución o sin Revolución siempre ha pintado lo mismo», dijo el anfitrión. «Y está en París, donde la Revolución se vive divinamente.» Y de la música, ¿qué? No había nada. «Aunque, bueno», aclaró Galo, «en música de tipo un poco más popular están los muchachos de la Nueva Trova, que a Pablo le dan por su lado sentimental.» Pablo lo miró echando lumbre. «Las muchachitas enloquecen, sobre todo por uno, Silvio Rodríguez, que me parece el mejor, pero que como sex symbol yo no le descubro el talento. Un blanquito todo esmirriado, con voz de pito. Pero, bueno, a ellas les gusta, y tiene unas cancioncitas bonitas.»

¿Teatro? Lo que habíamos visto. ¿Danza? Lo que yo sabía, aunque tendríamos que ir a ver al Ballet Nacional: nada nuevo, pero realmente su *Giselle* y su *Sílfides* valían la pena.

¿Literatura? «Ahí está un poco mejor, aunque en realidad sucede lo mismo: los grandes son los que se formaron antes de la Revolución. Alejo Carpentier, que sigue en París, bebiendo buen vino… Eliseo Diego, como poeta, que ni siquiera es revolucionario pero que se mantiene aquí… si insistes, incluimos al caraesapo de Nicolás Guillén. ¡Pero mira que me estás decepcionando, Alma! "Soldadito de Bolivia, soldadito boliviano…" Para hacerte feliz, te digo que eso es poesía, pero la verdad es que su gran etapa terminó en mil novecientos cincuenta y nueve.» Galo consideró, y dijo una cosa que le resultaba difícil. «Hay gente buena, pero que no han sabido entender la Revolución, que no han querido ver lo que es Fidel. Virgilio Piñeiro: valdría la pena que lo leyeras, pero ya sus libros no se consiguen, y tendrías que venir a leerlo acá, porque yo no presto libros. Y luego está el Gordo Lezama, que ha escrito la obra maestra de este siglo, pero eso no lo puedo decir yo ni lo puedes repetir tú, porque nos metemos en problemas.»

—¿Por qué?

Galo miró a Pablo, Pablo miró a Carlos, Carlos miró a Boris:

—Porque el autor de *Paradiso* es tremendo maricón, dijo Galo con una ancha sonrisa.

—¿Homosexual?

—No, maricón. Lo de homosexual ya no es tanto problema, ahora que pasó lo de las UMAP ya uno puede estar más o menos tranquilo, pero siempre hay que cuidar las formas y ser revolucionario, claro, y José Lezama Lima no se preocupa por ninguna de las dos cosas.

—¿UMAP?

—Unidades Militares de Apoyo a la Producción —dijo Boris. Consultó con los demás—. ¿Le vamos a contar?

—No, porque le puede causar conflicto. Es que eso cuesta entenderlo —dijo Pablo mirándome.

—¡No, pero cuéntale, chico, tú cuéntale! ¿Qué coño es eso de andar recortándole la verdad a la gente? —se exasperó Carlos—. Dejemos eso para los que hacen el *Granma*.

Entonces contó Boris cómo en 1965 el régimen había decretado una campaña contra los elementos antisociales que estaban amenazando con minar la Revolución desde adentro. No habría cárcel ni castigo penal, se aclaró: la Revolución no pretendía castigar la conducta, porque el modo de ser, o de comportarse, de una persona no puede ser considerado en sí criminal; era cuestión simplemente de aislar a los elementos indeseables de la parte sana de la sociedad y, dándoles la oportunidad de contribuir ellos también a la producción, abrir la posibilidad de que, a través del sano trabajo físico y la vergüenza revolucionaria, recuperaran la autoestima y se incorporaran de nuevo a la sociedad, ya como elementos útiles a ella. De ahí, la creación de centros agrícolas puestos bajo el control de las Fuerzas Armadas, donde gente considerada inadaptada o malsana —y no sólo homosexuales, sino bastantes curas, Testigos de Jehová y uno que otro artista, incluido el joven cantante de la Nueva Trova Pablo Milanés— trabajarían en la siembra, cultivo y cosecha de alimentos básicos para el pueblo.

—¡Pero no te escandalices, chica! —se interrumpió Boris, que era el único de los cuatro amigos que había estado interno—. Mira que no era tan malo. Yo creo que finalmente el régimen acabó con las UMAP porque ya la oficialidad protestó que no quería seguir cuidando locas. Los que se estaban volviendo locos eran ellos, porque tú sabes que donde se juntan dos maricas inmediatamente empiezan a decorar, y cómo te parece que en los barracones, con los mismos costales que usábamos para la cosecha, pusimos hasta cortinas, con un olancito en el borde y toda la cuestión. Y los guardias y sus superiores entraron en el conflicto: ¿nos iban a reprimir por eso? Por las noches hacíamos nosotros mismos de comer (siempre con su toquecito hogareño, tú sabes, que eso reconforta mucho; si había una cebollita, bueno, se la picábamos al arroz. Si alguien conseguía un tomate, se le ponía salsa al macarrón). Y como eso era en el campo y no había energía eléctrica, entonces cenábamos con lámpara de kerosene, que era de un romántico tremendo. Hubo un barracón que hizo fama porque ahí se juntaron un puñado de las locas más desatadas, y con los mismos costales no sólo hicieron cortinas sino hasta un telón, y organizaron un chou que era la cosa más grande que tú te puedas imaginar. Entonces, claro, ya Raúl Castro —que es el hermano de Fidel y el jefe de las Fuerzas Armadas, y del que se dice que también… pero, bueno, de eso sí no voy a hablar—, ya Raúl debe haber pensado que sus capitanes y mayores y coroneles estaban perdiendo un poco el control, y todo por andar pastoreando maricas, y nos soltaron. Si no duró mucho: últimamente ya ni se habla de eso. Y salimos todos bronceados y con unos cuerpos de envidia; aunque mi madre, tan negada a la estética como es, la pobre, se pasó como dos meses sobrealimentándome, porque le parecía que me había dado tuberculosis, tan flaco me veía.

Galo me había estado mirando.

—Tú te estás preguntando por qué gente como nosotros puede seguir creyendo en la Revolución, ¿no es verdad? Yo te digo que nosotros hemos tenido muchas oportunidades en los últimos once años de reflexionar sobre lo mismo. Y no quiero presumir de mártir, porque me puedo imaginar que ha habido momentos en que los macheteros se han sentido traicionados por Fidel, o que los trabajadores se han preguntado qué coño siguen haciendo acatando órdenes del compañerito ministro Jorge Risquet. Aquí el proceso no debe haber sido fácil para nadie, y sin embargo te digo que los que hemos tenido que aguantar más, y no sólo carencias y olvido sino agravios, insultos, y humillaciones públicas, porque de Fidel para abajo, se nos han cagado encima todos los que tienen algo que ver con la dirección de este enredo, ¡óyelo bien!, los que hemos sufrido, repito, hemos sido los que trabajamos en el arte. Yo muchas veces me he preguntado qué pasaría si todos los artistas del país nos montáramos en una balsa gigante y nos fuéramos remando hasta el fin del mundo. Te puedo apostar que no habría un solo miembro del honorable Buró Político del Partido Comunista de Cuba, ni de todo el Comité Central, que derramara una lágrima. ¡Coño, si no se darían ni cuenta! Y sin embargo, yo sigo aquí, porque si yo abandonara este proceso, por el resto de mis días me quedaría con la conciencia de no ser más que un comemierda, porque esta Revolución es lo único que le ha dado sentido a mi vida.

»¿Tú sabes lo que es despertarte por las mañanas y saber que lo que tú te comes en el desayuno no se lo has quitado de la boca a nadie? ¿Que si tu hijo o tu sobrino se graduó de médico no tienes que sentirte culpable, porque también el hijo de la que limpia el edificio puede ser médico si le da la gana? ¿Sabes el placer de *no* sentarte a que te sirva un negro de levita un daiquiri en el bar del Yacht Club? Tú ya sentiste el alivio de caminar por el Vedado y ver sus hermosas mansiones, en ruinas, con los tendederos de ropa en las ventanas y un sofá viejo pudriéndose en la terraza, lo que tú quieras, pero sin ver a un solo anciano tocando a la puerta de servicio a ver si la empleada le da algo de comer. Yo sé que eso tú lo valoras, porque en México algo saben de humillar a los desposeídos. ¿Te imaginas la dicha de no tener que pasar por esa vergüenza nunca más en tu vida? Y todo eso es por Fidel, fíjate bien, porque no es por nadie más. No es por Raúl, y no es por el viejito Carlos Rafael Rodríguez, que el día que le hablaron de coger un rifle y tumbar a Batista casi se caga de susto, él y su Partido Socialista Popular entero. Y no es por el burócrata de Osmany Cienfuegos ni por la caquita de ratón de Vilma Espín ni por nadie. No es ni siquiera por el Che, aunque casi. Es por Fidel, que a punta de cojones ha convertido este puterío de los yanquis en un país de verdad. Por desgracia... —seguía Galo, pero lo interrumpió Carlos desde la galera.

—Galo, ¡toma aire, chico! —gritó—. ¡O para de una vez! —Galo, que no había querido interrumpir el monólogo ni siquiera cuando Carlos empezó a aplaudir, hizo como si se estuviera espantando una mosca y siguió de frente.

—Por desgracia, te digo, yo todavía no había regresado cuando invadieron Playa Girón, pero regresé después. Regresé y no me vuelvo a ir. Y doy la vida muerto de la risa por el gusto de empujarle una metralleta por el culo a un invasor, por decirle al mundo que somos país y que somos libres. ¿Tú crees que todo Cuba no piensa lo mismo? Espérate hasta el veintiséis de julio y verás.

—Pero, Galo, ¡ven acá! —lo regañó Pablo—. ¡Estás hablando más que Fidel! ¿Ya se te olvidó la hora? Lydia y Mireya nos deben de estar esperando en la cola…

—…y a esta criatura habrá que buscarle una sal de uvas para bajarle semejante chorizo patriótico que tú le has embutido —remató Boris.

Se nos hacía tarde para el cine. Como si fuera en respuesta a mi pregunta inicial, los amigos habían propuesto llevarme a un festival de cine cubano, donde me mostrarían lo mejor que había producido la Revolución en términos de arte. Salimos disparados hacia la Cinemateca.

Ahora que lo pienso, ese sábado debe haber sido mi última tarde de relativa tranquilidad en Cuba, la última en que el mundo conservó su lógica y las cosas que más me importaban tuvieron razón de ser. Yo estaba preguntando por el arte cubano, y mis amigos quisieron que viera *Memorias del subdesarrollo*, del gran Tomás Gutiérrez Alea, con la idea de ver otra película destacada al día siguiente. La noche era prometedora y tendría que haber sido agradable. Pero en la Cinemateca, antes de que empezara la película se proyectó el noticiero del Instituto Cubano de Arte e Industria Cinematográfica —el ICAIC— y en ese noticiero yo, que no tenía televisión, que no había visto un programa de noticias nunca, vi por primera vez la guerra de Vietnam. La vi, además, filmada desde la perspectiva vietnamita.

A la salida de la película Galo y Pablo fueron a llevar a casa a sus amigas, y Carlos y Boris me acompañaron a la parada de la guagua.

—¿Tú estás bien? Te has quedado muy callada —dijo Carlos revisándome la cara.

El autobús se acercaba, por fin, a la parada.

—Divinamente. Nos vemos mañana en el cine. Ya sé llegar.

A la tarde siguiente, antes de la atracción principal, volví a ver las mismas imágenes en el mismo noticiero. Las imágenes de los muertos de Vietnam, los incendiados con napalm, los niños huyendo aterrorizados de sus bohíos, el silbido y estruendo insoportable de las bombas al caer se me infiltraron por debajo de la piel y ahí permanecieron. Cuando apagué la luz, tomaron cuerpo en la habitación, y no encontré el interruptor para callar el bombardeo de preguntas que acompañaban los espantos de mi vida. Si lanzan mil bombas desde el cielo, ¿es posible saber dónde van a estallar? O, si es inútil correr, ¿cuántos segundos hay que esperar a que caiga la muerte? ¿Cómo se siente el napalm cuando empieza a arder en la piel? ¿A qué huele? A partir de esa noche, me trastornó sin remedio la conciencia de habitar un mundo obsceno. Durante el sueño y también a veces en la vigilia, viviría mi cuerpo como una enorme jaula para guardar cadáveres. Si un país insiste en ser independiente, y comunista incluso, ¿merece que lo quemen vivo? Si una señora tiene cinco hijos, ¿le dolerá menos perder dos? ¿Cómo entender la imagen en el cine de un gringo enorme que sujeta con orgullo y una espantosa sonrisa los restos de un torso humano?

Supongo que habría que decir que de alguna manera perdí la razón, aunque no fuera un cambio que cualquier observador hubiera podido notar —mucho menos yo misma—. Simplemente fui perdiendo, día con día, la lógica de las cosas, y el placer.

El lunes por la tarde me encerré otra vez en el salón con la danza de Sandy. «De primera posición, gran salto que aterriza en segunda. Mantener el *plié* y pasar pierna izquierda a *attitude* atrás. Mantener el *attitude* y girar hacia fuera sobre la pierna derecha. Vuelta. Vuelta, vuelta.» Terminé el ensayo a los quince minutos. ¿Qué danza era la que había que hacer en Cuba? Los muchachos tenían razón, pensé. Aquí a nadie le interesaba el realismo socialista. Pero tampoco tenía el menor caso reproducir los últimos descubrimientos de la vanguardia neoyorquina. Si Cuba era tan resueltamente cubana, ¿qué venía yo a hacer aquí con danzas abstractas y «eventos» aleatorios? ¿Qué coño venía yo a hacer a Cuba…? ¿Qué hacía yo ahí? Vuelta vuelta vuelta vuelta. De un momento a otro había dejado de encontrarle sentido a la danza de Sandy. ¿Para quién? ¿Con qué derecho le pediría a un público que presenciara esta serie inconexa de movimientos? No podía justificar el acto solitario que ensayaba sobre la base del placer que le daría a alguien verme; yo no era bella. No era una gran bailarina; no le quitaría a nadie el aliento con mis alardes técnicos. No tenía nada que decir a un pueblo que permanecía día a día enfrentado al peligro del aniquilamiento atómico, de la invasión, de una guerra como la que ya estaba librando contra el imperialismo el pueblo de Vietnam. No tenía sentido hacer lo que yo estaba haciendo. No tenía sentido mi danza. ¿Para qué? ¿Para quién?

Me senté en el hermoso gastado piso de caoba y en mi cuaderno de apuntes hice algunas notas para una posible danza, o un *event* situado dentro de la escuela, aprovechando su extraña arquitectura, entre moderna y prehistórica, los laberintos de sus veredas, sus junglas. Dejé de escribir y alcé la mirada. La bóveda del salón retumbaba con un silencio que de pronto adquiría peso y amenazaba con aplastarme. Sentí que el techo y las paredes se colapsaban a mi alrededor, pero, fijándome con cuidado, me daba cuenta de que todos los ladrillos seguían en su lugar. Que es más, que era posible contarlos, uno por uno, y de esa manera alejar la amenaza del colapso. Así me estuve un buen rato, contando ladrillos, hasta que el silencio pesado que me tenía prensada contra el piso se levantó un poco y me permitió regresar al dormitorio.

Pienso que la fractura interior que me produjo el noticiero y sus imágenes de la guerra de Vietnam no fue consecuencia de una excesiva ignorancia del horror por parte mía. Tal vez haya ocurrido un poco lo contrario. Entre las lecturas que habían caído en mis manos cuando niña había dos libros de John Hershey, sobre la explosión de la bomba atómica en Hiroshima, y sobre el exterminio de los judíos en el gueto de Varsovia durante la Segunda Guerra Mundial. Se trataba de reportajes escritos con minuciosa atención al detalle, y sin retórica ni aspavientos. No había cumplido los doce años cuando los leí, y supongo que algo contribuyeron al mal sabor que, en términos generales, me dejaba el mundo. La descripción de las víctimas exterminadas, incendiadas en carne viva de Hiroshima y Auschwitz, persistieron en mi mente no como pesadillas, sino como una especie de prueba absoluta de la existencia del Mal. Lo que acababa de descubrir en los noticieros del ICAIC, en la reproducción de las mismas imágenes espantosas de la guerra y su carnicería, era que el Mal no era algo que existiera en esa prehistoria que es el tiempo antes de que uno haya nacido. Yo había convivido con el Mal... ¡y no había querido darme cuenta! Estaba en el aire que había respirado, existía con mi connivencia, florecía porque yo lo había permitido. Fue como si la sangre se me hubiera transmutado en un líquido ponzoñoso. Las imágenes de Vietnam, la muerte cruel, la destrucción insensata, me perseguían, y también las preguntas: ¿Cómo? ¿Cómo resistían en Vietnam a tanto horror, a tanto odio? ¿Cómo había ocurrido esto? Y, sobre todo, ¿cómo había dejado yo que ocurriera? Morían niños muy pequeños mientras yo existía sin pena ni esfuerzo, y ni siquiera había sido capaz de alzar la voz en protesta. No volví a dormir en paz ni a respirar libremente. Menos hice lo único que me podría haber brindado perspectiva, solidaridad o consuelo: no hablé con nadie de lo que me pasaba. Sentía vergüenza.

Al día siguiente de que amenazó con derrumbarse sobre mi cabeza el techo de Cubanacán, terminó de golpe la batalla por los diez millones. Ocurrió sin preámbulos. No recuerdo quién me informó de lo ocurrido ese 19 de mayo por la noche, pero los primeros enterados de la noticia lo escucharon de boca de Fidel, en el discurso con que recibió a once pescadores que, según se dijo, habían permanecido varios días secuestrados por mercenarios en un cayo de las islas Bahamas. Se anunció su liberación y próxima llegada a La Habana, y con gran júbilo miles de cubanos fueron a recibirlos frente a una tarima instalada, como si fuera en un acto de desafío, afuera del edificio que perteneció a la Embajada de Estados Unidos. Allí, Fidel anunció la derrota. Seis meses atrás, había proclamado que un kilo menos que diez millones de toneladas de azúcar sería un fracaso inadmisible. Esa noche, declaraba que habría que dar la batalla por lograr tan siquiera ocho millones.

Las manifestaciones frente a la antigua embajada llevaban casi una semana para cuando se presentó Fidel en la tarima. El 13 de mayo una nota de primera plana había anunciado el secuestro de los pescadores: «Hundidas dos embarcaciones pesqueras y secuestrados sus tripulantes por agentes del imperialismo». Circuló, supongo, alguna convocatoria para ir al Malecón esa noche a protestar el crimen, pero no me enteré –o tal vez no quise ir–. Los que llegaron se reunieron frente al edificio de la embajada, ocupado por una pequeña delegación de diplomáticos suizos, encargada de representar los intereses de Estados Unidos. No fue un evento memorable. Al día siguiente, jueves, el *Granma* le dio amplia cobertura al evento, pero en su primera plana dio prioridad a una nota gigantesca sobre la visita de cortesía de un destacamento naval soviético. Por primera vez ese día no encontré en el periódico el recuadro que me había dado por monitorear, de la cantidad de caña molida en cada una de las seis provincias cubanas. En la edición del sábado 16 de mayo, la noticia principal fue la del asesinato de dos estudiantes negros durante una manifestación en Jackson, Mississippi. Esa misma noche miles de estudiantes se manifestaron en el Malecón, frente al edificio de la antigua embajada, y el *Granma* recogió la noticia en tinta roja en su edición del domingo. «Nixon, jutía, ¡te quedan pocos días!», coreaban los manifestantes, y también «Nixon, fascista, ¡somos comunistas!». Por primera vez, el nombre de Nixon apareció escrito con una esvástica en lugar de la «x». El mismo domingo los manifestantes llenaron prácticamente todo el Malecón, y decretaron que no abandonarían el sitio hasta que fueran devueltos los pescadores. En el *Granma* del lunes la primera plana la ocupó completa una foto de la manifestación, y un encabezado gigantesco: «200.000 personas desfilaron frente a la guarida yanqui». En interiores venían fotos y entrevistas con algunos de los manifestantes más notables. Me saltó el corazón en el pecho de culpa y asombro. ¡Tantos habían acudido! Y yo no. Un delegado vietnamita. Un guerrillero brasileño. Un niño pionero. Alicia Alonso. Nicolás Guillén. Un machetero estrella. Los hubiera podido ver de cerca de haber hecho el viaje hasta el Malecón.

El 19 de mayo por la mañana, el *Granma* anunció «¡Victoria!», y publicó una foto de los pescadores, quienes aparentemente habían sido abandonados por sus captores en el cayo de las Bahamas el día anterior. Hombres curtidos por el sol y el agua salada, eran todos pequeños, flacos y desdentados salvo uno, que era hermoso como un dios griego, monumentalmente alto y fornido. Parado en un peñusco de coral junto a sus compañeros, miraba hacia el horizonte y apretaba los puños. Miré la foto un largo rato, y luego noté que Hilda la había recortado y la tenía en el mural de su oficina. En páginas interiores venía la crónica de cómo se había vivido la noche del triunfo frente a la embajada, y cómo se había decidido esperar hasta la noche siguiente, o sea, hoy, martes, para darles un recibimiento adecuado a los pescadores liberados. Esa noche tampoco fui. Pero sí llegó Fidel.

De pie en la improvisada tarima, frente a una apretada manifestación de jubilosos fidelistas, el comandante en jefe habló en detalle de la gesta de los pescadores y su pueblo, y de los peligrosos coqueteos de los diplomáticos suizos con el enemigo yanqui, pero no pudo seguir eludiendo el fracaso que lo atormentaba. Repitió varias veces que la zafra estaba en problemas, que había que considerar la posibilidad de que no se lograran los diez millones, y de pronto, en lo que pareció un exabrupto incontenible, sin que nadie entre el público lo esperara, Fidel dijo:

… pero si ustedes quieren que les diga con toda claridad la situación, es sencillamente que no haremos los diez millones. Sencillamente. No voy a andar con rodeos para decirlo.

Anunció que al día siguiente explicaría en detalle por televisión las razones de la derrota de los diez millones. Terminaba así una batalla concebida y organizada por gente que creía, literalmente, que la voluntad humana podía mover montañas.

El 20 de mayo después de clase, fui a casa de Galo para ver la retransmisión del discurso pronunciado esa mañana por Fidel. Era la primera vez que escuchaba al hombre que había cambiado prácticamente solo los destinos de Cuba, y recuerdo que cuando lo vi hablar pensé con rabia que mi madre era realmente muy tonta, que su falta de entusiasmo por Fidel era una carga más en mi costal de culpas, que no había existido jamás un hombre más lúcido y heroico. Su misma belleza física era la confirmación de su extraordinaria energía espiritual. La voz delgada, como de papel plateado, las largas manos que se movían como peces, el perfil romano, la rara, terca voluntad de compartir un pensamiento, de hacer públicos sus propios procesos intelectuales, de repetir y repetir una idea hasta sentirse seguro de que no quedaba un solo cubano en toda la isla que no lo entendiera y acompañara, los altos vuelos retóricos y el mirar infinito, todo embelesaba. Y la derrota. Ver a Fidel derrotado era como ver al héroe desnudo, esperando sin armas el mortal asalto del tigre. Durante más de tres horas me perdí en el arrebato que me produjo, no tanto su discurso, sino el sonoro goteo de sus palabras, y su expresión de dolor.

No escuché ni me interesó entender la durísima realidad que anunciaba, y supongo que fueron muchos los cubanos que reaccionaron igual. El fracaso de la zafra era un desastre demasiado grande como para que cualquiera pudiera asimilar que en los hechos se trataba del fracaso del proyecto revolucionario en sí. Pero a treinta años de distancia me doy cuenta de que eso fue lo que dijo Fidel, y sin grandes rodeos. O por lo menos dio a entender que la zafra de los diez millones había sido un intento por lograr una cierta independencia frente a los soviéticos, y que este intento ya había terminado.

El plan inicial de la gran zafra nació de una serie de realidades incontrovertibles. Para empezar, en Cuba lo que se daba bien era la caña: en toda la isla había cañaverales y tierra virgen adecuada y suficiente como para sembrar los cientos de miles de kilómetros de caña que se necesitarían para moler y refinar diez millones de toneladas de azúcar. Luego: desde comienzos de la Revolución y la nacionalización de la industria azucarera, nunca se había utilizado al cien por cien la capacidad de molienda de los ingenios. Era lógico pensar, entonces, que esos ingenios tenían capacidad de sobra para moler tanta caña. Las cifras cuadraban: en la última gran zafra capitalista, en 1953, los empresarios cañeros habían sembrado más hectáreas que nunca, y el total de azúcar que se refinó ese año llegó a algo más de siete millones de toneladas. ¡Era evidente que el socialismo, con su modo superior de producción, rebasaría sin problemas el récord de los capitalistas!

Los técnicos de la Juceplan y el Ministerio del Azúcar, el Minaz, previeron algunos problemas. Era indiscutible que en los últimos tres años la producción azucarera había ido en picada –de seis millones a cinco y después a cuatro millones y medio–, pero frente al entusiasmo de Fidel se rendía cualquiera: todo era cuestión de organizarse. Había que aceitar y reparar los 138 ingenios, o «combinados», del país –fábricas para moler caña, cocinar melaza y refinar azúcar– que databan de épocas anteriores a la Revolución, y, sobre todo, poner al día los «colosos»: media docena de ingenios que refinaban la mayor parte del total de azúcar.

La naturaleza resultó más terca, y como ya se había reconocido, la voluntad de los improvisados macheteros no logró rebasar su inexperiencia, pero la zafra de los diez millones fue sobre todo un fracaso industrial. En última instancia, el azúcar es un producto industrializado, por más rudimentario que sea su proceso de elaboración, y, como ahora le tocaba reconocer al máximo dirigente de la Revolución, él y sus más fieles colaboradores eran todos guerrilleros, no gerentes ni empresarios.

De tan absortos que estábamos en la explicación del porqué de la derrota, muchos no nos fijamos bien en la explicación que dio Fidel del porqué de la zafra.

A raíz de las agresiones de Estados Unidos, recordaba ahora Fidel frente a las cámaras, la Unión Soviética había empezado a comprar la mayor parte de la producción azucarera cubana, generalmente a precios subsidiados.

«Desde luego», dijo, «que dada la situación en que se encontraba nuestro país, que tenía necesidad de traer todo el petróleo, una serie de materias primas, alimentos y equipos… no había ninguna posibilidad de adquirirlos si no era recibiéndolos de la Unión Soviética.»

Pero mientras las necesidades de la Revolución crecían –en parte porque cada vez más cubanos accedían a sus servicios de educación, alimentación, vivienda y salud, y también porque cada vez había más cubanos– su capacidad de pago no aumentaba. La economía no generaba más divisas, dijo Fidel. Para toda una generación de cubanos resultaría imposible olvidar la cara de Fidel cuando enumeró las verdaderas posibilidades de exportación –las verdaderas posibilidades de generar riqueza– que tenía Cuba, como si estuviera entendiendo esta terrible realidad por primera vez: Cuba no sólo era un país muy pequeño y muy pobre. Era un país con pocas posibilidades de dejar de serlo.

«De los productos que nosotros exportábamos», explicó ahora, «el azúcar era el número uno… Es decir: azúcar, níquel, pequeñas partidas de tabaco, de ron, eran fundamentalmente las exportaciones que tenía nuestro país…»

Una revolución no se puede sostener a base de azúcar, ron y tabaco, y el embargo económico decretado por Estados Unidos generaba dificultades replicantes. Al no poder vender nada en la mayoría de los países capitalistas, que se habían sumado explícita o tácitamente al bloqueo, era difícil conseguir dólares. Sin dólares, no se podían comprar en Europa los productos que antes se importaban desde Estados Unidos.

> Como consecuencia de ello y de las necesidades de un país en desarrollo… y desorganizado –como es todo país en la primera fase de un proceso revolucionario– el desbalance comercial con la Unión Soviética crecía todos los años [explicó Fidel]. A la vez, nuestras necesidades de importaciones para el desarrollo del país aumentaban… Entonces propusimos a la Unión Soviética un convenio a largo plazo, partiendo de las posibilidades nuestras de incrementar la producción azucarera…

En otras palabras, Cuba le ofreció a la Unión Soviética adquirir un préstamo todavía mayor del que ya tenía acumulado, a cambio de la entrega a largo plazo y a precios garantizados de prácticamente toda su producción azucarera. Si el país mantenía la producción de azúcar a niveles estables, conseguiría malvivir y evitar el naufragio. Pero si se lograba dar un impulso gigantesco a la producción, aunque fuera de manera arbitraria y artificial, tal vez se lograría acumular un excedente con el cual empezar a construir el único polo factible de desarrollo en la isla, un centro de extracción para una gigantesca mina de níquel que aún estaba sin explotar. Y —esto no lo dijo Fidel aquel 20 de mayo, pero sí lo decía Pablo— se podría realizar ese proyecto sin participación soviética.

Ésos fueron los cálculos del régimen cuando en 1966 —justo en el momento en que la producción azucarera empezaba a caer en picada— decidió prepararse para intentar una zafra de diez millones cuatro años después. Se hicieron cuentas —equivocadas, pero cuentas al fin— de cuánta caña habría que sembrar, y qué variedad, para lograr el más alto rendimiento de sacarosa; qué ritmo de cosecha para empezar a moler en cada zona cuando la caña estuviera en su punto; cuántos macheteros. Pero —cuando llegó a este punto en su discurso de esa mañana Fidel ya llevaba hablando un par de horas— lo que se les olvidó fue pensar en los ingenios.

El resultado fue, según revelaba Fidel ahora, que casi al comenzar la cosecha, en octubre de 1969, las altas esferas del gobierno cubano fueron enteradas por los delegados en los cañaverales que los ingenios no estaban moliendo bien. Peor, en algunos centrales azucareros importantes no habían empezado a moler, porque los nuevos equipos que se había adquirido no habían llegado, o no se habían instalado aún. Para diciembre, a dos meses apenas de iniciada la cosecha, la situación ya era crítica, y peligraba la cifra de diez millones.

Tal vez hubiera sido el momento de recapacitar. Hubiera sido sensato evaluar si, sin la preparación adecuada de los molinos, valía la pena seguir adelante con el plan de movilizar al país entero para una cosecha que ya estaba en duda. Pero ahora explicaba Fidel que lo que se hizo fue otra cosa.

> … Es cuando se toma la decisión de buscar medios, buscar raíles de línea y hacer 40 kilómetros de ferrocarril para que ese excedente de caña se pudiera trasladar a otros centrales y molerlo … Se adoptó la decisión de parar todos los caminos y carreteras de montaña, toda obra vial que no estuviera relacionada con la caña. Y se concentraron todos esos medios de la provincia, todos, en caminos.

En otras palabras, se dejaron de hacer carreteras interurbanas para construir vías que se habrían de utilizar una sola vez. El caso era resolver la emergencia: transportar caña fresca de un ingenio que no estaba moliendo a otro que sí. Se detuvo incluso la construcción de presas, decía Fidel. Se vaciaron las universidades de técnicos e ingenieros y se mandaron todos a los centrales, a ver cómo podían echar a andar los ingenios.

Pero aun así muchas veces ocurría que uno de los «colosos» se encontraba en apariencia listo para producir, con todas las alzadoras listas para apilar la caña, todos los camiones listos para acarrearla desde otro central dañado, y, sin embargo, lo que se producía no era azúcar, sino «roturas y paradas constantes. Entonces, para no acumular caña en el suelo, había que parar cuarenta mil obreros, cincuenta mil obreros». Eran campesinos que habían sido movilizados a un alto costo desde las regiones más apartadas del país, y que nunca podían sentir que se aprovechaba ese esfuerzo ni su trabajo, debido a las interrupciones constantes en los cortes. «Eso hacía un efecto desmoralizador tremendo», apuntó el comandante en jefe de la Revolución.

Y para colmo, «un día el coloso molía bien, y entonces ese día le faltaba caña».

Continuaba Fidel hablando eternamente, presentando sin ahorrar detalle los acontecimientos de una zafra en la que no salió nada bien ni un solo día. Fue apenas en abril, un mes antes, aseveró, que los técnicos e ingenieros que se pasaban todo el día encaramados en los colosos tratando de encontrarles la falla hicieron el más terrible descubrimiento, el que llevó a todos a la conclusión ya inevitable de que la zafra de los diez millones no se haría nunca: los complejos agroindustriales que no se habían mandado reparar ni se habían beneficiado de equipo nuevo molían muy mal –a menos del setenta y cinco por ciento de su capacidad–. Pero las centrales a las que se les había invertido tantos y tan escasos recursos, a las que se les había asignado la parte principal de las inversiones y de las que se esperaba la porción fundamental del triunfo, molían mucho peor.

El esfuerzo socialista no había sido capaz ni siquiera de instalar correctamente la maquinaria de la industria básica del país.

Terminaba así la explicación de Fidel ante un pueblo exhausto, y ahora en estado de shock, del desastre azucarero. Con la voz casi desvanecida, el líder máximo de la Revolución lanzó por primera vez la consigna que lo habría de acompañar durante todos los años siguientes de su gobierno: «¡Convertir el revés en victoria!», clamó. Pablo estaba llorando. Galo apagó la televisión.

En el comedor de la escuela al día siguiente el silencio en la cola era casi total.

Cuando me tocó turno, vi que en la bandeja había potaje de garbanzo, arroz, ninguna verdura fresca (hacía días que la rebanada de tomate verde había desaparecido), nada de postre, y de nuevo un pesado cubo de *jamonada*, un «producto cárnico», como aprendí entonces que se llamaba a las pastas elaboradas con desechos del rastro, que era la proteína nuestra de casi todos los días. Se me cerró el estómago. Decidí que era imprescindible pedir que no me siguieran vaciando un cucharón de aceite en el arroz: les haría más falta a otros, mientras que a mí me anulaba el placer de comerlo y estropeaba aún más una digestión que tenía ya dañada. Pero ya me habían dicho que el aceite era un privilegio que se reservaba a unos cuantos. Procuré hacer el pedido de manera diplomática.

—Es que voy a engordar, y los bailarines no podemos —le dije al compañero encargado de la cocina.

—Si tú logras engordar en Cuba, te llevamos con Fidel para que reparta la receta —contestó el hombre, y le vertió medio cucharón de aceite al arroz.

Fue la única vez que lo oí hablar.

5

LA EDAD ADULTA

Cumplí veintiún años a los ocho días del anuncio del fracaso de la zafra. Después de complicados trámites con la operadora de teléfonos —que habrán incluido, supongo, una notificación de la llamada por parte de la telefonista en Nueva York a la Agencia Central de Inteligencia en Washington—, mi madre logró comunicarse a la oficina de Hilda, de donde me mandaron buscar. Fue como recibir un telefonema desde otra galaxia. Era mi mamá la que hablaba, pero no le caía bien Fidel. Ella llamaba para decirme cuánto gusto le daba que hubiera nacido, pero yo estaba sitiada por la duda de que mi vida entera hubiera sido un grotesco error. Quería saber cómo estaba, qué comía, cómo me estaba yendo con las clases, pero cualquier respuesta sincera la habría llenado de zozobra. Me refugié en monosílabos e indirectas, sintiendo todo el tiempo ganas de castigarla por ser tan frívola, por entender tan poco, por interrumpir mi clase, por haberme traído al mundo. Mi madre, a quien nadie hubiera podido acusar de sobreprotectora, se angustió.

—¿No te ha dado frío? ¿No necesitas un suéter? —preguntó absurdamente.

Cuando colgué no había logrado decirle que la quería ni que la extrañaba, y me sentí más huérfana que nunca.

Obsesionada ahora por la lectura del periódico, devoraba el *Granma* en la oficina de Hilda, poniendo especial atención en todos los informes sobre Vietnam y, dentro de éstos, en todo lo que tuviera que ver con las espantosas matanzas de la guerra. Hacía apenas algunas semanas que me había tocado hacer una escala del vuelo a México en el aeropuerto de Dallas. Subieron al autobús de traslado una veintena de reclutas que iban camino a una base militar, a aprender a hacer la guerra. En aquel momento me dieron horror y también tristeza: ¡eran tan ignorantes del mundo, tan terriblemente candorosos! y los llevaban al otro lado del planeta a matar y a que los mataran. Hoy ya no los podía recordar así: los veía gigantescos al lado de sus víctimas, carnívoros, velludos, carcajeantes y violentos, bestias, en fin. Y yo había convivido con ellos.

Inauguré lo que habría de resultar décadas enteras de un insomnio déspota, al que logré por el momento someterme leyendo. Los libros que había traído desde Nueva York se quedaron guardados en el baúl, reemplazados con préstamos de Tere, Galo e Hilda. De José Lezama Lima, el autor homosexual y gordo que no amaba suficientemente la Revolución, leí *Paradiso*, en una edición mexicana que no le resultó fácil procurar a Galo. (En 1968 se había lanzado una pequeña edición en Cuba, pero se agotó al instante y no se volvió a imprimir.) La novela era una abigarrada invención manlierista, crónica del viaje de un ser extraño, posiblemente homosexual, posiblemente idéntico al autor, por un mundo portentoso, indiscutiblemente Cuba. El lenguaje era denso y difícil, lleno de metáforas con vida propia, y alguna vez se me ocurrió que Lezama —como Pierre Menard, el segundo autor del Quijote que inventó Borges— quiso escribir la novela cubana de Proust. Leí el libro minuciosamente y con feliz asombro, y sin culpas, ya que en sus páginas no detecté crítica alguna a la Revolución. Tampoco se me ocurrió la pregunta que me intriga ahora: ¿por qué, en concreto, se consideraba que este texto no debía estar a la disposición de quien lo quisiera leer? En cambio, era casi héroe nacional Alejo Carpentier, que en su ambición totalizante y en el desarrollo orgánico de su escritura era pariente literario de Lezama. Gracias de nuevo a Galo y sus amigos, pude conocer una pequeña parte de la vasta obra de Carpentier. Su Cuba dieciochesca, atrapada entre las formas y formalidades europeas, la fragmentación revolucionaria de esas formas, y su propio caos, resultó más real por momentos que el país que tenía frente a los ojos, y al mismo tiempo me ayudó a entenderlo.

Era duro el tránsito de aquellas páginas incendiadas y lúcidas al cuaderno *Asalto al cuartel Moncada* —lectura propiciada por Hilda, con quien había renovado la amistad sin mediar una sola alusión al día de la censura—. Recuerdo sobre todo el cambio que se producía en mi interior de la alada lectura de Lezama al cuaderno revolucionario, al cual me sometía como si se tratara de un castigo asumido voluntariamente y con pasión. «Mira», le decía el carcelero torturador a Haydée Santamaría, que en 1953 había acompañado a su novio, a su hermano y a Fidel Castro al asalto al cuartel batistiano de Moncada. «Mira: éstos son los ojos de tu hermano. Así te vamos a traer los testículos de tu novio.» «Míralos», me decía yo. «Esta dura nuez de horror es lo que te has negado a ver.» Haydée Santamaría era una mujer conocida y reconocida en toda la isla, una mártir viviente, pero además estaba a cargo de un gran centro cultural: la Casa de las Américas. «Casa», como le decían todos, hacía de puente entre los intelectuales y creadores de la Revolución y los del resto del hemisferio. A lo largo de los siguientes meses me habría de llegar alguna que otra invitación para ir a conocer a Haydée en el hermoso edificio art déco que era la sede del instituto. No fui capaz. Las veces que me tocó pasar por ahí me crucé a la acera de enfrente, para no correr el riesgo de encontrarme con la mujer a quien le habían enseñado los ojos de su hermano.

Tere me prestó su atesorado ejemplar del número que la revista de Casa de las Américas publicó a raíz de la muerte del Che. «¡Seremos como el Che!», había jurado Fidel al final del discurso en que confirmó la muerte del héroe, pero repasando los artículos de los más destacados autores latinoamericanos —Julio Cortázar, Eduardo Galeano, Luis Cardoza y Aragón— en la revista de Tere me desesperaba: ser como el Che no era tarea difícil, sino imposible. «El revolucionario se consume en esa actividad ininterrumpida que no tiene más fin que la muerte, a menos que la construcción [del socialismo] se logre a escala mundial», había escrito Ernesto Guevara. Entonces, ¿en verdad sólo me salvaría muriendo? No eran pocos los artículos en la revista que comparaban al Che con Cristo, o lo colocaban, al menos, en el papel de mártir universal: «Quienes sean incapaces de lograr uno de estos dos estadíos deberán decirlo y abandonar la lucha», etcétera. Todos se acordaban con sobrecogimiento y devoción de estas frases, porque las pronunciaba el hombre que había sabido vivir al tamaño de su palabra. Pero a mí me asustaba su temperamento marmóreo –duro, mordaz e intolerante de cualquier falla.

En un poema de Mario Benedetti encontré descrita mi situación frente al profeta:

> *Da vergüenza mirar*
> *los cuadros*
> *los sillones*
> *las alfombras*
> *sacar una botella del refrigerador*
> *teclear las tres letras mundiales de tu nombre*
> *en la rígida máquina*
> *que nunca*
> *nunca estuvo*
> *con la cinta tan pálida*
>
> *vergüenza tener frío*
> *y arrimarse a la estufa como siempre*
> *tener hambre y comer*
> *esa cosa tan simple*
> *abrir el tocadiscos y escuchar en silencio*
> *sobre todo si es un cuarteto de Mozart.*

¿Qué hacer?, me preguntaba yo. ¿Vivir con vergüenza? ¿Renunciar a Mozart? Leía de nuevo el diario del Che en Bolivia, en el que todo era muerte y horror. El último día de septiembre, una semana antes de su captura y asesinato por efectivos de la CIA y del ejército boliviano, Ernesto Guevara consignó en el diario la pérdida de casi la mitad de sus efectivos. Algunos meses atrás, los sobrevivientes de la columna original de veintitrés hombres se habían dividido en dos. Sin contacto con la mitad de sus hombres, con la comunicación a La Habana interrumpida, sin munición adecuada, ni comida, ni sobre todo agua, el Che combatía la desesperación con cada vez menos recursos. Escuchó en un noticiero que la otra columna guerrillera había caído en una emboscada, y trató de darse ánimos: «Parecen ser ciertas varias de las noticias sobre muertos del otro grupo al que se debe dar como liquidado, aunque es posible que deambule un grupito, rehuyendo contacto con el ejército, pues la noticia de la muerte conjunta de los siete puede ser falsa, o, por lo menos, exagerada». Era terrible ver al héroe así, bregando por no entender que no sería el único muerto, que inevitablemente todos serían exterminados. Me parecía que rabiaba al pensar que la muerte que le aguardaba no se daría en forma de epopeya sino de absurda derrota: «Salimos al anochecer con la gente agotada por la falta de agua y Eustaquio dando espectáculo y llorando la falta de un buche de agua».

¿Sería cierto que para salvar Vietnam habría que crear «dos, tres, muchos Vietnams»? ¿Era ése mi deber? Treinta meses atrás, siguiendo con horrenda fascinación las noticias diarias sobre la cacería de Ernesto Guevara, pensé más o menos de paso que me gustaría poder ser heroica, vivir y morir como alguien como el Che, memorable y apasionadamente, sin descender jamás a la esfera de lo trivial y lo inconsecuente. Pero adentrándome en su vida desde mi cuarto de Cubanacán, resultaba intolerable pensar que tuviera que cumplir ese destino en una tierra de nadie, yerma, lunar, como lo era el altiplano boliviano, desierta no sólo de agua sino también de toda alegría y consuelo –de la música y el diálogo, por ejemplo–. Haber escogido esa muerte precisamente, tan alejada de toda la belleza de la creación humana, me impedía desear ser como el Che. En cambio, me torturaba aceptar que la única salvación moral del ser humano consistiera en imitarlo.

Y sin embargo, ¡cómo me gustaba saber que los héroes existían, y que yo ahora habitaba una verde isla liderada por uno de los más grandes de todos los tiempos! El temerario asalto de Fidel al Moncada, al mando de apenas un puñado de guerreros; el audaz discurso –«La historia me absolverá»– con que inició su propia defensa ante los jueces de la dictadura batistiana; el portentoso encuentro en México con el Che; el desembarco –¡demente, demente e iluminado!– de ese pobre tropel rebelde que en 1956 viajó a bordo del yate *Granma* desde México hasta las costas de la isla, y del cual sobrevivió, siempre según los cuadernos de historia, apenas una bíblica docena que al mando de Fidel llegó hasta la victoria siempre... La historia de Cuba que fui armando a partir de estas lecturas era, como la de todos los autodidactas, dispersa y altamente subjetiva, pero también era mística, puesto que mis únicas fuentes eran los folletos cubanos que mucho tenían en común con las vidas de los santos. En todo caso, leía las vidas de Fidel y el Che como si eso fueran, porque deseaba intensamente creer en su beatitud. La fe revolucionaria a la que se referían ellos dos a toda hora era la que quería habitar yo, la fe de Fidel, que ni la humillación y muerte de su antiguo compañero de armas ni el fracaso cataclísmico de la zafra había logrado destruir: la convicción a todas luces no demostrada de que la unión perfecta de la ciencia con la voluntad lograría transformar el miserable destino de la raza humana, y que en el socialismo se conjugaban esos dos ingredientes en su idónea proporción.

Pero, ay, ¡qué contraria resultaba yo a los modos de la fe! De la veintena de hojas de un cuaderno garabateado que conservo de aquellos días, copio lo siguiente:

En algún momento encuentro que me empieza a erizar un poco los dientes tanta referencia a la palabra «posesión» en cualquier tratado marxista-leninista acerca de cualquier cosa. «El hombre entrará en posesión de sí mismo, de los medios de producción, de la naturaleza, etcétera.» ¿Por qué este afán de poseerlo todo? El marxismo es tan hijo del materialismo burgués como cualquier otro sistema... una especie de molde en hueco. (Diría mascarilla mortuoria, sólo que suena irrespetuoso.)

Nancy, la maestra de Chicago que contaba los días hasta que llegara su novio, integrante de una de las Brigadas Venceremos, no se hacía este tipo de cuestionamientos y vivía feliz dentro de la Revolución y de la escuela. Yo pasaba las noches en blanco.

—Ponle un tincito más de azúcar a ese café, Hilda, que al fin es lo único que no va a escasear...

Tere, que sonreía cuando hablaba de cosas terribles, no tenía mucho don para los chistes, pero en los días que siguieron al fracaso de la zafra era, por lo menos, de la poca gente que ensayaba el humor. La secretaria de la escuela no le agradeció el intento.

—Coño, chica, ¡ve y prepáralo tú!

Siguió con la cabeza baja, enfrascada en la revisión de la agenda de nuestra reunión general docente, que estaba por comenzar. Faltaban solamente Elfrida y Lorna. Los que estábamos reunidos en el aula de estudios académicos —Nancy, Tere, Hilda, yo, y los dos profesores del área académica, Osvaldo y Chaina— no cruzábamos palabra.

—Hilda, perdona, no era contra ti —murmuró Tere—. Era por hacerte un chiste nada más, pero ya últimamente a los cubanos ni las bromas nos salen bien, ¿te das cuenta? —Dirigió hacia mí los rayos de su sonrisa luminosa, pero enseguida recargó la sien contra la mano cerrada y se restregó la frente—. No sé, no entiendo... No entiendo cómo un pueblo entero puede entregarse todo, partirse el alma, dar hasta la última gota de sudor, por una causa justa, ¿te das cuenta?, ¡por la causa más justa!, y fracasar de esta manera. ¿Será que de verdad hay un dios, y no nos quiere? ¿O será que realmente tenemos la culpa, estamos equivocados de parte a parte y no queremos darnos cuenta?

Nadie contestó. En el silencio largo Osvaldo siguió garabateando los rifles con los que iba llenando, un renglón tras otro de su cuaderno.

—Estamos todos igual: para mí también lo más difícil es no poder entender qué podríamos haber hecho de otra forma —dijo por fin Hilda—. De eso hablábamos ayer en la reunión de partido. Claro que se cometieron errores; todo ese asunto de la maquinaria, el fracaso de los complejos agroindustriales. Pero la conclusión que sacamos es que había que jugárselo todo por el azúcar, ¿o no? Porque ya se intentó la vía de la industrialización, y se comprobó que no estábamos preparados para eso, que el plan era muy ambicioso, que nos faltaba desde capital de inversión hasta mano de obra capacitada. Había que retomar lo nuestro, ¿y qué es lo nuestro?, el azúcar. Pero resulta que el azúcar no dio. Entonces, lo que yo me pregunto ahora es: Si no somos un país azucarero, ¿cuál es nuestro destino? ¿Qué otra opción teníamos? ¿Y cuál es la alternativa ahora? ¿Tan tremendamente se equivocó Fidel, o es que no tenemos salida?

Nancy, en su media lengua:

—Es que yo no sé que yo pienso es peor: que Fidel es equivocado o que no es.

Todos sonrieron. Entraron Lorna y Elfrida y tomaron asiento.

—Estábamos condoliéndonos por lo de la zafra, Elfrida —dijo Tere.

Elfrida apretó los labios y cerró el tema.

—No estamos reunidos para hablar del pasado. La Revolución ahora necesita que todos nos dediquemos a hacer bien lo que nos corresponde. —Dirigió a todos su miradilla relumbrante—: ¿Comenzamos?

¿Quién entendía a Elfrida? Sus cambios repentinos de humor y de perspectiva, los saltos imprevisibles de la sencillez al autoritarismo más absurdo, y del autoritarismo a la lucidez, alarmaban y enfurecían hasta a quien, como la maestra de folclor, le tenía afecto y respeto, y que ahora se había quedado con la sonrisa congelada.

Elfrida carraspeó, ordenó papeles, se agarró de la base de un lápiz como si fuera de un báculo, y arrancó. Había en la Escuela Nacional de Danza Moderna, dijo, un consenso generalizado: estábamos mal. Los muchachos de la primera promoción de la escuela, que estaban por graduarse después de cinco años de estudio, no tenían los niveles técnicos deseables, y los muchachos que les seguían, que habían sido seleccionados con más rigor, que tenían edad y nivel educativo homogéneos, que vivían en la escuela bajo régimen de internado, estaban peor. Sobre todo porque en ellos no se detectaba el fervor por la danza y el arte que indiscutiblemente tenían los de quinto año. (Era un poco como las combinadas nuevas importadas para la zafra, que molían peor que las antiguas, pensé.) Pero no era eso, tal vez, lo fundamental, prosiguió Elfrida. Se detectaba en todos los alumnos una inconformidad preocupante. No bastaba con hacer caso omiso de este sentimiento, ni mucho menos con censurarlo. El evidente disgusto, la irritabilidad, la inquietud, el escepticismo incluso, de los muchachos tenía sin duda una causa. Ella y Lorna, siguiendo el ejemplo revolucionario de Fidel, no querían ocultar ni eludir sus responsabilidades en esta situación. Buscaban hallar soluciones entre todos, y mejorar.

Nos miramos asombrados. Nuevamente cambiaban de norte a sur los vientos que movían el espíritu de Elfrida y tocaba ajustar velas. Animados por la escueta y clara presentación que acababa de hacer la directora, los maestros de planta iniciaron una discusión en la que destacaron la falta de un plan de estudio global para los cinco años del programa, la ausencia de coordinación entre las áreas de danza moderna y folclor, la pobreza del programa académico y la falta de preparación escénica de los alumnos.

Habían transcurrido casi dos horas cuando Tere, al calor de la discusión y el entusiasmo, dijo que si los muchachos no sabían presentarse ante un público como bailarines y no como estudiantes, si —con las excepciones por todos conocidas— no sabían proyectar su personalidad y les faltaban tablas, esto se debía en gran parte a la falta de repertorio. Las danzas sencillas que presentaban los alumnos de primer año a final de curso eran adecuadas a sus necesidades, tal vez, pero habría que ir pensando en la promoción de nuevos coreógrafos, porque los alumnos de quinto año necesitaban coreografías de verdad, obras logradas que exigieran de cada intérprete su desarrollo como artista. Y, agregó, entre nosotros no había nadie que tuviera la capacidad de brindarles ese material.

Elfrida, que había estado atenta y tomando apuntes, cerró su cuaderno de un tapazo. De nuevo le brillaban los ojos, y otra vez alzaba el mentón trémulo y desafiante. Al llegar a la reunión nunca pensó que tendría que enfrentar juicios tan duros, declaró ahora nuestra directora. Sabía que no era una gran coreógrafa, pero le parecía cruel tener que escuchar cómo sus mejores esfuerzos eran denigrados e incomprendidos. No podía creer que sus compañeros de trabajo la vilipendiaran así públicamente. No volvería a crear otra danza. Estalló en llanto, recogió su bolso y se fue. Lorna sonrió apenada, como si fuera ella la que tuviera que pedir disculpas. «Es que el fracaso de los diez millones nos tiene alterados a todos», razonó.

Encaminé a Teresa a la parada de la guagua después de la reunión. Normalmente era ella la que me acompañaba hasta la cafetería después de nuestras clases, antes de seguir camino al apartamento donde su esposo la esperaba con la comida hecha; esta tarde yo hice con ella la larga cola para el ómnibus.

−¿Quién es el último? −preguntó.

Entre la media docena de transeúntes parados aquí y allá a media cuadra, alguien alzó la mano, y Tere lo reconoció con un breve parpadeo. A unos cuantos metros de los demás, sudando, traté de impedir que la sed me distrajera de la conversación, angustiada ante la perspectiva de pasar lo que quedaba de la tarde acompañada apenas por mis lacerantes culpas, reconfortada al saber que la siempre ecuánime Teresa también sufría.

−Como sigamos todos con este ánimo de tinieblas no sé adónde va a ir a parar esta revolución −me decía ella ahora−. Ya tú viste a Elfrida, que parece una loca. Y yo, que toda la vida he dormido como una santa, un solo sueño de una punta de la noche a la otra, ahora me despierto de madrugada como si me estuvieran encandilando los ojos con una antorcha. Anoche me tuve que levantar a dar vueltas, y no cabía en el apartamento de la angustia. Por lo menos no se despertó Mariano.

Suspiró.

−¿Tú crees que así vamos a estar en condiciones de rescatar a estos muchachos? Porque se nos están yendo de entre las manos. Necesitamos estar fuertes, con la mente clara, y sobre todo, unidos. Pero con Elfrida así no se puede… y los de quinto año se encaminan a la graduación y yo veo que cada día están más preocupados por lo que va a ser de sus vidas fuera de aquí, y nosotros cada día estamos en menos condiciones de orientarlos.

A lo lejos, entre la luz ardiente que volvía líquido el pavimento, relumbró el reflejo metálico de la guagua. Examiné al descuido un letrero escrito a mano que estaba pegado en uno de los postes de la parada. «Permuto 1/2 casa en Marianao, confortable, amplia, por apto. 2 cuartos en Víbora.» Por toda La Habana se veían estas solicitudes de permuta, la mayoría ya desteñidas por el sol y la lluvia. Permuto a Elfrida por una directora en su sano juicio. Permuto este universo de locos por un país que funcione normalmente mal. Azoté contra el suelo a la insidiosa contrarrevolucionaria que acababa de alzar la serpenteante cabeza.

−Me da pena dejarte, niña −dijo Tere, haciéndole parada a la guagua.

La decena de personas que ahora estaban dispersas por toda la cuadra rápidamente se formaron en fila, colocándose cada uno detrás de su «último».

—Yo quisiera que vinieras a la casa a comer —dijo Tere—. Que vinieras todos los días a hacer un poco de vida de hogar, pero últimamente la cuota de abastecimiento nos la están entregando tan desmejorada... ¡No quiero hacerte pasar más hambre!

Sonrió y se fue. Yo también hubiera querido acompañarla, siempre que podía salir del ambiente denso y solitario de la escuela me hacía bien. Ahora me faltaban ánimos para asomarme por la cafetería a investigar si el menú de la noche ofrecería arroz con jamonada u arroz con omelete.

Desperté de madrugada sin percibir ni la humedad ni los moscos, ni el lejano rumor del riachuelo ni el duro lecho de concreto de la cama, sino enredada en la confusión de estar ante un banquete de comida china, con el tenedor en ristre y frente a una mesa cubierta de bandejas de latón colmadas de guisos exóticos y coloridos, a cuál más fragante y tentador, y todos ellos inasibles. Atarantada, me llevaba la mano a la boca pensando encontrar un camarón, y mordía aire. Extendía el brazo hacía la bandeja de arroz frito y topaba con una superficie áspera que era la sábana. El platón con pollo *kung pao* estaba a mi alcance, ¿eran cacahuates o almendras lo que tenía? Me incliné sobre él para ver mejor y vi la noche. Ni siquiera cuando entendí que estaba alucinando se desvanecieron los olores ricos, tentadores, grasositos. Ávida, salivante, sentí que la frustración me ocupó todo el cuerpo, y al mismo tiempo que era absurdo que estuviera a punto de llorar de hambre. ¿Cómo, si aguantarse los momentos de hambre era parte del deber revolucionario de todo cubano, cómo era que a mí se me ocurría querer comer?

Faltaban horas para que abriera la cafetería.

Lo que ocurrió esa madrugada a miles de kilómetros de distancia, en una precipitada hendidura entre dos cordilleras andinas del Perú, nos quitó a todos por un buen tiempo la obsesión del apetito, y también la melancolía del fracaso. El lunes 1 de junio la tierra reverberó como si estuviera pariendo un dragón, se alzó, se partió en mil pedazos y enterró vivos a miles de habitantes de los pueblos y villorios del cañón conocido como el Callejón de Huaylas. En el epicentro del temblor, en un punto justamente a la mitad del Callejón, se alzó en vilo toda el agua de una laguna ubicada monte arriba de la pequeña ciudad de Yungay y la ahogó en lodo. En total la tierra se tragó setenta mil vidas en los primeros minutos del temblor.

La espantosa noticia conmocionó a Fidel. Nuevamente la energía de su presencia nos arrolló en los noticieros y en cada plano del *Granma*. Preocupado, conmovido, horrorizado, convocaba a expertos y se enteraba —y a través de él, todos nosotros— de la exacta dimensión de la tragedia: cuántos muertos y en qué puntos, cuántos damnificados, cuáles los principales obstáculos para las labores de rescate. Todos entendimos la intensidad con que su atención se volcó sobre el Perú: ¡alguien sufría más que nosotros! Y ante los desastres ocurridos en un hermano pueblo latinoamericano, la Revolución descubría que no estaba derrotada ni desamparada, sino que al contrario, le sobraban todavía recursos para ayudar a los más infelices. Recorrió el mundo la noticia del desastre y a las pocas horas Fidel ya despachaba a Lima al mismísimo ministro de Salud en un avión repleto de primeros auxilios. Un par de días después acudió en persona al aeropuerto en compañía de sus más allegados —entre ellos Manuel Piñeiro, el esposo de Lorna— a recibir de nuevo a los mensajeros y a anunciar la salida de más aviones. El *Granma* citaba extensamente sus explicaciones sobre el terremoto. En Cuba, nos hizo ver, se padecía mucho a consecuencia de los ciclones, pero con todo, la situación de la isla era privilegiada, porque los ciclones eran un fenómeno que permitía tomar precauciones y resguardo y así salvar muchas vidas. «Sin embargo, los terremotos destruyen puentes, destruyen presas, destruyen fábricas, pueblos enteros», advirtió. «Son peores que diez bombas atómicas, porque una bomba de ésas tendrá un radio de acción de unos diez kilómetros, pero un terremoto como ese extiende su radio de acción a doscientos o trescientos kilómetros… pocos países en el mundo tienen una naturaleza tan rebelde.» El horror y el asombro llevaban a la reflexión: «Eso los obliga a trabajos muy grandes… pero los peruanos siempre se han enfrentado con gran valor a las dificultades de la naturaleza y han realizado grandes proezas humanas. La civilización incaica se desarrolló en uno de los sitios naturales más difíciles del mundo».

Exhaustivo, enciclopédico, lleno siempre de cifras y datos fascinantes, barroco como Lezama Lima o Carpentier en el desarrollo orgánico y voraz de su pensamiento, Fidel era maravilloso cuando se soltaba a hablar, pensaba yo. Y su generosidad no tenía límite. De los médicos que tenía el país despachó a quince, y también a quince enfermeras y diez trabajadores sanitarios, en auxilio de los peruanos. Estudiaba su hermoso perfil de varón en las páginas del diario y pensaba que, si no me hubiera afanado en el quehacer estúpido de la danza, podría haber sido dueña de un oficio que me permitiera ir en auxilio del mundo. Iban cobijas, iban médicos, iba comida hacia el Perú, iba yo… Me vi con la mochila a cuestas, las botas descuartizadas por los pedregosos caminos de la montaña, el rostro quemado, recibiendo el cálido, envolvente, electrizante abrazo de Fidel, el héroe que se entregaba entero a cada hora. ¡Qué júbilo incomparable!… ¡Qué vida desperdiciada la mía!

Cuatro días después del terremoto arrancó una campaña de donación de sangre para los damnificados, y frente a los sitios de recolección se vieron las largas colas que normalmente se formaban cuando llegaba a las bodegas un producto escaso. En medio de su crisis, de su pobreza, de las infinitas limitaciones impuestas por sus fracasos y el bloqueo de Estados Unidos, los cubanos ahora regalaban su sangre y sentían consuelo de tener aún algo que dar.

Fidel habrá pensado que su constante apelar al mundo, buscar apoyo, mandar refuerzos, desear ser visto, y visto bien, nacía de su obediencia a la doctrina y práctica del internacionalismo proletario, pero en otros países socialistas, y concretamente en la Unión Soviética, no era éste el principio que más se pregonaba. Más bien se trataba de una condición esencialmente cubana; la fértil isla sembrada en medio del Caribe tenía por destino los encuentros, y si la Revolución era internacionalista el país era, desde hacía mucho, cosmopolita. Había que luchar por que Cuba no quedara aislada frente a Estados Unidos, pero un hecho mayor era que a Fidel –latino al fin y al cabo– no le gustaba sentirse solo. El hambre de gente del comandante, y su gigantesca curiosidad por todo lo que ocurriera sobre el planeta, lo hizo entrar en conflicto hasta con uno de sus impulsos primarios, que era el antiyanquismo.

Fue así que en 1968 decidió invitar a Cuba al famoso antropólogo estadounidense Oscar Lewis. Tras un primer encuentro que duró doce horas, durante las cuales el antropólogo habló poco y el comandante mucho, Fidel le hizo una propuesta. Había leído con admiración, le dijo, el retrato que Lewis había publicado unos años atrás sobre una familia mexicana muy pobre, y que se volvió tan famoso que hasta terminó en película de Hollywood. Según contaría después la esposa de Lewis, Fidel dijo que el libro *Los hijos de Sánchez* era «revolucionario», y que valía más que «cincuenta mil folletos políticos». Ahora el comandante le proponía a Lewis desarrollar, junto con el equipo de colaboradores que fuera necesario, un trabajo parecido en Cuba. Parecido pero mucho más ambicioso por supuesto. El estudio abarcaría no sólo a los pobres, sino a todos los estratos sociales y a todo el país. Incluso, propuso Fidel, para que el proyecto fuera completo habría que estudiar a la comunidad de cubanos en el exilio. Para Lewis, que ya había sufrido el oprobio y la censura del gobierno y una parte de la intelectualidad mexicana a raíz de la publicación de *Los hijos de Sánchez*, los peligros eran evidentes. Le aclaró a Fidel que exigiría total libertad en su trabajo. Además, pedía que la Revolución se comprometiera a no castigar a ningún entrevistado por colaborar con el estudio, independientemente de las convicciones políticas que tuviera. Claro que sí, dijo Fidel. «No te vamos a armar el bochinche que te armaron los mexicanos. Se trata de un país socialista, y lo único que nos importa es que hagas tu trabajo con honestidad.» Era inútil resistir a esta sirena: Lewis llegó a la isla a comienzos de 1969 con su esposa y varios integrantes de su equipo.

Me enteré de esta historia por boca de una singular bailarina, Alicia, que también era antropóloga. Formó parte del equipo de investigación de campo de Lewis para *Los hijos de Sánchez* y ahora se había incorporado a su equipo cubano. Una tarde a principios de junio Hilda me pasó un recado: Alicia acababa de llegar de un corto viaje a México, y me traía un paquete. Me invitaba a pasar esa tarde a la casa que compartía con otros integrantes del equipo de Lewis.

En la amplia casa donde se albergaban los integrantes del equipo –cubanos, mexicanos y estadounidenses– hablaban como si su trabajo y la Revolución fueran inseparables, y como si la vida entera fuera corta para las grandes metas que tenían que alcanzar. Se trataba de un proyecto histórico, decían alborozados: trazar el mapa de las clases sociales de un país, entender cómo la conciencia de clase determinaba el grado de participación revolucionaria de cada una, tener un retrato verdadero de la sociedad cubana… ¡qué oportunidad! El propio Lewis entró un momento. Lo recuerdo de baja estatura y ego grande. Tenía cuerpo cuadrado, pelo gris, gesto malhumorado, y era abrupto y presuroso en el habla y al andar. Parecía estar consciente de que su carácter obsesivo lo hacía pasar por grosero y, torpemente, se esforzó por mostrarse amable. El gobierno cubano tenía enorme interés en su proyecto, me dijo casi al saludar. Los encargados de supervisarlo habían buscado a jóvenes de primer nivel para que ayudaran con el trabajo de investigación, habían puesto tres casas magníficas a su disposición –dos para sus colaboradores, y otra para él y su familia–, les habían garantizado el transporte y toda la cooperación del Estado. El mismo Manuel Piñeiro había pasado apenas el día anterior a saludar y a asegurarse personalmente de que no les faltara nada. Dicho esto, Lewis evidentemente consideró que había cumplido con los requisitos básicos del intercambio social. Acordó algunos detalles con el equipo, se despidió y volvió a salir.

El espaldarazo directo de Fidel le permitió al equipo de Lewis privilegios que yo desconocía en Cuba. La casa que el gobierno cubano le alquiló al equipo era grande, fresca, moderna, y estaba rodeada de jardín. Todo el barrio de Miramar era así, y daba el aspecto de un suburbio residencial en Florida. Ya en la casa, los pocos muebles parecían haber salido el día anterior de una bodega que el gobierno mantuviera justamente para estos casos: estadías de mediano plazo de visitantes distinguidos extranjeros, nivel 2. Creo recordar que en la sala había unas mecedoras de mimbre y una mesa de centro con tapa de vidrio; en el comedor, una pesada mesa de caoba y varias sillas que no le hacían juego. Todo estaba cubierto de papeles y carpetas, salvo las paredes, que el equipo de Lewis había tapizado con mapas, gráficas y el cronograma de entrevistas por realizar.

Alicia abrió un refrigerador retacado de quesos, yogur, mantequilla, leche, pepinos, tomates, y hasta un monumental trozo de carne, para ofrecerme un batido de plátano. Le comenté mi asombro por su situación privilegiada y puso los ojos redondos. Claro que, comparado con los alimentos que tenían a su disposición los cubanos, la comida de la casa estaba bien, admitió, pero tampoco era cosa del otro mundo. Pero si todos los cubanos con quienes me veía andaban siempre irritados por el problema de la escasez, respondí. Me miró como preguntando en qué forma había logrado rodearme tan pronto de contrarrevolucionarios, y decidí que era mejor dejar sin contar un chiste que andaba circulando, y que durante los meses siguientes me provocaría burbujitas de risa por más veces que lo repitiera o lo escuchara: Fidel recibe el informe de un agente secreto que ha enviado a Miami a averiguar qué tan deteriorado está el capitalismo. «Comandante, esa gente lleva un atraso del carajo», reportaba el espía cuadrándose. «Imagínese: siguen comiendo cosas que nosotros dejamos atrás hace años; bistec, batidos, tostadas con mantequilla…»

Me supo a gloria el anacrónico batido. Sin éxito, intenté beberlo en sorbos mesurados.

—A Oscar parece importarle mucho la opinión de Piñeiro —le comenté a Alicia secándome la boca—. ¿A poco de veras es tan poderoso?

—Yo creo que es la persona más cercana a Fidel —opinó ella—. Dicen que se llevan muy bien. Y por lo menos en todo lo que tiene que ver con seguridad del Estado, él es el que tiene la última palabra.

No me quedó claro por qué el encargado de la seguridad del Estado —imaginé a Piñeiro activando los misiles antiaéreos que habrían de proteger a Cuba del asalto yanqui— se interesaba tanto por el proyecto de Oscar Lewis.

En la guagua, fui examinando los sobres del paquete que me había entregado Alicia. Algunos eran de mi madre; una carta, un casete de música, las últimas reseñas de danza del *Times* y algunos recortes graciosos del *New Yorker*. Elaine mandaba una notita devastadora, contando que el Servicio de Inmigración de Estados Unidos por fin había logrado deportar a Sheila y a Graciela. Venía también una carta de Adrián, pero la mayoría de los sobres eran de Jorge, el mexicano que me había visitado con tanta frecuencia cuando estaba enferma. Enviaba libros —una antología de poesía mexicana del siglo XX, un librito de Efraín Huerta, otro de Octavio Paz—, revistas con que desaburrirme por las noches y varias cartas. Una era larga, escrita de corrido en papel amarillo rayado. En otro sobre venía la posdata, puesta a máquina sobre una tarjeta de fichero como las de la coreografía de Sandy. Por último, en un sobre de manila se escondía una hoja de papel de arroz con flecos de oro, sobre la que había escrito fragmentos de un poema de Baudelaire en tinta morada y con grandes letras de molde. El autor de las cartas se escondía, se mostraba, hacía referencia a mí pero no me mencionaba, evocaba las lluvias que por esas fechas comenzaban en México, nuestra ciudad, y que dejaban al atardecer los cielos relucientes y azules. Hablaba del agua que escurría por los muros desconchados de los viejos, arruinados palacios del centro de la ciudad, que los dos amábamos tanto, de la sangre aún no lavada de los estudiantes muertos en Tlatelolco dos años atrás, de la nostalgia terrible que produce ver llover en la Ciudad de México, nostalgia por lo que se ha vivido y por lo que no se vivirá. Se preguntaba si el cotidiano absurdo, las infinitas frustraciones y carencias, no me estarían impidiendo entender en toda su dimensión magnífica, audaz, histórica, la epopeya que estaban forjando los cubanos.

No fue hasta que llegué al dormitorio que me acordé de la carta de Adrián.

«Adivina que lo olvido», pensé cuando abrí el sobre. «Por eso manda esta foto.»

Al paso de los días Hilda volvió a sonreír y Tere dejó de ensayar bromas, pero el fracaso de la zafra pesó todavía en el ambiente durante la única celebración que hubo en los meses que estuve en la escuela. Aunque no recuerdo el motivo de la fiesta sé que fue en junio, porque fue una velada de tristeza inconsolable, como todas las que siguieron al discurso de los diez millones de Fidel. En todo caso tiene que haber sido una conmemoración importante, porque hasta Manuel Piñeiro llegó, con sus botas lustrosas y su uniforme verde olivo crujiente de tan planchado, y fue así que pude conocer por fin al marido de Lorna Burdsall. Se instaló en una mesa del comedor lejos del gentío, y allí su guardaespaldas le llevó una botella de ron y una cubeta de hielo. Allí también me llevó Lorna a presentarme –creo recordar que con cierta deferencia y hasta timidez– con el imponente personaje que era su marido.

Tal vez si no hubiera estado de duelo todo el personal de Cubanacán, Piñeiro no se habría sentido asediado por la misma tristeza sin fondo que embargaba a los demás, y no se habría instalado en un rincón aislado con su ron y su guardaespaldas. Tal vez conservaría yo entonces un mejor recuerdo de su legendario encanto, de la intensidad de su interés por el mundo y los seres que lo habitaban, y la enorme gracia para contar las anécdotas de su vida que tantos visitantes a Cuba describen en sus memorias. El Piñeiro que traté esa noche, en cambio, era capaz de una indiferencia rayana en lo catatónico cuando percibía que tenía enfrente a alguien que no le podía ser útil. Barbudo, rubio tirando a pelirrojo, tal vez más alto que Fidel –¡pero nadie era más alto que Fidel!– y con el mismo don de ocupar mucho más espacio del que abarcaba su corpulencia, el comandante de la Revolución encargado de la seguridad del Estado se inclinó ligeramente para saludarme, y en la exasperante oscuridad de Cubanacán me escudriñó por un momento, antes de eliminarme de su campo visual con un pequeño movimiento de la cabeza. «Te veo después», le dijo a Lorna. Pero tal vez Piñeiro se aburría, pues cuando me disponía a salir detrás de su esposa me llamó. «Ven. Siéntate.»

Sin preguntar, llenó un vaso alto con ron, le agregó unos cubos de hielo y me puso el trago enfrente. Le dije, con mucha pena, que no me gustaba el alcohol. «¿Ya conocías al director de la ENA?», preguntó sin hacer caso. «Mira, éste es Mario Hidalgo». Señaló a un hombre cincuentón y gris que se había sentado a la mesa con él. «Él es tu jefe, el máximo responsable de todo este gran *mieddero*. Velo conociendo. Tómate un trago con la compañera, Mario.»

No tardó gran cosa el comandante en darse cuenta de que no sería yo quien pudiera espantar su abulia. No bebía, no hablaba, no profería elogios a la Revolución y, puesto que nadie hacía chistes, tampoco me reía. Tras dos o tres preguntas breves –quiso saber si me habían tratado bien en Cuba, si no me hacía falta nada, y es posible que yo le haya contestado que me urgían unos espejos y otro tipo de dieta para los alumnos– se olvidó de la profesora mexicana que, de tan inepta, ni siquiera sabía cómo inventar un pretexto para levantarse de la mesa. Siguieron tomando en silencio él y Mario Hidalgo, a quien nunca antes había visto por la escuela, y que ahora ni siquiera me había dirigido la palabra.

–Y qué, ¿cómo va la escuela? –le preguntó Piñeiro por fin al director general de la ENA.

–Bueno, mielmano, ya tú ves… –Mario Hidalgo, canoso, fibrudo, vestido de civil, sin embargo daba la impresión de ser militar, o, por lo menos, definitivamente de no ser artista. Ahora buscaba qué informarle a Piñeiro sobre su labor al mando de la escuela–. Hemos tenido unos problemitas de abastecimiento, tú sabes… Nos está fallando seguido la energía eléctrica, y hay que reparar y echar a andar el generador, sobre todo porque en la cocina hace una falta tremenda…

Piñeiro, que había estado ensimismado en su trago, ahora se echó para atrás en la silla y miró a Hidalgo de reojo, entre divertido y fastidiado.

–Lo que yo te estoy preguntando es cómo van los estudiantes, cómo ves a los maestros.

Hidalgo se alarmó un poco.

–Ya tú ves, ya tú ves, Manuel… seguimos con ese problemita del ausentismo, pero bueno, por otro lado, hemos tenido un rendimiento bastante alto en las jornadas de trabajo voluntario, sobre todo en lo que a la escuela de danza respecta… –Hidalgo le dirigió una sonrisa al marido de Lorna Burdsall.

–Coño, pero no, no te estoy preguntando tampoco por eso. Quiero decir si esta escuela está sirviendo por fin para algo, que en este país no vemos claro el rendimiento de los artistas, no vemos claro su compromiso con la Revolución, sigue siendo el sector más impredecible, Piñeiro hizo una mueca de mayor disgusto aún, por no decir vacilante, y desde un principio hemos contado con que esta escuela sea un semillero de artistas de nuevo tipo. Gente limpia, buena, sin vicios. ¿Cómo ves a estos muchachos?

El silencio que siguió fue muy largo. De tan encorvado que estaba Mario Hidalgo, casi le topaba la frente con la mesa. Alzó, por fin, la mirada.

—Manuel, tú me conoces. Tú sabes quién soy yo. Podrás decir que soy un ignorante, que soy un inculto, pero nunca que no soy revolucionario ni que no creo en Fidel. Desde el *Granma* para acá, yo siempre he estado donde Fidel y el partido han querido, en la sierra y en la ciudad, dando la batalla en cualquier campo que se nos presente, mielmano, así es. Y nunca me he quejado, ni he pedido nada para mí, porque yo sólo quiero cosas lindas, cosas buenas, para esta Revolución que es como mi madre. Así te lo digo, caballero, porque sin la Revolución yo no valgo nada, ¡mi vida no vale nada! Pero escucha, Manuel, que ahora te tengo que pedir un favor, a ti para que se lo pidas a Fidel, que yo sé que te hace caso.

Piñeiro seguía mirando al director de Cubanacán con la misma combinación de fastidio y humor. Ahora alzó ligeramente la quijada en un gesto de interrogación.

—Sácame de aquí —le dijo Mario Hidalgo.

—¡Oye, chico! ¿Qué pasa? —Piñeiro se echó para adelante en la silla y le dio unas palmaditas en la espalda a su antiguo compañero de armas—. Éstos no son momentos para el desánimo. ¿Qué pasa si todos nos desanimamos? (Y mira que algunos tenemos bastantes motivos…) No, hermano, no, eso no puede ser. La Revolución no siempre nos pone en la trinchera que queremos. Mírame a mí, ¿o qué tú crees que a mí me agrada esto de ser perro policía? Pero resulta que los buenos, los incondicionales, los firmes de verdad, somos pocos, hermano, y nos tenemos que repartir las tareas de acuerdo con lo que exija la causa y no con lo que nos pida nuestra subjetividad. Eso no te lo tengo que decir a ti, que lo sabes de sobra. Donde sea que nos coloque la lucha, ahí hay que dar la batalla —dijo Piñeiro. Lo interrumpió Mario Hidalgo:

—Manuel, mírame, mielmano, mírame. Yo de oficio soy panadero. —Piñeiro lo miró extrañado—. Sí, eso es lo que soy, tú lo sabes, y lo panadero no me lo quitó ni el *Granma* ni la sierra. Yo creía que sí, que al uno volverse héroe de la Revolución cambiaba todo, que todos quedábamos listos para emprender cualquier tarea, para ayudar a Fidel a salvar este país desde el puesto que fuera. Coño, ¡si pudimos derrocar a Batista...! Pero ya yo aprendí que eso no es verdad. No se puede hacer todo. Tú pídeme a mí que te organice una emboscada y te la organizo, perfecta, linda, sin una sola baja de nuestra parte. Pídeme que te resuelva el abastecimiento de una fábrica, y te lo resuelvo. Si Fidel quiere que yo haga pan, hago pan. Pero yo lo que pido es que la Revolución me utilice para lo que sirvo, que me dé oportunidad de servir. Porque para esto, para administrar este mierdero de artistas, y patos, e intelectuales, yo no sirvo. Y tampoco para la ideología, chico, ¿para qué mentir? Yo tengo una sola ideología en la vida, que es Fidel, y patria o muerte. Cualquiera que se aparte de eso, yo le doy duro. Pero aquí me dicen que es más complicado, que tengo que irme con cuidado, que los artistas son gente muy especial... Coño, chico, ¡dile a Fidel que me saque de aquí!

Piñeiro le dio un último trago a su ron y le hizo a su guardaespaldas señal de que ya se iban.

—Te lo estoy suplicando —le dijo Mario Hidalgo.

—Me retiro, hermano —se despidió Piñeiro del director—. Mira que mañana hay que volver a la carga del machete.

Los dos se levantaron, ya olvidados de mí. Salió Mario Hidalgo. Salió Piñeiro. Vi con alarma que el comandante apenas se podía tener de pie.

—¿Qué cosa son los *patos*? —le pregunté a Tere al día siguiente.

—Así les dice la gente a los homosexuales. ¿Quién te mencionó esa palabra?

—Maestra, ¿le puedo hablar un minuto?

—Pero un minuto, Orlando, y eso si esta decimoquinta vez que te lo pido me dejas de decir maestra.

Orlando me miró con ojos de adoración. Miró al suelo. Se sonrojó. A mí de pronto me faltó el aire. Largo tiempo después pensé que le habría hecho un gran favor a Orlando si me hubieran ocasionado menos escrúpulos sus dieciséis años y mis veintiuno, pero se trató de una especulación ociosa. El muchacho a las vistas tenía amarrados su alma y su cuerpo en cien nudos de conflicto, y no era dable que alguien como yo, tan insegura y tan poco conocedora de los asuntos del corazón, me hiciera cargo de su iniciación amorosa. Al contrario; para disimular mi sofoco solía ser exageradamente severa con él.

—¡Orlando, esos hombros, por el amor de Dios! —le gritaba a diario en la clase—. No estás en el ejército, ésta es una clase de danza, baja los hombros, ¡relájate!

Y Orlando bajaba los hombros y retorcía la boca y fruncía el ceño y apretaba los puños mientras seguía avanzando en la diagonal como si fuera el Cascanuez antes de su transformación.

«Se tiene que convertir en príncipe», pensaba yo. «No es posible que ese cuerpo no sirva para la danza», pero ni el cuerpo ni el espíritu de Orlando lograban dar de sí. Era un cubano mulato, y en las clases de folclor se movía como un noruego.

—Es que a mí no me gusta el folclor. Maestra, a mí me gustan las clases suyas —decía, y me miraba como santa Bárbara contemplando la cruz.

—A ver, aprovecha tu minuto. ¿Qué se te ofrece?

—Maestra, ¿usted cree que voy mejorando?

—Claro que sí, Orlando, pero me temo que no lo suficiente. Es muy extraño, porque tienes cuerpo de bailarín, instintos de bailarín y línea elegantísima, ¡pero no te puedes mover! —Orlando me miraba ahora angustiado, con la boca contraída en un remedo de sonrisa atenta. Traté, demasiado tarde, de suavizar mi juicio—: Creo que vives con mucha tensión. Si pudieras relajarte, si pudieras disfrutar más en la clase en vez de estar siempre luchando por alcanzar el nivel de los otros alumnos, estoy segura de que cambiaría todo.

A Orlando la sonrisa se le torció más. Tenía los músculos de la cara muy pegados al hueso, y en momentos como ése su rostro hermoso y redondo parecía más bien una calavera.

—Cómo quiere que yo disfrute si aquí toda mi vida es un infierno.

—¿Cómo un infierno, Orlando, cómo puedes decir semejante cosa?

—No me perdonan que yo quiera tomar clases de ballet, no me perdonan que yo haya llegado aquí por mi propia cuenta porque yo de verdad quiero ser bailarín. Eso es lo único que quiero en la vida, bailar. Pero los alumnos que están internos conmigo se ufanan de que los trajeron acá sus padres o de que los escogió la escuela. Aunque les guste la danza, prefieren decir que no están aquí por gusto. Dicen que los bailarines casi todos son unos pervertidos, y desde que dije que quería estudiar ballet todo está peor. Y usted dice que necesito relajarme.

No tenía solución ni ayuda que ofrecerle a un adolescente cubano al que sus compañeros acusaban de homosexual. Quise darle ánimos, pero por algo que no hubiera sabido identificar como cobardía, preferí fingir que no había entendido cabalmente lo que me estaba explicando.

—Ese prejuicio contra el ballet ya está muy pasado de moda. Diles a los demás que digo yo que el ballet es bueno. —Lo dejé con la sonrisa de calavera pegada a la cara.

Querido Jorge:

¡Qué calor! De las cosas que he descubierto es que tú has de tener muchísima más resistencia al trópico que yo, pues el diez por ciento del tiempo me la paso gozando la hermosura de las cosas que me habías platicado (y otras que he visto también, como esta escuela, que creo que no la conoces y es extrañísima y muy bella), y el otro noventa por ciento estoy sudando la gota gorda. ¿Qué, solamente a los dictadores les darán esos abanicos portátiles que les echan brisa en la cara a toda hora? Me urge uno. Por suerte aquí también ya comenzaron los aguaceros. Se presenta en el borde del cielo azul una nube panzona que convoca a todas las demás, llega el viento a hacerles compañía, las hojas, felices, se alborotan y enseguida estalla la fiesta del agua. Llueve dos o tres diluvios, el cielo negro vuelve a clarear y las hojas y el viento se apaciguan, chorreando gotitas frescas aquí y allá. Todos han decidido guardar el secreto de que hace un momento estuvieron en una orgía. Yo no digo nada tampoco, con tal de que prometan volver a hacer lo mismo al día siguiente. ¡Viva la lluvia!

Podría contarte muchas cosas, pero a estas alturas del calor las noticias del agua se me hacen lo más importante. Bueno, no es cierto (siempre me acusas de exagerada, y voy a tratar de ser seria). Lo más importante es que mis alumnos son lindísimos y los quiero mucho a todos. También ya conocí a Galo, el amigo de Azucena del que tanto nos había platicado, y son maravillosos él y todos sus amigos. En las clases voy bien, creo, aunque me cuesta mucho trabajo organizarme. A veces siento que te explicaba mejor a ti el aporte de la técnica de Merce que a los alumnos. Como que en medio de la clase se me van las ideas.

Lo que me está resultando más difícil es esta Revolución. O más bien, entender qué hay que hacer para ser revolucionaria. Estoy empezando a entender que vengo muy deformada del capitalismo, y veo que lo que tú decías acerca de los peligros del individualismo es cierto. Me cuesta mucho trabajo dejar de pensar en mí misma. El otro día, por ejemplo, en el fondo me dio gusto cuando me dijeron que por lo de mi tos (que ya va bastante mejor, por cierto) no tendría que ir a donar sangre para los damnificados del Perú. Y eso a pesar de que su situación es lo más conmovedora que te puedas imaginar, y que aquí hemos estado al tanto día con día de las noticias y que hasta el propio Fidel fue a donar sangre. Hice como que me daba frustración no poder ir, y sí me dio, un poquito, pero no lo suficiente. Entiendo que eso es una falla grave, y que tendría que haber insistido hasta convencer a la gente en la escuela, pero no sé cómo cambiar. Quiero decir, siento que si cambiara hasta convertirme en una revolucionaria como el Che, dejaría completamente de ser yo misma, y no puedo evitar que eso me dé miedo.

Por otro lado, fuera del Che y Fidel, no puedo evitar sentir que los que hacen la Revolución, o muchos de ellos, o los que escriben sobre ella o la apoyan, son todos una bola de pendejos. Por ejemplo, en la revista de la que me habías hablado sacaron un número especial sobre el Che, y ahí escribe un tal Emanuel Carballo, que creo que es mexicano, diciendo que hay que tenerle siempre desconfianza a todos los intelectuales, y la otra noche el director de la ENA, que creo que es un héroe de esta Revolución porque es sobreviviente del *Granma* o algo así, dijo que los artistas eran unos comemierdas (él dijo «comemieddas»). Pero yo digo: ¿Qué daño le hemos hecho los artistas al mundo? Dañino Hitler, o Nixon, o Charles Manson, que tampoco ha matado a tanta gente como Nixon pero en fin… Me he estado sintiendo muy culpable porque aquí todo el mundo piensa que por vivir en Estados Unidos y haber venido a Cuba quiere decir que participo en manifestaciones y la lucha contra la guerra en Vietnam y tú sabes que no es cierto. Es algo que me dolerá toda la vida, sobre todo a partir de la masacre de los estudiantes en Kent State. Pero también es cierto que ninguna de las meseras que trabajan conmigo en la cafetería han ido jamás a ninguna manifestación, y ellas sí son proletarias. No es que quiera salvar mi culpa, pero no creo que mi mala conducta se haya debido al hecho de ser artista. Puede que yo sea una inútil, pero en su conjunto, yo creo que el trabajo que hacemos es importante («impottante»). ¿O no?

Bueno, te dejo para no aburrirte. Al fin sólo te quería dar las gracias por tanto regalo lindo que me mandaste. Gracias por el libro *Poesía en movimiento*: me encantaron los poemas de José Juan Tablada, y también Ortiz de Montellano del que no había oído hablar nunca:

Soy el último testigo de mi cuerpo

Siento que siento
lo frío del mármol
y lo verde
y lo negro
de mi pensamiento

Soy el último testigo de mi cuerpo

Así me siento a veces. La enredadera de Pacheco me suena como si la hubieras escrito tú.

ALMA

P.D.: Elfrida Mahler es una bruja horrible.

Terminé de escribir la carta cuando faltaban segundos para que comenzara el aguacero, y si no salía de inmediato para el salón de danza me quedaría nuevamente sin ensayar. ¿Dónde estaban mis mallas con el zurcido en la ingle? Guardaba mi mejor ropa de práctica para la clase, y la de más uso, aparte, para los ensayos de Sandy. Ahora no encontraba la malla más rota de todas, y conforme retrasaba la hora de salida al salón me empeoraba el humor. Saqué del morral la ropa usada de la mañana y la aventé al piso. Salió volando también el *Granma* que le había escamoteado a Hilda en su oficina, y al caer se abrió en una foto que había tratado de pasar por alto esa mañana. Era de Camboya, el país vecino a Vietnam, invadido por tropas de Estados Unidos desde el mismo día de mi llegada a Cuba dos meses atrás. Años después, volví a encontrar la foto en el archivo del *Granma* de la biblioteca del Benson Center, de la Universidad de Texas en Austin. En el fondo se ve un helicóptero. En primer plano, un americano vestido de uniforme de combate, las mangas arremangadas y con un casco en la cabeza. Tendrá unos cuarenta años, como cosa rara lleva bigote, y sonríe. Lleva en la mano un lazo, al parecer de un material cualquiera –cuero, cuerda– cuyo otro extremo está amarrado alrededor del cuello de un camboyano. El cautivo viste apenas un taparrabos y va descalzo. Tiene los ojos vendados, y en el momento de la foto, trastabilla. Encerrada con la foto en la habitación de Cubanacán, tuve la sensación de estar presenciando lo intolerable.

La lluvia me cogió a medio camino, y por unos minutos me trajo alivio. La vereda de la selva era un paisaje subacuático en el cual yo misma sentía que me podía volver anfibia en cualquier momento. Llegué al salón chorreando agua, hojas y posiblemente algas, y me cambié deprisa. Pero ya parada en el centro del salón se hizo vapor el ánimo que me había acompañado en el camino y no logré el engranaje de músculos con cerebro. Ensayé algunas frases, trastabillé, me distraje tratando de reacomodar la barra de práctica que llevaba dos semanas desprendida de la pared y sin arreglar, volví al centro del salón y sentí de nuevo cómo me amenazaban el peso del silencio y de la bóveda. Quise tomar agua y paladeé una especie de hostia quebradiza y amarga. Me senté en el hermoso, gastado piso de caoba y en el cuaderno de apuntes escribí un par de ideas más para la posible danza que se me ocurría, la que aprovecharía la extraña arquitectura de la escuela, y los laberintos de sus veredas y sus junglas. Conforme el público fuera acercándose a la placita de la escuela de danza se encontraría primero con un perro ahorcado, luego con una fogata alrededor de la cual estarían bailando cuatro jóvenes desnudos, cubiertos de sangre. Al final del camino, escribí deprisa, recuperada por fin la concentración, los espectadores llegarían a la placita, donde encontrarían otro cuerpo ahorcado que sería el mío, pero yo estaría muerta de verdad.

Como lo había prometido, Boris me llevó un domingo a recorrer los esplendores de La Habana Vieja. Menudo y de andar nervioso, Boris era de todos los amigos de Galo el de gestos más estilizados —de ahí, tal vez, que fuera el único que hubiera ido a parar a los campos de trabajo forzado— y también el más conservador, en el sentido estricto de la palabra. En su trabajo artístico estaba menos involucrado que los demás en los movimientos de vanguardia; había sido bailarín de danza clásica y ahora se ocupaba de asuntos administrativos en la compañía de Alicia. También era el que se expresaba con menos fervor de la Revolución. Se podría pensar, razonablemente, que el desafecto de Boris era consecuencia de la temporada que le tocó pasar en el trabajo agrícola no voluntario, pero ésa no es la lógica del sentimiento revolucionario. Creo que Galo hubiera seguido amando a Fidel aunque le hubiera tocado pasar dos años en alguna UMAP, mientras que Boris con o sin UMAP seguiría prefiriendo lo clásico a lo experimental, y el orden al caos.

Habíamos ido al Museo de La Habana, en la plaza de la catedral, a ver no tanto la colección de muebles y pinturas antiguas que albergaba el edificio colonial, sino los medios puntos de vidrio que a Boris le causaban alegría. En cada puerta y ventana rematada por un semicírculo de vidrio emplomado se detuvo a explicarme cómo habían ido evolucionando a lo largo de la colonia estos adornos transparentes que, al filtrar la luz del trópico, teñían los pisos de cantera con colores de caramelo y al mismo tiempo ayudaban a matizar su calor.

«¿Ves tú, Alma, cómo somos cubanos los cubanos?», exclamaba Boris entusiasmado. «Esta casa del siglo diecisiete no es El Escorial, estas ventanas de colores no son la catedral de Salamanca, por más que la piedra es piedra y el vidrio emplomado es vidrio. Esto es un aleteo alegre junto al mar, juguetón y un poco torpe, sin grandes rebuscamientos, sin gran técnica si tú quieres, pero sin otros colores ni otras formas que los nuestros. Por eso no estoy de acuerdo con los que dicen que nosotros los cubanos hemos estado colonizados mentalmente hasta que llegó Fidel. Yo creo que cuando Galo lo dice está olvidando dónde vive y qué lee y qué come. Estoy de acuerdo con que la cultura cubana nace con la colonia, pero eso no quita que sea profundamente cubana. Y por eso es importante conservar los medios puntos y los palacios y también las casas del Vedado. Yo no sé si son formas decadentes o no, o «auténticas» o no, y no me interesa: me parece que son bellas, y que son cubanas, y que si destruimos nuestros edificios más logrados, como muchos tontos que acompañan a Fidel siguen queriendo hacer, destruiremos el testimonio de lo que es ser cubano, y perderemos el camino.»

Boris guardó silencio un tiempo después de esta declaración, en lo que recorrimos salones llenos de tapices y muebles artesonados. Tal vez pensaba que, aun cuando el museo estuviera casi vacío, había hablado demasiado fuerte. Tal vez hablaba consigo mismo. A la salida, mientras enrumbábamos a la fortaleza del castillo del Príncipe, retomó en voz alta lo que parecía ser la continuación de un monólogo.

«Mira tú en qué momentos tan inesperados lo visitan a uno los arrepentimientos. Ahora mismo pensaba que en otra época, o en otra vida, me hubiera dedicado a la museografía y la restauración. Pero eso lo pienso ahora porque me ha tocado vivir precisamente esta época: la revolucionaria; y las revoluciones generan tanta destrucción que después hace falta quien sepa reparar los daños. Aquí ha habido mucha urgencia por destruir el pasado; hoy en día a los cubanos nos parece que hay que acabar con todo lo viejo, que sólo lo nuevo es bueno. Se piensa que el pasado es un lastre, y que su presencia es demasiado terca. Cuando, si tú lo piensas, en realidad es sumamente difícil para la mente humana recordar algo que ya pasó, así se encuentre uno frente a algo tan sólido como puede ser esta fortaleza de piedra maciza, o tan imposible de eliminar como la misma historia. Podemos reconstruir, imaginar, interpretar, soñar que recordamos. Pero no recordar.»

Pasábamos ahora por un edificio viejo, en mi opinión bastante sin gracia. «Mira lo que te digo», señaló Boris, que se fijaba en todo. «¿Ves esa ventana? Hasta hace un par de años tenía unos vitrales medio art déco, medio Tropicana, estupendos. Y mira ahora en lo que quedó. Y a nadie le importa. Nadie siente que esas cosas hagan falta.»

Traté de reponerme de la insolación del paseo en el apartamento venteado y fresco, con vista lejana al mar, que ocupaba Galo. Por esos días su mamá había logrado conseguir un poco de yuca —por medio de una vecina que tenía un sobrino en el campo, y a cambio de una taza de leche en polvo de la que yo había traído de México—. Estábamos tomando agua y unas frituras deliciosas preparadas con la yuca permutada cuando sonó el teléfono.

Contestó Pablo. Cuando colgó tenía la cara seria.

—Era tu amiga Alicia. Viene para acá a despedirse porque no sabe cuándo regresa a México. Dijo que ayer Piñeiro pasó por la casa de Oscar Lewis y prácticamente desmontó la casa y todo el proyecto ahí mismo. Que se llevó todos los archivos y no los quiere devolver. Que dijo que estaban haciendo un trabajo contrarrevolucionario, que objetivamente Lewis se había puesto al servicio de la CIA. Que Lewis insistió en hablar con Fidel y Fidel no lo quiso recibir.

Galo se quedó ensombrecido.

—Coño, mejor no hubiera soltado todo eso por el teléfono.

Terminó junio. En la extraña y voluntariosa trampa que es mi memoria no logro recordar cómo fue que Alicia acabó quedándose en Cuba varias semanas después de la salida de Lewis, ni cómo me expliqué a mí misma lo que había hecho Piñeiro con el aval de Fidel. Fuimos sabiendo que uno de los principales reclamos de Piñeiro después de haber confiscado y leído los archivos era que los integrantes del equipo habían entrevistado largamente a un personaje contrario a la Revolución (que, para peor, resultó ser pariente de un alto oficial cubano). También, que a las pocas semanas de la salida de Lewis, y en contra de la explícita solicitud y promesa hecha por parte y parte sobre este punto, el gobierno metió preso al pariente antifidelista sin que se le conociera otro crimen que su participación en las entrevistas. También que Piñeiro, intentando disculparse en el mismo momento que regañaba a Lewis por su atrevimiento y desatino, mencionó que Fidel estaba muy susceptible, que las críticas hechas a la Revolución en los libros *Les guerrilleros au pouvoir* de K. S. Karol, y *Cuba est-il socialiste?* de René Dumont, habían herido profundamente al comandante en jefe, puesto que se trataba de traidores extranjeros, supuestos amigos de la Revolución en quienes Fidel había depositado toda su confianza. También, que Piñeiro finalmente había triunfado en una disputa acerca del financiamiento de Lewis, en contra de los demás allegados a Fidel que habían apoyado el proyecto. El antropólogo había recibido dinero de la Fundación Ford, y el encargado de seguridad del Estado insistía en que era inaceptable la ayuda de una organización supuestamente humanitaria que en realidad era un frente de, o estaba infiltrada por, la CIA. Hoy me pregunto si el celo con el que el comandante persiguió al sociólogo yanqui tendría que ver con el hecho de estar unido en matrimonio con una rubia ciudadana del odiado país en el que él mismo había estudiado. Pero no recuerdo el incidente con claridad suficiente como para especular más.

En cambio aparece nítida una escena intrascendente que se dio una mañana antes de empezar la clase, y que hasta el día de hoy me llena de alegría. Tal vez la recuerdo porque, en aquellos meses que viví, sin darme cuenta, en un estado de control y autovigilancia permanente, fue un momento en que los muchachos y yo fuimos libres y tontos, y en consecuencia felices.

Como de costumbre, había llegado al salón con varios minutos de retraso. En el vestidor me había descalzado deprisa, luchando por acomodarme el leotardo y las mallas que se me atoraban sobre la piel húmeda de sudor. En este punto de la mañana siempre me sofocaba el peor ataque de angustia de la jornada, y tenía que luchar contra un impulso muscular de suspender la clase, devolverme al dormitorio y esconderme en la cama para nunca salir más. Pero siempre me rescataba el primer contacto del pie descalzo contra la madera desnuda del salón, como si ahí todo mi organismo hiciera tierra y se ordenara, sabiendo ya lo que le tocaba hacer.

«¡Listos!», grité, batiendo palmas para arriar a los remolones que estuvieran todavía en el vestidor o en el corredor de afuera. «¡Comenzamos!» Llegaron corriendo, recién bañados ellos también y muy puestos, jalándose la entrepierna de los leotardos rabones, o enrollando una de las piernas de la malla para que no se siguiera abriendo una rasgadura que le acababa de salir. «¡A ver, guajolotes! ¿Ya?» Seguía batiendo palmas. «Falta Carmen. Yazmina, ve a llamarla, porque se quedó en el vestidor.»

Salió Carmen corriendo y saltando sobre una pierna, acomodándose todavía la malla.

—Alma, ¿cómo tú supiste que era yo en el vestidor?

—Porque te vi los talones por debajo de la puerta. ¿Cómo, si no?

—¿Y nada más por mis talones ya tú te diste cuenta de que era yo?

—Pero por supuesto, bobita… ¿Qué tú crees que tus talones o tus rodillas o tus brazos no son tan únicos y expresivos como tu cara? Te reconocería por los omóplatos, y tú a mí también. ¡Si por eso somos bailarines, porque creemos que las cosas importantes se dicen con el cuerpo entero!

—Entonces, Alma, ¡vamos ahora mismo al vestidor a hacer la prueba! Cada uno se va metiendo y los demás vemos si les reconocemos los talones por debajo de la puerta.

—Eso lo harán, pero no con mi tiempo, que no he venido aquí a perderlo en tonterías. A ver, monstruos: por andar con semejantes ocurrencias, ¡cien abdominales antes de empezar la clase!

Armaron una algarabía de protesta que retumbó por todo el salón, amplificada por la bóveda de ladrillo, y luego nos tendimos todos en el suelo y empezamos a contar abdominales a gritos, felicísimos. Durante la clase noté con asombro que Carmen estaba dando claras muestras de trabajar con conciencia de sus tobillos y talones, y lo mismo Orlando y José.

6

TURISMO Y CONCIENCIA

Llegó julio, mes que arde al centro de la Revolución cubana como la Pascua en el cristianismo. Gracias a Fidel, la historia había comenzado de nuevo un 26 de julio casi veinte años atrás, con el asalto de un grupo de jóvenes iluminados a uno de los principales cuarteles del dictador Batista. Conforme se acercaba de nuevo la fecha, toda la isla se volvía a movilizar, esta vez no para cortar caña, sino para conmemorar el instante fundacional. «¡Todos a la plaza con Fidel!» era la consigna que se veía en el *Granma*, en los muros, en los espectaculares que remplazaban con la nueva frase la ya rebasada de «1970: Año de los diez millones». En las oficinas, en las guaguas, en las colas del Coppelia y en mi salón de Cubanacán se percibió el cambio como se adivina la llegada de la lluvia. Después de su gran fracaso el país militante estaba lastimado, lleno de moretones y con ganas de llorar: ahora se acercaba la fecha de comunión, en que las palabras del comandante nos permitirían entender qué había sucedido, tomar conciencia de nuestros errores y retomar ánimos para seguir la lucha que nadie quería abandonar. ¿Cómo abdicar, si de los cubanos y los que estábamos con ellos dependía el futuro del mundo? «Con Fidel.» «Hasta la victoria siempre.» «Patria o muerte.» «Venceremos.» Repetir sinceramente estas frases era desplegar un velamen en el pecho y navegar por los grandes vientos de la historia.

Fidel era el Ouragán, pensé entonces; el dios caribe del aire entumultado que cambia el mundo de lugar y pone la vida de cabeza. Un día arrancaba de su sitio de trabajo a todo el pueblo y lo llevaba a cortar caña. Al día siguiente todos hacían cola para mandar su sangre en avión hasta un lejano país. ¿Quién en el mundo tenía su energía y su poder descomunal? Ayer todos estábamos tristes, hoy estábamos alborotados y festivos, preparándonos para el 26 de julio y el aniversario del inicio de la liberación de Cuba. ¡Ir a la plaza a ver a Fidel! Me hablaban del rumbón que se armaría después en la avenida –todo el final de julio era un carnaval de comparsas, conjuntos musicales y ríos de cerveza barata– y de la emoción que producía estar en la plaza con el Caballo, todos juntos, escuchando su pensamiento. Era el fervor el que esta vez me había encontrado a mí, mientras hacía todos los días el mismo recorrido del dormitorio al comedor, del comedor al salón de clases, del salón·de clases al dormitorio, cavilando, argumentando en contra y a favor de mí misma y de mi propia vida. Trataba de desentrañar mi responsabilidad –la de cualquier ser humano– ante el horror; la validez del arte como fin en sí mismo; la lástima y el rechazo que me había provocado Mario Hidalgo; la ofensa del socialismo a mi exaltada noción del individuo. Me defendía cada vez con menos éxito de mi propio enjuiciamiento, pero ahora tanta duda se desvanecía suavemente ante un lejano murmullo que venía creciendo. «¡Todos a la plaza con Fidel!», decía mi alumno Roberto a mi alumno José, a propósito de nada. «También yo», pensaba, agradecida por haber podido aterrizar en un sitio y un momento histórico. «También yo soy todos ahora.»

El 26 de julio de 1953 algo más de un centenar de muchachos armados de una gran fe y muy malos rifles atacaron sin éxito el principal cuartel militar de Santiago, la segunda ciudad de Cuba. El autor de la aventura fue Fidel Castro, nacido casi veintiséis años atrás en una próspera finca azucarera, y producto de una relación no oficial entre una madre pobre y casi analfabeta y un próspero finquero. Este origen no era secreto, pero se comentaba poco, y menos se hablaba del padre de Fidel, Ángel Castro, un español testarudo y paupérrimo que llegó por primera vez a la isla en la última década del siglo anterior, como soldado de las tropas realistas. Volvió unos años después, en busca de mejor fortuna que la que le ofrecía una vida de labriego en su natal Galicia. En la provincia de Oriente, que ocupa el extremo contrario de la isla a la provincia de La Habana, alquiló unas pocas tierras y se dedicó a cultivar azúcar. Alquilando y comprando se hizo rico: cuando nació Fidel unas trescientas familias –muchas de ellas haitianas– le entregaban su mano de obra a don Ángel a cambio de un *conuco*, un pedazo de tierra en su finca, para labrar su propio sustento. Sin embargo, el gallego no era ni un *rentier* ni un oligarca: en la finca no había lujos y los Castro trabajaban duro, y hasta el final de sus días Ángel Castro fue un hombre brusco, sin pretensiones ni refinamientos.

En los primeros años del siglo xx Ángel Castro se casó con una maestra rural. Tuvo dos hijos con ella. Pasado el tiempo se enamoró de la cocinera de la casa, Lina Ruz. De ese amor duradero, dice su biógrafo Tad Szulc, nacieron siete hijos más: Ángela, Ramón, Agustina, Emma, Juana, Fidel y su hermano menor, Raúl. Es muy probable que Lina y Ángel se hayan casado cuando Fidel tenía seis años, al enviudar el finquero. Fue entonces, por lo menos, que sus padres bautizaron a Fidel, y es posible que hayan aprovechado la misma ceremonia, como hacen hasta la fecha muchas parejas en América Latina, para cumplir con los otros mandatos de la Iglesia. Fidel parece haberse visto relativamente poco con su padre a partir de su bautizo: por razones que no han quedado muy claras a la edad de seis años lo mandaron a Santiago de Oriente, donde hizo la primaria en el colegio La Salle de los hermanos maristas. Desde entonces no volvió a vivir en casa, a no ser por algunas temporadas de vacaciones.

En las pocas referencias a la niñez y adolescencia de Fidel que encontré en los cuadernos patrióticos de Hilda y Tere destacaban más bien otros detalles: aprendí que el joven Fidel fue buen estudiante, atleta excepcional y rebelde contumaz. Escalaba el cerro más alto de Cuba, el pico del Turquino, en las afueras de Santiago; jugaba básquet y desafiaba a los curas que buscaban disciplinarlo –después de la escuela marista, vendría la de los jesuitas–. Ya en la Universidad de La Habana, seguían diciendo sus relatores, optó por la carrera de leyes y encontró cauce a su natural rebeldía en el movimiento estudiantil, pero pronto se decepcionó del reformismo imperante. A esta biografía añadía su hermano menor Raúl, candoroso, el dato de la violencia de Fidel.

Siempre fue guapo (peleador, en cubano), decía. Desde chiquito. Y en la universidad cargaba pistola y hasta se le llegó a acusar por el asesinato de un dirigente estudiantil que era rival suyo. Heredero de una cierta fortuna, educado en las mejores escuelas de Santiago y La Habana, alto, bien parecido, el joven Fidel era también desbordado y algo excéntrico: gracias a eso y a sus orígenes, nunca fue más que un advenedizo para los guardianes de la moral y las buenas costumbres de la sociedad cubana. Una serie de experiencias juveniles, como su participación en una insurrección popular en Colombia y en un fallido intento de derrocar al dictador dominicano Rafael Leónidas Trujillo, le permitieron transformar su afinidad por la violencia en una convicción ideológica fundamental: que el cambio real de una sociedad sólo se lograba a través de la lucha armada.

Terminó sus estudios y montó un pequeño bufete de abogados, desde el cual defendía casos que parecían perdidos. Durante esos mismos días aprovechó su energía demencial para meterse de lleno al activismo político. Es posible que en esta canalización de sus instintos agresivos a la organización de la lucha contra Batista, Fidel se haya vuelto por primera vez carismático. El eterno punto de discusión de sus enemigos –en qué momento fue que Fidel Castro se volvió comunista– parece estar errado desde el planteamiento, pues más bien parecería que al separarse de las gangsteriles agrupaciones de estudiantes que regían la vida política de la universidad, Fidel optó por el romanticismo como postura existencial. Cuando se propuso organizar un asalto a todas luces imposible al segundo cuartel militar del país, encontró cientos de voluntarios, quienes seguramente no se habrían alistado si el propósito hubiera sido reunirse a glosar, por ejemplo, *El dieciocho brumario de Luis Bonaparte*.

Narro detalles que me parecen importantes hoy. Cuando intentaba captar entonces la esencia de su vida me parecía poco noble que mis amigos –Carlos, Tere y hasta la misma Hilda– sacaran a relucir los hechos menos gloriosos de la vida del comandante, cosa que hacían, por cierto, porque Cuba es una isla pequeña y estas intimidades las sabía todo el mundo sin necesidad de haber consultado un panfleto de historia. Como tantos, yo buscaba contemplar a Fidel a una distancia que matizara las verrugas y el mal genio, porque en una región romántica y violenta como lo es América Latina, el héroe que convocaba a las multitudes, el que a mí me excitaba y conmovía, no era el marxista ni el bochinchero, sino el soñador armado. Del mismo modo, lo que se celebraría el próximo 26 de julio en la gran reunión nacional en la plaza de la Revolución no sería un fracaso militar absurdo, sino un glorioso atrevimiento que en determinado momento fracasó, y que después llegó a la gloria. El evento era el contexto idóneo para evaluar en público los resultados de la zafra de los Diez Millones.

Junto con las evocaciones tempestuosas de la historia revolucionaria, el mes de julio llegó a Cubanacán con chocolates traídos por Hattie, la nueva maestra de la escuela de danza. Hattie Singer, neoyorquina, diminuta, cuarentona, pelirroja, entusiasta y muy práctica, fue el mayor trofeo de Elfrida en su viaje de cacería por los estudios de Nueva York en busca de maestros de danza moderna. Tenía ojos verdes e inquisitivos, un cuerpo todo lleno de redondeces muy torneadas, y una carcajada feliz. Había aceptado por fin la solicitud de Elfrida de dar un curso de un mes para los alumnos de quinto año, aprovechando las vacaciones de verano en la Universidad de Nueva York donde era profesora. Nunca había sido bailarina famosa, pero sí muy capaz, y disfrutaba al dar clases tanto como sus alumnos al recibirlas. Llevaba casi treinta años en el oficio, y cuando apareció en el salón el primer lunes de julio con su cuerpecito de antojo, su risotada y pisada fuerte y su inclaudicable confianza en sí misma, nos calmó a todos. Yo hubiera deseado permutar cuanto antes a mi conflictiva madre por esta mujer confiada y transparente, pero me conformé con tomar sus clases, que sustituyeron a las mías en el grupo de avanzados.

Los chocolates me los entregó ella misma al llegar al dormitorio de Cubanacán, la noche de aquel otro día patrio, el 4 de julio. Cuando le abrí la puerta de la habitación, Hattie me escudriñó con su mirada sagaz y luego sonrió con toda la ancha boca. Entró, puso en la mesa la caja llena de cartas y encargos que había traído desde Nueva York, echó un vistazo al cuarto y sacó la única conclusión que por el momento le interesaba: «Supongo que aquí no hay forma de conseguir un whisky con bastante hielo, ¿cierto?». Fue la primera vez que escuché a una mujer pedir una bebida alcohólica sólo para ella. «Después de semejante viaje es absolutamente imprescindible un whisky doble…*no kidding.*» Soltó una de sus risotadas. «¡No puedo creer que hoy en la mañana haya estado en Canadá y ahora esté en la isla de Fidel Castro!» Para evitar ser detectada por las autoridades migratorias de Estados Unidos, Hattie había viajado a Toronto, desde donde había vuelos directos a La Habana. «Mañana me preocuparé de qué es lo que van a tratar de hacer conmigo los del FBI si me pescan; por ahora estoy feliz. Si tuviera un trago, unos cubitos de queso y unas aceitunas sería perfecto, pero no me estoy quejando.» Se arrellanó en el sillón. «Ahora cuéntame todo. ¿Cómo van tus clases, cómo son los alumnos?»

Los bailarines suelen ser apolíticos, pero además de ser bailarina, Hattie había vivido desde siempre en el Upper West Side de Manhattan, donde se había asentado gran parte de la emigración europea de la Segunda Guerra Mundial. La gran tradición izquierdista de la que era portadora esta comunidad le daba un sabor particular a las conversaciones y hasta al modo de vestir de ese sector de la isla —muchos chales, ropa holgada, pelo al natural—. Hattie, que llevaba su pelo rojo y muy rizado en una especie de afro, no era militante de izquierda, pero como tantos vecinos suyos era gran admiradora de la Revolución. Quería que ya fuera el día siguiente, para salir a conocer la escuela, los alumnos, La Habana. «Gus —su marido— se muere de envidia, pero me dijo que tenía que venir, que él no me perdonaría jamás si dejaba de lado semejante aventura.» Me dijo que era admirable que siendo tan joven hubiera decidido lanzarme a esta odisea impredecible, pero a mí me parecía mucho más aventurado vivir como ella; abierta alegremente a todo lo que le ofrecía la vida, sin temor ni culpas.

Ahora Hattie pidió una reseña puntual de la escuela y sus problemas, pero el paquete que había dejado sobre la mesa me hacía guiños irresistibles. Lanzándome sobre él como si se tratara de una piñata, extraje uno a uno sus tesoros: cartas de mi madre,

Elaine y Adrián (y otra de Graciela anunciando su expulsión de Estados Unidos); números atrasados del *New Yorker*; una bolsa de granola; una lata de aceitunas; los chocolates y una bolsa de caramelos; varias latas de sardinas y un suéter. Con cortesía ejemplar le ofrecí aceitunas a Hattie, y ella con un esfuerzo recíproco que en unas semanas más hubiera sido sobrehumano, las rechazó. En cambio, aceptó tranquilamente apenas un mordisco de una de las barras de chocolate, pues no era ésta su pasión, y miró contenta mientras yo devoraba el resto. «Ahora que se vaya me puedo comer otro», pensé. Pero Hattie demoró, y poco a poco, con un disimulo que no lograba esconder nada, saqué otra barrita de chocolate con turrón de su caja triangular, le quité la envoltura de papel plateado, y la fui haciendo desaparecer. Mi madre había gastado mucho para enviarme estos chocolates suizos que por entonces se habían puesto de moda, y aunque a esas alturas cualquier producto con un poco de cacao y azúcar me hubiera hecho desmayar de gusto, lo cierto de la rara conexión que existe entre el cerebro y las papilas es que el nombre exótico del chocolate y su conocida envoltura amarilla con letras rojas aumentaron mi deleite tanto o más que su aroma, su textura granulada y su sabor. Comer Toblerones en ese momento era volver a ser civilizada.

Hattie traía noticias de la inauguración de una retrospectiva de Frank Stella en el Museo de Arte Moderno, y de la última película de Bergman. ¿Y Twyla?

—Creo que está armando un evento que arranque al amanecer en los Cloisters y termine en la otra punta de Manhattan, en Battery Park… Ya estoy vieja para andar desmañanándome por el último grito experimental. —Soltó otra risotada—. Ese trabajo es responsabilidad de ustedes los jóvenes. Siempre tiene que haber vanguardia, pero no todos tenemos que padecerla. ¿En qué está metida la vanguardia aquí?

Pesimista, le conté lo que había podido aprender del panorama de la danza en Cuba, y de las artes escénicas en general.

—Te cuento una cosa —dijo Hattie—. Me da mucho gusto que me hayan ofrecido un viaje con todos los gastos pagados a esta hermosa isla tropical, como seguramente te da a ti, pero no entiendo qué es lo que estamos haciendo en Cuba. ¿Existe una tradición de danza moderna? ¿Qué se ha hecho de valor en ese terreno? Y si no se ha hecho nada, pues entonces, ¿quién nos necesita?

—¿Seguro que no quieres otro chocolate? —dije a modo de respuesta.

—No, y creo que tú tampoco. Dos chocolates en tiempos de hambruna está bien, pero si te comes el tercero seguro que te arrepentirás mañana.

Se puso de pie bostezando. Lorna pasaría por ella a primera hora del día siguiente para ir a pasear. En la puerta volteó de nuevo, escudriñándome.

—Por cierto —dijo—, conocí a tu enamorado.

Me quedé en blanco.

—Adrián. Me llevó la carta que viene en tu paquete. Lo invité a pasar y él y Gus estuvieron charlando un rato. *He's very unusual.*

Como si el viento hubiera echado al suelo las ventanas, Adrián entró a ráfagas en la habitación. Su olor, su voz, su piel blanquísima, su insidiosa mirada. No le di la bienvenida, pero no pude evitar que entrara.

Alma Alma Alma Alma,

¿por qué no sabes venir corriendo cuando te llamo? Eres muy joven y no sabes respetar el deseo de un hombre. Digamos que por el momento acepto tus excusas banales, pero tú sabes que no son ciertas. No es que quiera negarle valor a la revolución en la que pareces creer tanto, pero dudo que sepa construir algo grande quien no sabe forjar el lazo más elemental, que es el que une en el deseo a dos personas. Si la recurrente visión de lo que será tenerte en mi cama de nuevo no me hubiera ablandado los sesos, te diría que me has desilusionado, pero no lo haré porque sé con qué facilidad te ofendes. No te ofendas, no pierdas tu tiempo, crees que es mucho el que tienes por delante, pero son setenta años en promedio los que nos toca vivir sobre la tierra, equivalentes a 25.550 días o 613.200 horas, de las cuales llevas perdidas las últimas 1.440 que no has estado a mi lado. Ven, que necesitamos empezar a hacer niños. Nuevamente, tus excusas para negarte a la maternidad son banales, pero te perdono todo, asombrándome a mí mismo, que no me conocía capaz de tanta generosidad. Eres compulsivamente mentirosa y me ablandas los sesos, pero me caes bien. Deja de engañarte y vuelve.

No logré dormir en toda la noche. ¿Qué quería de mí este hombre? ¿Y por qué quería más de lo que yo podía dar?

Domingo, y como de costumbre nos juntamos a comer en casa de Galo. Cada quien aportaba algo de lo que había sobrado de su tarjeta de abastecimiento, y en esta ocasión, como era principio de mes y ya todo el mundo había tenido la oportunidad de ver si lo que le había sobrado de la cuota del mes anterior no le iba a hacer falta en éste, nos fue bien. Había un poco de fideo y otro poco de frijol. Yo llevé dos latas de sardinas. Como cosa verdaderamente fuera de lo común, la mamá de Carlos había conseguido juntar limones y diez claras de huevo —no recuerdo los malabarismos que se llevó el operativo— y con esos ingredientes y un poco de azúcar había logrado hacer los merengues más ligeros, sutiles y perfumados que he comido hasta la fecha de hoy. Con justa razón se sentía ufano Carlos, que normalmente era incapaz de protagonismos ni vanagloria; ejerciendo un autoritarismo desconocido decretó que estaba prohibido tocar un solo dulce hasta la hora del postre. Abrió la tapa de la descascarada caja de latón en que venían y dejó que asomáramos la nariz al aroma de limón. Casi nos desmayamos.

—Coño, ¿y con estas sardinas y un fideo vamos a hacer un guisado a la altura de estos merengues? —protestó Galo—. De verdad, chico, eres un contrarrevolucionario. Te apareces con unos merengues y haces renacer en mí toda clase de añoranzas capitalistas. Qué mierda: sardinas y fideos cuando lo que yo quiero es un filete de pargo *meunière*. Y champán. ¡A una UMAP contigo!

—Galo, Galo, qué suerte para este país que el que está en el poder es Fidel y no tú, porque con esas veleidades estalinistas que te cargas, mi hermano…

—Bueno, por último, ¿ésta es mi casa, o no? Aquí se hace lo que yo digo.

—Pero en la cocina no, porque no eres capaz ni de calentar agua. Fuera de aquí, que algo inventaremos.

Acabamos haciendo lo único que se podía; servimos dos cucharadas de frijoles guisados a manera de sopa, y revolvimos las sardinas con el fideo. No tenía manera de adivinar que años después pagaría más o menos quince dólares por un kilo de frijoles negros en una *epicérie* de París, ni que aquel guiso de la miseria aparecería como gran descubrimiento de la cocina siciliana en las revistas *gourmets* de Estados Unidos: *pasta con le sarde*. Nos hubiera parecido mejor la comida sabiendo que era de lujo, pero de cualquier forma no estuvo mala.

¿Y ahora qué hacemos?, nos interrogamos, pasado el postre y el *buchito* de café. No había ninguna función de teatro. El Ballet Nacional no estrenaba temporada sino hasta dentro de algunos días. No había exposiciones que valieran la pena. Todos habían visto las veinte películas en cartelera seis veces cada una, incluidas *Trapecio*, *Siete novias para siete hermanos* y *Los caballeros de la orden teutónica* (aunque no, es verdad, *Dame la patita, hermano*, una producción soviética). Ya habíamos paseado por La Habana Vieja y el Vedado. Ya habíamos recorrido el Malecón. En ese momento nos pareció que ya también nos habíamos contado todas las anécdotas posibles y todos los chismes interesantes. El tema de los Diez Millones era absolutamente intocable. Ni siquiera yo era novedad ya.

−¿Verdad que en otros lugares el tiempo no transcurre tan lento? −nos preguntó Boris a Galo y a mí.

−La culpa no puede ser del lugar −dijo Carlos, reclinado al lado mío en el sofá−. Aquí lo que pasa es que nosotros seguimos viéndonos como consumidores de la cultura. ¿Por qué se nos tiene que dar todo en vez de producirlo? Ahora mismo deberíamos estar ejerciendo nuestro derecho a la creatividad, escribiendo tal vez una obra de teatro, ensayando. Pero somos todos unos comemierdas que cada vez producimos menos, por quién sabe qué razón, y bueno, es lógico entonces que nuestra misma pasividad nos vaya sustrayendo cada vez más recursos interiores. Tú, Alma, nos hablas tanto de esa famosa coreografía que te regalaron, y no hemos visto nada. A ver, ¡báilanos algo!

−No he avanzado nada todavía −dije.

−Pero seguramente traes algún nuevo síntoma médico que nos hará morir de envidia −dijo Galo−. ¿Todavía te sigue dando dolor en la boca del estómago cuando ves una fruta de color amarillo?

—Déjala en paz, chico —reclamó Carlos, no por primera vez. Me dio palmaditas cariñosas en la mano mientras los demás reían—. ¿Por qué te parece extraño que se le asomen al cuerpo todos los dolores que trae esta niña en el corazón?

—¿De verdad te duele el corazón? —preguntó Galo con renovado interés.

—No —contesté—. Pero Carlos tiene razón: ¿nunca pensaron en formar su propia compañía de teatro?

—Carlos está loco —dijo Pablo—. Qué recursos interiores ni qué nada. Nos aburríamos exactamente igual antes de la Revolución. Ése es nuestro destino geográfico, porque no hay que pensarle mucho para darse cuenta que la palabra isla y la palabra aislamiento son hermanas. Éste es un país pequeño, pobre y aislado. Por algo Carpentier y Wilfredo Lam se la pasan en París. ¿Qué vamos a hacer nosotros si aquí no existe, objetivamente, un público lo suficientemente grande para sostener tan siquiera *una* obra en cartelera durante más de una semana? ¿De dónde vamos a sacar ideas e inspiración si no de lo que nos traen las naves de paso que hacen escala aquí? Desde la colonia ha sido así: somos puerto de tránsito y cuando nos llega una idea es porque se ha caído de algún costal durante el desembarco. El único fenómeno cultural realmente original nacido de esta sociedad ha sido, como siempre, Fidel.

—Mira, te concedo lo de Fidel, pero no lo de que todo ha sido lo mismo antes que después —dijo Boris—. También es cierto que antes aquí no había encargados oficiales de la cultura y que ahora los hay. Y que estos ángeles guardianes que nos han puesto son cada vez más burócratas, y a falta de formación intelectual o creatividad propia siempre que tienen que tomar una decisión: qué película van a poner en cartelera o qué libro se va a imprimir, recurren más y más al patrón soviético. Y yo no sé qué opines tú, chico, pero yo digo que si hay que cambiar un esquema cultural dominante por otro, el imperialismo cultural europeo siempre será más divertido que las aportaciones de nuestros hermanos soviéticos. Si no es por los checos y los polacos el socialismo está perdido en lo que a producción artística se refiere. Ahí sí estamos jodidos.

—¿Y el cine ruso te parece muy malo? —preguntó Pablo, que siempre defendía la ortodoxia más que sus amigos.

—Está bien… Eisenstein y lo que tú quieras. Pero frente a eso yo te coloco a Truffaut y Fellini y Antonioni y Polanski y De Sica. Y de teatro y novela y pintura ¿qué me dices? De veinte, treinta años para acá todo es *borscht*. La Unión Soviética es un cementerio de arte frente a lo que se hace en Europa, ¡y ni qué hablar de América Latina! Ni tampoco voy a ser de los que niegan que hasta la cultura yanqui es más interesante. Porque si tengo que escoger entre *Por quién doblan las campanas* y *Así se templó el acero* yo sé con cuál de los dos me quedo —recitó en tonos fúnebres—: Seriozha, de pie en el techo del vagón y exponiendo su pecho al viento de otoño, tampoco sabía que marchaba al encuentro de la muerte… —Y mimó el escopetazo—: ¡BLAM!

—Ay, madre santísima —suspiró Carlos—. Hasta esta discusión se me hace que la estamos repitiendo por milésima vez. Galo, léenos el *Granma* en voz alta: a veces te sale muy bien esa gracia. ¿No hay por ahí en primera plana alguna crónica muy completa de la visita de una delegación rumana?

—No, por cierto, se me olvidaba —dijo Galo, yendo a buscar el periódico—. No sé si vieron esta foto realmente impresionante…

HERIDAS DE BALA CERCA DE CINCUENTA PERSONAS EN NUEVO ENFRENTAMIENTO DE LA POLICÍA CON MANIFESTANTES NEGROS EN ASBURY PARK, NJ, decía el texto que acompañaba la foto del motín.

—¿Tú sabes dónde queda eso? —preguntó Galo; y yo, que hasta ese momento me había enorgullecido de mi total desconocimiento de cualquier parte de Estados Unidos que no fuera Manhattan y el Brooklyn Academy of Music, tuve que decir que no. En todo caso, aunque estuviera en el estado de Nueva Jersey, y al parecer no muy lejos de la ciudad de Nueva York, el nombre parecía corresponder a uno de esos lugares del país en donde no hay ni crimen ni escasez ni conflicto y donde todos tienen la tez muy blanca y el pelo rubio. Como siempre, a los hombres negros los formaban en fila contra la pared y los humillaban. Pero ahora había tiroteos, como si se tratara de México, el Congo, Bolivia. Se cumplía así la exhortación del Che, que soñó con la existencia de «… dos, tres, muchos Vietnams».

—Qué vergüenza, chico, qué vergüenza —murmuró Carlos, pero yo sentí de pronto algo como euforia. Tuve la impresión de que se me abría una puerta de entendimiento al mundo—. Ahora sí ya está empezando la guerra —anuncié.

Era una idea que venía desarrollando desde hacía algunos días, o, ya que no tenía nada de original, puesto que la había leído veinte veces en la revista de la Casa de las Américas, digamos que hacía días que la venía aceptando y elaborando por cuenta propia. Ahora, sin habérmelo propuesto, la idea aprovechó la ocasión y salió borboteando sola: para que la Revolución fuera realmente mundial era indispensable que llegara al mismo centro vital del capitalismo, a las entrañas del monstruo, como hacían decir incansablemente a José Martí. Eso lo sabíamos todos, prologué. Y enseguida, ya entrada en el tema, declaré que todo parecía indicar el inicio de esta etapa final de lucha.

Mis amigos eran todo oídos. Cayó la tarde mientras yo explicaba el ya próximo cataclismo: la fragilidad del capitalismo de consumo, la disposición insurreccional del pueblo negro norteamericano, de los indígenas y los puertorriqueños. Los oprimidos que vivían en el centro mismo de la podredumbre capitalista serían los agentes de su destrucción. Saboreé el gusto de la retumbante terminología marxista. Extraía anécdotas de mi propia experiencia trabajando por años al lado de lavaplatos, mensajeros y cocineros. Evoqué su frustración, su volatilidad emocional después de infinitas jornadas de trabajo mal remuneradas, el callejón sin salida en el que transcurrían sus vidas. Haciendo caso omiso de la campanita de la conciencia, exageré también mi propia pobreza y privaciones. Lenguaraz como nunca, disfrutaba al escucharme. Cada frase me parecía de una lucidez inasaltable, y con ellas me explicaba a mí misma la lógica de una revolución, que se desprendía de la extrema vulnerabilidad de una sociedad, aparentemente estable, ante la irrupción del desorden. Dibujé un mapa de Manhattan y sus puentes, extraje estadísticas no sé de dónde: ¡imaginen! En este pedacito de tierra se encuentra reunido el ochenta por ciento de la riqueza de todo el mundo capitalista, ¡y resulta que es una isla! Cuando Harlem se insurreccione, no habrá nada más fácil que volar los puentes y aislar Wall Street. ¿Acaso no habían visto la película *La batalla de Argel*? Pues así mismo iba a ser. Sumergida como estaba en todas las incertidumbres que amenazaban con quitarle el sentido axial a mi existencia, disfruté de la certeza que por unas horas fue mía. «No habrá necesidad siquiera de forjar alianzas entre chinos, puertorriqueños, negros y chicanos», decreté. «Ya todos se conocen, porque conviven en las fábricas y las cocinas de los restaurantes.»

No cabía de exaltación, pero en cuanto Boris y Carlos me dejaron en la escuela, los asaltos, las emboscadas y batallas que habían ocupado tan vivamente mi imaginación se desvanecieron. Quedaron, en cambio, la infinita dureza de las cuatro paredes encaladas del dormitorio de Cubanacán y mi propia realidad: era una pobre bailarina inexperta que no sabía nada del mundo, y que tenía que esforzarse hasta para estructurar adecuadamente las clases de danza que se le habían encomendado. Como diría Mario Hidalgo, una *comemiedda*, sin rumbo ni certeza alguna. ¿Para qué servía? Ordené el estante de los libros, remendé un leotardo. Con una barra del jabón traído de México lavé la ropa de la semana en el lavabo del baño. ¿Para qué servía? Imposible saberlo si no dejaba de hablar sandeces y decir mentiras, si no sacaba bien las cuentas del proceso que estaba viviendo. Leí y releí la carta de Adrián. También había que sacar bien las cuentas con él: o me gustaba o no me gustaba. O iba a volver con él o no. Estaba decidida a encontrar respuestas, pero aunque toda esa noche dialogué conmigo y me escuché con cuidado, resultó imposible entenderme.

Adrián, llegaron completas y ensartadas todas tus palabras, estallando de una en una como buscapiés. Necesito preparar los ejercicios de la clase de mañana, y por dónde quiera que voy pisando estalla tu pólvora. Tal vez sería mejor no contestarte. De por sí las posibilidades que tenemos de leernos mal tú y yo son grandes, y luego estas distancias…

Dices que le tengo tanta fe a esta revolución, y escucho tu sarcasmo. No sé si le tenga tanta fe. No sé si me gusta este lugar. Sus rigideces y desórdenes no cuadran con los míos. Revolución aparte, no logro abstraerme de tanto reglamento, ni impedir que me vuelva loca el que todo funcione tan mal: que ni siquiera prenda la luz del baño y que demoren un mes en venir a componer la barra del estudio en el que me toca dar clases. Me ofende que la aspiración máxima de todos sea la igualdad y que se castigue toda desviación de la norma (¡y yo que lucho por ser irrepetible en todos mis actos!). Sin embargo, lo que sucede aquí me conmueve y he decidido entregarme a este proceso. Los bailarines somos obreros, chambeadores, gente de grupo y de conjunto y de sudor. Y de esfuerzos descomunales y empresas imposibles también. Entonces no puedo más que conmoverme ante la gran zafra que acaba de pasar, aunque haya fracasado, porque vi al país entero empeñado en una tarea que sacrifica a todos para beneficiar a todos, y recordarlo es como para ponerse a cantar de júbilo.

Tal vez nada de esto te interese porque eres budista y poeta, es decir, que adoptas una actitud pasiva ante la historia y tu modo de creación es solitario. Estoy segura de que la Revolución no te gustaría.

No sé si miento. No sé por qué me salen estas frases retóricas y por qué me importa tanto la Revolución cuando los revolucionarios que he conocido me parecen todos prepotentes y cuadrados y aburridos. No sé cómo reaccionaría si tuviera que pasarme el resto de la vida aquí. No logro distinguir entre la retórica y las culpas que no me dejan dormir, no sé si mis sentimientos son impostados. No sé si te gustaría la persona en la que me estoy convirtiendo. Desde que llegué me ha hecho falta un piso, un piso, algo que me salve del abismo y no encuentro nada que me parezca real. La danza que estoy ensayando ya no es real, Twyla ya no es importante, mis alumnos, que eran tan deslumbradoramente reales al principio, tan atrabancados y festivos y torpes, me empiezan a aburrir. Sólo de repente me asalta el recuerdo de tu piel tan blanca, y quiero creer que ahí puedo encontrar alguna salvación. Mármol ardiente, ruega por nosotros. Exaltación a tientas, ruega por nosotros. Urgente aliento en mi oído, ruega por nosotros.

Perdóname, no sé lo que hago, pero para que sigamos tratándonos es preciso que me creas algunas cosas. Te digo que preferiría morirme a traer un ser humano más al mundo. No soy capaz. Quieres que me comprometa a amanecer todos los días del resto de mi vida al lado tuyo, que piense con alegría en la eternidad en que te preguntaré todas las mañanas qué quieres de cenar por la noche, cariño. No sería capaz. Sé que me estoy condenando, pero no se me ocurre una alternativa posible ni contigo ni con nadie. Si quieres que algún día volvamos a mirar juntos el atardecer y a compartir la noche, eso quiero yo también, y si reclamas que mi tacañería es peor que la tuya, tendrás razón.

Quisiera escribirte una carta coherente y divertida (porque a veces estoy coherente y divertida), pero salen las frases sin ton ni son. Antes era una persona y ahora soy un rompecabezas con todas las piezas revueltas.

No te había dicho, pero decidí acortar mi estancia en la ENA. Me iré en cuanto termine el curso. De aquí a entonces los días se me hacen largos. Aunque no te guste Fidel pienso que La Habana sí te gustaría, y me gustaría enseñártela. Desde el apartamento de mi amigo Galo se ve el mar a lo lejos, y es así como más me agrada. El tumulto humano de la ciudad primero, luego una niebla verde de majaguas y tamarindos, y marchando entre y por encima de sus copos un desfile de palmeras. Allá en el fondo un horizonte azul, del otro lado del cual a veces estás tú.

Hattie sólo se quedó el fin de semana en Cubanacán. En vista de su gran importancia para la escuela, Elfrida y Lorna habían conseguido autorización para hospedarla en el hotel más prestigioso de la ciudad, el Habana Libre, pero no fue sino hasta ese lunes que se pudieron completar los trámites para su traslado. La vi partir con tristeza, pero a los pocos días se dio un cambio inesperado y radical en mi vida en Cuba. Me imagino que una vez más se debió a la intercesión de Lorna, a quien le habrá provocado malestar que una de las tres profesoras invitadas de la escuela estuviera disfrutando de los mayores lujos que estaba en condiciones de brindar la Revolución, mientras que Nancy y yo seguíamos en los dormitorios de la ENA. Tal vez fue de Elfrida la idea de trasladarnos. El caso es que nos avisaron a Nancy y a mí que también se nos ofrecería alojamiento en el Habana Libre. Sentí un respingo de culpa de dejar a los alumnos, pero me dije que de cualquier forma, una vez prohibidas las visitas a mi habitación, ya casi no hablábamos fuera del salón de clases.

Cuando se inauguró en 1958, el hotel se llamaba Havana Hilton. Tal vez no fuera el más ostentoso de los hoteles de la edad de oro del turismo caribeño —ese título le correspondía al Riviera, con su piscina enorme y sus gigantescos hipocampos y delfines de yeso que adornaban (es un decir) el vasto lobby— pero sí fue un hotel lujoso y ultramoderno, aunque doce años después se notara el deterioro. Tenía un lobby en forma de ameba con una aparatosa escalera volada, y dos bares, uno de los cuales compartía el último piso con un restorán que tuvo grandes pretensiones.

Subsistían de los viejos tiempos los salones de conferencia, un maloliente gimnasio, una central telefónica que tramitaba llamadas internacionales y una cafetería «estilo americano», con barra y taburetes que todavía giraban en redondo. En la lista de lo perdido para siempre se incluía un casino y los aparatos de televisión que alguna vez iluminaron cada habitación con su luz parda y gris. En la lista de huéspedes ilustres figuraba en primerísimo lugar el comandante en jefe, que vivió allí junto con sus colaboradores más cercanos durante los felices tiempos de caos que siguieron a su entrada triunfal en La Habana.

El edificio, que era alto y feo en el mejor estilo modernista, ocupaba una esquina del crucero más activo de la ciudad, 23 y Línea, y la diferencia entre el rumor de selva que invadía todos los silencios de Cubanacán y el de motores asmáticos que ahora se filtraba por el balcón de mi cuarto no era grata. También me alarmó la vista, que desde el piso en que me encontraba —once, tal vez— abarcaba los techos de los edificios de apartamentos a un lado del hotel, y, volteando a mirar a la derecha, los pisos altos de los inmuebles comerciales de Rampa. La avenida descendía unas seis cuadras largas desde la loma del hotel hasta terminar en el rompiente de olas del Malecón, e inclinándome sobre el barandal alcanzaba a ver una esquina de mar, pero el viento chiflaba aquí con una insistencia desagradable, me pareció que los barrotes de aluminio no estaban hechos para resistir mi peso, y me devolví rápidamente a la habitación. Pero en realidad Adrián tenía razón; una persona no necesita más que un cuarto para vivir, y éste tenía todo lo que hacía falta: un buen closet, un baño cómodo y una especie de antesala con un escritorio y hasta lámpara. Dos camas gemelas formaban una «ele» en un rincón del cuarto, remedando ser sofás. Los colores eran una combinación de lodo y bilis, y en general en belleza le llevaba toda la ventaja mi austero cuarto en el dormitorio de la escuela, pero había luz por todos lados, colchones firmes, servicio de lavandería eficaz, agua caliente a chorros y ni un solo mosquito. Además, estaba en el ombligo de La Habana moderna: al frente quedaba el cine donde cambiaban con mayor frecuencia las películas, y en contraesquina quedaba el parque de la heladería Coppelia. Siguiendo por ese camino se entraba al Vedado. A unas cuantas cuadras en dirección contraria estaba la universidad y más allá, La Habana Vieja. También quedaba cerca la casa de Carlos y no lejos, la de Galo. Lo mejor de todo era que Teresa vivía a la vuelta. No estaba permitido recibir visitas en las habitaciones del hotel, me explicó cuando la invité a verme, pero ningún reglamento impedía que yo la fuera a ver a ella.

El compañero que nos tomó los datos en la recepción advirtió que nuestra estancia sería estrictamente provisional y que terminaría el primero de agosto, al terminar las conmemoraciones del mes patrio, pero una pareja de actores chilenos que tenía a su cargo la dirección de la escuela de teatro en la ENA se ocupó de que no fuera así. Al vernos partir con maletas camino de 23 y Línea habían armado una protesta tan ruidosa e ininterrumpida que Mario Hidalgo no tuvo más remedio que rendirse: una semana después de nuestra llegada al hotel los chilenos nos invitaron a brindar la de ellos con un trago de ron. Llevaban ya un año en las soledades de Cubanacán y entre las luces y la algarabía del hotel sentían que acababan de desembarcar en París. «¡No pasarán!», gritaban muertos de risa, imaginando que ya venía Mario Hidalgo a llevárselos a la ENA de vuelta. «¡Habana Libre o morir!»

«Patria o muerte ¡Venceremos!» El murmullo patriótico que se escuchaba a lo lejos en Cubanacán era un rugido en el agitado crucero de Línea y 23, donde cada hombre y cada mujer parecían portaestandartes de la nueva Cuba. Se acercaba el 26 y proliferaban los afiches con imágenes del Che o con una representación abstracta del cuartel Moncada en lo alto de una loma, incendiándome la imaginación, en la que Ernesto Guevara y el Moncada se unían en un solo instante luminoso de la historia, como si el Che hubiera dado su vida por nosotros en el mismo Monte Calvario en el que Fidel, derrotado, juraba resurgir y vencer. No era sólo impresión mía: la historia de la Revolución se enseñaba como una serie de acontecimientos predestinados e irrevocablemente enlazados entre sí: el triunfo de la Revolución y la existencia misma de los héroes fueron consecuencia inevitable del Moncada, aprendí entonces.

En realidad, el asalto al cuartel fue un fracaso lleno de accidentes, y en cualquiera de ellos Fidel pudo haber perdido la vida o el rumbo para siempre. Lo indiscutible tanto para sus biógrafos como para quienes lo mirábamos agigantado y preclaro, es que en aspectos fundamentales el Fidel del Moncada y el Fidel de la zafra de los Diez Millones eran la misma persona; atrevido, atrabancado, en busca siempre de la acción totalizante y de la gloria. Fue un gran romántico de la política al estilo del siglo xix, pero con singularidades del siglo xx —la existencia del marxismo-leninismo— y una idiosincrasia propia: siempre apuntalaba su fe en el inminente triunfo con un recuento minucioso y enardecido de cifras, estadísticas, argumentos y justificaciones históricas. Del mismo modo en que me deslumbraba ahora, Fidel había reclutado años atrás a los voluntarios del Moncada —con la arrolladora fuerza de su personalidad, pero también con gráficas dibujadas con primor, cronogramas minuciosos, presupuestos y tiempos para la consecución de las armas—. Ante semejante avalancha de datos «objetivos», como se decía entonces, no quedaba más que seguir al héroe o quedar como un cobarde. Tan meticuloso era el análisis y tan justas eran las causas de Fidel —¡tan valiente!— que no se podían juzgar sus fracasos: era Fidel contra el destino y, evidentemente, contra el destino a veces se pierde.

En aquella lejana madrugada en Santiago de Oriente ganó el destino. El grupo de activistas que después pasaría a llamarse Movimiento 26 de Julio todavía no tenía nombre. Era un conjunto de hombres, principalmente: oficinistas y pequeños comerciantes la mayoría, estudiantes y profesionistas algunos otros, que creían en Fidel y en una causa que a veces llamaban «fidelista». No se sabe con precisión cuál era la estrategia detrás del asalto, pero a grandes rasgos el plan era tomar el cuartel Moncada y provocar la desmoralización del ejército y el estallido de una rebelión popular. La columna de asalto se formó en La Habana a lo largo de varios meses: organizados en células para evitar las suspicacias de la policía batistiana, los seguidores de Fidel —que ya para esas fechas sumaban más de mil— hacían entrenamientos de combate, mientras procuraban las armas el líder y su más próximo allegado, Abel Santamaría. Ninguno de los dos tenía formación militar, pero Fidel estudió un plano del cuartel y diseñó los movimientos tácticos. La acción se llevaría a cabo durante la semana del famoso carnaval de Oriente, decretó, aprovechando que en el Moncada gran parte de la tropa estaría de licencia y el resto con poco ánimo combativo, y que a su llegada de La Habana los rebeldes pasarían inadvertidos entre los celebrantes del carnaval. Con la ayuda de un poeta amigo, Fidel escribió una extensa declaración que se habría de leer por radio al anunciarse el triunfo del asalto. La enamorada de Fidel de aquel entonces, una mujer bella y audaz casada con un médico de la alta sociedad, escogió la música de fondo para la lectura de la proclama: Beethoven y Chopin.

No sonaron los acordes de la *Pathetique* ni se escuchó nunca la proclama porque en la madrugada del asalto sucedió todo lo que suele ocurrir en estos casos. Algunos compañeros se perdieron en las calles de una ciudad desconocida y no llegaron a la cita. A otros se les descompuso el carro. La patrulla militar que tenía que pasar a una hora determinada pasó unos minutos después y el oficial de guardia que no tendría que haber pasado nunca pasó en el peor momento. El motor del Buick que manejaba Fidel se atascó en el preciso instante del asalto. Y así por el estilo. Murieron algunos rebeldes durante el desastre; a lo largo de las terribles jornadas de cacería y tortura que siguieron caerían muchos más. La mayoría de los dirigentes logró huir, pero no Abel Santamaría, cuyos ojos le llevaron los militares a su hermana, ni tampoco Boris Santa Coloma, el novio de Haydée, que fue castrado antes de morir.

Fidel ni siquiera había cumplido veintiséis años aquel primer 26 de julio. Yo ya tenía veintiuno, recordaba con insistencia durante el ir y venir al salón de clases en Cubanacán, y mi vida entera se podría echar a la basura sin que nadie sintiera la falta. Los ensayos de la obra de Sandra Neels eran ya un tiempo muerto en el que muchas veces me quedaba boca arriba en el piso, contando los ladrillos de la bóveda hasta cumplir la hora reglamentaria. Las mismas clases se me habían vuelto laberintos en que, al no encontrar la transición de una secuencia de movimientos a la siguiente, terminaba por pedir innumerables repeticiones de un mismo ejercicio. Orlando perdía flexibilidad día con día. Yo estaba pasando demasiado tiempo sola, y fue por el momento una salvación la presencia alegre y sensata de Hattie y la mudanza al hotel. Me distraje con el barullo y la animación de Rampa y el lujo de un teléfono en la habitación que me permitía mantenerme en contacto con Galo y sus amigos. Y sobre todo con la refulgente perspectiva del restaurante en el *pent-house* de nuestra nueva morada, al cual subimos con ilusión famélica Nancy y yo, en compañía de Hattie.

El restaurante tenía albos manteles, cubiertos pesados y aire acondicionado, y un rigor uniformizante e institucional —una falta de interés por cualquier toque decorativo o sensual, por pequeño que fuera— que lo hacía parecer comedor de internado de lujo. De hecho, era como yo me había imaginado inicialmente que sería el comedor de la escuela. Pero a falta de personalidad propia, ofrecía el más intenso y exótico cosmopolitismo en sus mesas. En una se encontraba una delegación palestina, fácilmente reconocible por las telas de cuadritos que usaban en la cabeza. Se comunicaban con su «responsable» cubano a través de una intérprete que les traducía al francés. En otra mesa cuatro hombres con trajes de colores claros y corte un poco cuadrado, serios, negros, cuarentones y en lo absoluto parecidos a Bob Marley, hablaban entre sí con el embriagador acento jamaiquino. En una esquina comían un cubano y otro hombre negro y bastante fornido, de quien se rumoraba, me enteraría después, era uno de los pocos secuestradores de aviones que los cubanos no habían refundido en una cárcel en cuanto aterrizó. En la esquina contraria dos americanas reían a carcajadas, sentadas con las piernas muy abiertas, las faldas alzadas arriba de las rodillas y las pantorrillas cubiertas de vellos rubios. Hattie, Nancy y yo nos dirigíamos a una mesa con vista al parque al lado de la suya, pero al verlas sentí vergüenza y desvié nuestra fila hacia una mesa del centro. En la de al lado almorzaban apaciblemente tres hombres bajitos y de constitución más bien cuadrada, con pelo corto muy negro y piel del exacto color del helado de vainilla.

En cuanto nos acercamos me di cuenta de que eran vietnamitas. Sentí que palidecía y enrojecía de terror, y rezando por que nadie se fijara en mi trastorno escogí la silla más retirada de su mesa. Pero Hattie y Nancy también estaban alteradas. En la boca de las dos se formaba una «o» de sorpresa y confusión. Ya era muy tarde para cambiar de mesa, pero también era muy difícil sentarse tranquilamente, desdoblar la servilleta y pedir de comer como si no pasara nada, cuando al lado teníamos a alguien que tal vez había huido de una lluvia de bombas desatada por el país en el que yo vivía, que tal vez había tenido que rescatar a familiares suyos de los escombros, que tal vez ahora mismo escuchaba nuestros murmullos en inglés y entendía que veníamos del país del trueno y de la muerte. Tal vez serían ellos, los vietnamitas, los que ahora se pondrían de pie, el placer del almuerzo dañado por el recuerdo, y se irían a buscar otra mesa u otro comedor. Pero no. Los tres hombres siguieron charlando en voz baja y dando sorbos pausados a sus cafés, como si la situación fuera aceptable.

Vi que Hattie tenía los ojos enrojecidos. Fue al baño. Cuando regresó los vietnamitas se dirigían ya a la salida. «My tax dollars…», dijo Hattie, viéndolos salir. Sus impuestos ayudaban a pagar las bombas que su gobierno lanzaba todos los días sobre aquel verde país.

Hattie tenía la voz estrangulada.

—Esto es insoportable —dijo. Y luego agregó con más calma, articulando cada palabra—: Amo a mi país, me siento muy orgullosa de nuestro carácter nacional, de nuestras tradiciones de solidaridad e igualitarismo y *fairness*, esa palabra tan difícil de traducir, que significa justicia equitativa y ecuánime, pero ahora vivo con vergüenza diaria, no puedo leer el periódico sin bochorno, me resulta absolutamente intolerable estar de alguna manera involucrada en el asesinato de miles y miles de personas inocentes, y no sé qué hacer.

—Yo no —dijo Nancy lentamente—. Yo no amo a mi país. Lo odio, y me da vergüenza tener que decir que soy americana. —Tenía el pelo rubio rojizo, la tez sumamente clara, y las mejillas siempre muy coloradas. Ahora que enrojecía se veía cómo se le congestionaba debajo de la piel toda la red de venas de la cara—. ¿Por qué no pude haber nacido cubana?

Llegó por fin un mesero. En cuestión de segundos quedamos absortas ante la carta y la canasta de pan que nos trajeron —rollos fofos y de sabor indetectable—. Se esfumaron los problemas de conciencia: Nancy alzó la mirada y vio que en la mesa de al lado reposaba junto a las tazas vacías un copetito de mantequilla, intacto en su cuenca de cerámica.

—¡Miren! —exclamó—. ¡Llevo tres meses sin ver esto! —Frunció los ojos y desvió la mirada del codiciado plato—. Ay, Dios mío… ¿Ustedes creen que sería muy malo que yo agarrara esta mantequilla así… —sacó la mano de un zarpazo— y se la untara a mi pan así? —Y el pan con el manjar hurtado a la mesa de los vietnamitas desapareció en el acto.

—De la carta no tenemos más que los postres —anunció el mesero—. Como plato fuerte les puedo ofrecer sirloin o ancas de rana.

Nos mareamos. Del arroz con jamonada a semejante lujo. Hattie y Nancy pidieron la carne, pero mi natural esnobismo me llevó a ordenar las ancas de rana, que nunca había probado. A partir de ese día, ya no le podría brindar a Fidel ni siquiera mis sacrificios, pues más bien le debía el estar viviendo en el lujo más extremo que hubiera conocido jamás.

—¿Vino? —preguntó el mesero—. Tenemos un vino tinto búlgaro muy bueno.

—Me dijeron que Fidel se fue esta semana a bucear. En un sitio que dicen que es el paraíso, muy cerca de Playa Girón —dijo Nancy ya con el café. Tenía amigos mucho más enterados que los míos en temas de la Revolución—. Y me dijeron que sí, que definitivamente es seguro que Celia Sánchez es su compañera.

Vivíamos pendientes de la vida amorosa de Fidel, guardando la ilusión —por lo menos en mi caso— de que pudiera haber en ella algún resquicio por el que nos pudiéramos colar las aspirantes a su abrazo iluminado. Por eso, porque era la competencia, a pesar de que me pareciera aún menos agraciada que yo, Celia

Sánchez me caía mal. O por lo menos es la única explicación que encuentro ahora a la marcada antipatía que sentí desde el primer momento por una mujer con fama de trabajadora, sencilla e incondicionalmente leal a mi ídolo, y que efectivamente fue la mujer más importante en la vida de Fidel hasta el momento mismo en que murió de cáncer, en 1980. Nancy, que siempre me pareció muy centrada, y que además era concienzudamente feminista, profesaba admiración por Celia. Llevaba la cuenta de las mujeres que gozaban de algún poder en Cuba, porque decía que eran muy pocas. Esta falta, que me tenía sin cuidado, estaba al centro de los pocos comentarios negativos de Nancy con respecto al proceso revolucionario. Criticaba la falta de igualdad absoluta, a una década ya del inicio del proceso socialista; el racismo de la sociedad cubana –una pandemia, en realidad– que la Revolución combatía apenas con tibieza, y la situación de las mujeres cubanas. «Está Haydée», decía Nancy, haciendo la lista, «Celia Sánchez, Melba Hernández –que ocupaba la dirección titular de los Comités de Defensa de la Revolución– y Vilma –la mujer de Raúl Castro, Vilma Espín, más conocida como *la caquita de ratón* en casa de Galo–. Son muy pocas, pero además, todas son de los tiempos de la lucha clandestina y el Movimiento Veintiséis de Julio. Es como si en la guerrilla el movimiento revolucionario hubiera sido más capaz de encontrarles un lugar a las mujeres que ahora.»

En efecto, eran pocas las mujeres que tenían alguna influencia, pero Fidel les debía mucho. Junto con Melba Hernández, Haydée había sido retaguardia invaluable durante la preparación del asalto al Moncada. Vilma Espín había actuado de correo en la clandestinidad y en la Sierra Maestra. Celia –que fue correo, intermediaria, secretaria, organizadora, asesora, esposa– se incorporó al Movimiento 26 de Julio cuando Fidel todavía estaba en la cárcel, seducida por la audacia del héroe del Moncada, y tal vez por el discurso que Fidel pronunció, como abogado de su propio caso, el último día del juicio en su contra.

El país entero seguía conmocionado por la noticia del asalto y al pendiente de la suerte de los rebeldes que iban cayendo presos. Una periodista sacó de la cárcel un rollo con fotografías de las víctimas muertas y torturadas. Se decía que el dirigente de la intentona insurreccionista había caído preso y ya lo habían matado. Otros afirmaban que sí había logrado huir.

Efectivamente, Fidel, que al momento de iniciar la acción del Moncada llevaba noventa y seis horas consecutivas sin descanso, tuvo aún reflejos para entender desde el primer instante que la toma había fracasado. A los treinta minutos dio la orden de repliegue y huyó hacia el monte con algunos de sus militantes. Al sexto día, se decía —y no en los libros de texto sino en familia, con el placer que da encontrar las fallas de los hombres de mármol—, una patrulla del ejército lo descubrió en un bohío campesino, tendido sobre el suelo al lado de dos camaradas, profundamente dormido.

Tratándose de un rebelde común y corriente, es muy probable que la historia hubiera terminado allí. Pero el protagonista no era como los expedicionarios que se habían lanzado contra Trujillo cinco años atrás, ni como aquellos que de vez en cuando armaban un complot contra Anastasio Somoza en Nicaragua, ni por cierto, como los anticastristas tan opíparamente financiados por Estados Unidos, que en Playa Girón se batieron en retirada para no volver jamás. Era Fidel, que nunca ha sido capaz de reconocer la derrota porque sabe perfectamente que él no puede fracasar; lo que falla son las circunstancias. Tres meses después de que lo bajaran esposado del monte, el dirigente de los fidelistas presentó el sumario y la defensa de su propio caso. Los magistrados del Tribunal de Emergencia de Santiago que lo escucharon esa mañana habrán quedado vivamente impresionados: por más en desacuerdo que estuvieran con las ideas del reo, era un orador inolvidable, que con pronunciamientos floridos y un acopio deslumbrante de datos precisos convertía el juicio en su contra en un enjuiciamiento del régimen de Fulgencio Batista, de su arbitrariedad, corrupción e injusticia inmunda: «Sólo un hombre en todos esos siglos», clamó, «ha clavado sus garras en la carne de dos generaciones de cubanos». Leyó las leyes revolucionarias que hubieran sido proclamadas inmediatamente después del triunfo del Moncada: abolición de la Constitución de Batista, tierra para todos los campesinos, participación del treinta por ciento a los obreros en sus empresas. Justificó extensamente la rebelión con un acopio de citas: «Juan Locke, en su *Tratado de gobierno*, sostiene que cuando se violan los derechos naturales del hombre, el pueblo tiene el derecho y el deber de suprimir o cambiar de gobierno». Habló dos horas, y al final, encendido, incendiado, fulminante, declaró: «Condenadme, no importa. ¡La historia me absolverá!».

Fue un discurso épico, pero en el orden natural de las cosas tendría que haber quedado en el olvido veinticuatro horas más tarde. Los jueces condenaron a Fidel a quince años de prisión, que habrían de comenzar con un largo encierro solitario, y se dio curso al siguiente caso en la lista. Pero jamás Fidel ha estado dispuesto a que su recuerdo se pierda de la faz de la tierra. A lo largo de las semanas que siguieron reconstruyó y amplió lo que había dicho ante los jueces, lo copió en tinta invisible hecha con jugo de limón, lo fue sacando de a pocos y clandestinamente de la cárcel, e hizo que su red legal de apoyo lo pasara en limpio y distribuyera más de veinte mil copias. Éste es el texto indignado y romántico que se conoce hoy por el título «La historia me absolverá», la piedra angular de la Revolución cubana.

Tal vez en ese momento lo leyó Celia Sánchez y decidió su adhesión al Movimiento. Al igual que Castro, era de la provincia de Oriente y, como él, hija de la clase media y activista de ya larga historia (aunque en su caso, el fervor radical fuera herencia de su padre, un médico prestigioso y con inquietudes sociales). Al poco tiempo de su incorporación ya se encargaba de llevar alimentos a la puerta de la cárcel, y en un momento en que el Movimiento corría el peligro de entrar en desbandada, contribuyó su notable habilidad organizativa. Era tradición en Cuba que el dirigente en el poder otorgara una amplia amnistía a los presos en vísperas de elecciones. No lo hizo Fulgencio Batista, pero gracias en gran parte a Celia, una buena cantidad de mujeres cubanas salió a la calle en apoyo de la iniciativa que reclamó una amnistía a favor de los presos del Moncada. Fidel pudo abandonar la cárcel de Isla de Pinos en mayo de 1955. Seis semanas más tarde optó por el exilio y viajó a México. Regresó a la isla el 2 de diciembre de 1956, a bordo del yate *Granma* (nombre que homenajea a la abuela del dueño estadounidense), y en compañía del Che. Celia se reunió con él en la Sierra Maestra. Dos años más tarde, el 1 de enero de 1959, el Ejército Rebelde al mando de Fidel Castro tomó la capital.

Fue el momento de mayor euforia en toda la historia de la Revolución cubana; el país completo parecía haberse volcado a las calles a recibir a «los barbudos». ¿Por qué, entonces, se festejaba el 26 de julio más que el 1 de enero?, me preguntaba yo, completando la lectura de un cuaderno de historia más. Tal vez, respondo ahora, porque es más dramático, más agarrador, el relato de aquella trágica madrugada que el de la entrada triunfal a La Habana. Tal vez porque la Revolución buscaba afianzar la supremacía del Movimiento 26 de Julio por sobre todos sus rivales en las trincheras de la oposición. Tal vez porque aquel 1 de enero fue una fiesta colectiva de todos los cubanos con sus hijos guerrilleros, mientras que el protagonista indiscutido del 26 y de «La historia me absolverá» fue Fidel. En Cuba, todos entendían sin problema, él era la Revolución, y sus acólitas –Haydée, Melba, Vilma, Celia– subrayaban el hecho con su ejemplar devoción femenina.

Lorna esperó a que Nancy saliera de su clase y se nos juntara a Hattie y a mí para hacer el gran anuncio. «Les tengo una sorpresa», dijo entonces. «Logramos meterlas a la lista de invitados oficiales para el aniversario de la Revolución.» ¡Invitadas oficiales de la Revolución! Estallamos las tres en una polca festiva, gritando y aplaudiendo a Lorna, y ella, siempre tan atribulada, rió con nosotras. Como invitadas podríamos asistir a algunos eventos especiales, explicó, y también nos llevarían de paseo, pero lo mejor era que para el acto central del 26 de julio estaríamos en la mismísima tribuna central desde donde siempre hablaba Fidel. ¡Cerca de Fidel! La esposa de Manuel Piñeiro rió de nuevo, apenada de pensar que tuviéramos tanto que agradecerle. «Creo que tal vez no al lado de Fidel sino un tantico más lejos. La tribuna es muy grande. Pero lo podrán ver y escuchar sin problemas, y van a estar sentadas muy cómodamente.»

«Hay otra cosa», añadió. «Para lograr esto tuvimos que inscribirlas como delegación, porque como individuos sólo pueden asistir personas un poquito más famosas que ustedes. Siempre son delegaciones. Entonces me van a perdonar, pero en la lista van a quedar como la "Delegación mexico-norteamericana de técnicos extranjeros".» Ahora sí soltó la carcajada, y nos miró entre divertida y pidiendo disculpas. «Está muy bien», mentí, rabiando por dentro de que se ocultara ante el mundo nuestra condición de artistas. Pero realmente no importaba… «¡Todas a la plaza con Fidel!»

No hay mejor vida que la de un delegado. Junto con otros afortunados invitados a conocer el paraíso revolucionario, nuestra pequeña delegación técnica y binacional viajó en un capullo de aire acondicionado hasta lo alto de una loma. Ahí bajamos del ómnibus y nos encontramos en una fresca selva, reserva natural, donde lanzamos suspiros de admiración frente a una multitud de orquídeas, helechos y colibríes. Con aire acondicionado nos llevaron a La Habana Vieja. Tomamos daiquiris en el bar El Floridita y unos pasos más adelante, en la Bodeguita del Medio, bebimos mojitos y perdimos el recato y la mesura frente a enormes pirámides de carne de puerco frita –aquellas masitas con las que soñaba mi amigo Pablo– con su séquito monumental de arroz, frijoles negros y tajadas de plátano maduro. Y más mojitos. Yo, que no sabía tomar, no pude resistir la fantástica mezcla de yerbabuena, azúcar, limón y ron, bebí un mojito entero y pasé la tarde riendo como una tonta. Luego nos llevaron en fresca peregrinación a la casa de Papa Hemingway. Muchos de los delegados ya habíamos visto los amplios jardines y los claros ambientes de la casa, porque una de las escenas clave de la película cubana más famosa, *Memorias del subdesarrollo*, ocurre ahí. El protagonista deambula por la casa-museo, escondiéndose de la joven mujer que lo persigue y tratando de encontrar la perspectiva adecuada para juzgar a Hemingway y su obra, al cazador compulsivo y al turista intelectual que vivió veinte años en la playa de San Francisco de Paula sin haberse interesado jamás por Cuba. ¿Por qué tan gran novelista no fue capaz de entender la Revolución?

Construida sobre el mar en las afueras de La Habana, la casa de Hemingway era como una jaula para atrapar el sol. Una luz deliciosa iluminaba los muebles de caoba y los frescos pisos de mármol, dándole a todo lo que tocaba un brillo ligero y cálido. En este castillo de aire claro Hemingway escribió *El viejo y el mar*, y de ahí salió por última vez a finales de 1960, un año después del triunfo de la Revolución. Se instaló en Idaho y seis meses más tarde, sitiado por el alcoholismo y la depresión, apuntaló un rifle de cacería contra el suelo, lo encañonó contra su paladar y se voló los sesos.

—Estás pensando en su muerte, ¿no es cierto?

Me causó sobresalto un hombre barbudo y con cara de roedor nocturno que me hablaba al hombro. Al sonreír, como ahora al presentarse, no dejaba de ser feo, pero resultaba encantador. Dijo que era integrante de la delegación chilena, y médico. Por esto último le producía un especial impacto un suicidio como el de Hemingway, a él que se pasaba la vida luchando contra la muerte.

—Tenía todo, absolutamente todo, ¿te das cuenta? Peleó en la Segunda Guerra Mundial como el hombrazo que era, escribió las grandes novelas de este siglo, vivió el triunfo de una revolución como ésta, y luego no resistió más. Y uno desviviéndose con la penicilina y la quimioterapia como un imbécil para que al final un suicida venga y le diga: ¿Sabes qué? tus pobres remedios no resuelven las cosas que verdaderamente importan… —Mi interlocutor interrumpió en seco su discurso y miró por la ventana—. ¡Pero este jardín es una maravilla!… dan ganas de dejar de pensar tonterías y convertirse en palmera.

¿Y yo qué hacía?, quiso saber.

—¡Claro! Bailarina. ¡Qué otra cosa podías ser! Ponte contra esa palmera para tomarte una foto.

Manuel era de esas almas bondadosas y gregarias que en los viajes de excursión se encargan de conocer a todo el mundo, tomarles fotos y apuntar la dirección de cada retratado, y que luego cumplen con su promesa de mandar la copia. Se apresuró a aclararme que no había venido a Cuba en un viaje de simple turismo. Faltaban menos de dos meses para las elecciones presidenciales en Chile, que ganaría, esta vez sí, sin posibilidad de duda, el candidato del Partido Socialista. Se llamaba Salvador Allende, y ya los teatreros chilenos me habían hablado de él.

—Médico como yo —dijo Manuel—, y revolucionario de tiempo completo. Gran hombre, de gran corazón.

El propio Manuel no era médico de consultorio sino especialista en salud pública; se ocupaba sobre todo de la salud preventiva, apuntó, actividad que, en América Latina, con frecuencia se limitaba a desesperarse por las condiciones de vida de los pobres. Había viajado a la isla con miras al trabajo que le esperaba cuando triunfara su amigo, pues lo que había hecho Cuba en materia de salud no tenía precedente en la historia.

—Me imagino que tú cuando ves por primera vez a una persona (a mí, por ejemplo) te fijas sobre todo en si está conformado armónicamente o no. (¿Que no es cierto? Te vi mirándome.) Yo por costumbre muy arraigada sólo veo enfermos y sanos. Y desde que llegué me siento como Aladino en la cueva de los tesoros, deslumbrado. ¡Mira a tu alrededor!

Y era verdad. Viéndolo ahora con sus ojos el paisaje cubano era un refulgente panorama de cuerpos sanos, musculosos y activos, dientes blancos, piel sin sarna ni las oscuras señas que la desnutrición tatuaba en los cuerpos de los niños de mi país, y que de tanta costumbre yo ya ni percibía. Llevaba marcado en el recuerdo, sí, los entierros infantiles, la procesión de cirios y flores y un pequeño ataúd blanco que era como parte del folclor de cualquier excursión a un pueblo mexicano. Ahora por primera vez notaba que en la isla no había sabido de niños muertos. Hasta el último niño campesino iba a la escuela, recibía todas las vacunas y acudía con un médico cuando se sentía mal. También todos los adultos cubanos tenían garantizada la atención médica. Y como no sobraba la comida, tampoco abundaban los gordos. El resultado era un despliegue de plenitud física y el sosiego elemental que produce tener la salud garantizada.

—¿Ves tú? Es como cuando uno sale de la ciudad y respira aire limpio. No toma conciencia de ello, pero inmediatamente se siente mejor.

—¿Y eso vas a hacer en Chile? ¿Poner la salud igual que aquí? ¿De veras van a ganar?

—Verás que sí. Entre Fidel y Allende van a transformar América Latina.

—Y el Che también, ¿verdad? Porque él ya transformó todo. ¿Nunca te sentiste culpable de no dejar la medicina como él?

—No, yo soy médico. Él era el Che. Hombre, ¡alguien tiene que poner las inyecciones!

Tenía razón. Sin médicos se acababa el mundo. Hasta en Vietnam eran parte fundamental del esfuerzo de guerra. En cambio, sin bailarines no pasaba nada.

—Me parece que estás pensando otra vez en la muerte. Y el remedio es que te pongas aquí contra este muro de piedra para que te pueda tomar otra foto. Porque para las fotos hay que sonreír.

Las fotos que me tomó Manuel no llegaron nunca, seguramente porque a partir de esa fecha ya no tuve dirección fija. Y después, él tampoco. Pensé en él tres años más tarde, cuando su amigo Salvador Allende, que efectivamente resultó electo presidente de Chile, se encañonó en el paladar un AK-47 que le había regalado Fidel y se voló los sesos. Las tropas al mando de la junta militar golpista habían tomado el Palacio de la Moneda y estaban a punto de llegar hasta su despacho. Cuando me enteré del golpe no pude recordar bien el apellido de Manuel, pero años después le hice su descripción a algún chileno en el exilio que me dijo que sí, que había sido viceministro de salud de Allende y que había logrado salir con vida del terror pinochetista. Por el momento, paseando entre los rosales y palmeras del jardín de Hemingway resultaba imposible imaginar el triunfo pacífico de un socialista revolucionario, pero por simpatía a su amigo ahora deseaba de todo corazón que fuera cierto.

Comida y trago, playa y excursiones. Ésta era la Cuba que conocían la mayoría de los peregrinos a la isla. Pero a los delegados del 26 de Julio también les interesaban muy particularmente otro tipo de paseos. Con la notable excepción de la delegación mexico-norteamericana, eran todos revolucionarios de carrera —o gente como Manuel, que tenía una profesión, pero que la ejercía en el terreno de la política—. Sentían una enorme curiosidad por abrir la capota de la Revolución para ver cómo era el motor por dentro, y no querían perder el tiempo. En aquel entonces un militante de izquierda que quisiera conocer la isla de sus sueños no podía sencillamente pedir una visa e ir de turista: hacía falta ser invitado, y el gobierno invitaba a muy pocos. Entre los cien o doscientos delegados que subían y bajaban con nosotras a los autobuses gélidos seguramente había más de algún vividor de la causa revolucionaria, pero la mayoría se había ganado sus invitaciones con trabajo, prestigio, sacrificio y muchas veces con tortura y cárcel. Éstos eran los extranjeros –principalmente latinoamericanos– a quienes la Revolución deseaba exaltar, y aunque no les mostrara a ninguno el cuarto de máquinas, sí los llevaría a ver los logros que a la Revolución le interesaba exaltar de sí misma. Otra manera de decirlo es que fuimos a conocer las cosas con las que a la Revolución le gustaba soñar, y puesto que a todos los delegados les gustaba soñar con la Revolución, en esas últimas visitas antes del 26 de julio huéspedes y anfitriones entraron juntos a un terreno gozoso, casi lúbrico, de fantasía compartida.

Las más aplaudidas fueron las vacas. Eran irresistibles, tan gordas y ecuánimes y estúpidas, tan ajenas al triunfo de su propia existencia. Nos las presentaron en una granja experimental en las afueras de La Habana, desde cuyas esmeraldas planicies y blancos laboratorios era imposible adivinar la miseria del campo. Era esta granja, precisamente, la que iba a acabar con la miseria para siempre, anunció el director. Hablaba como si fuera una parodia de Fidel, con idénticas pausas, reiteraciones y tono discursivo.

–La tarea que enfrentamoh nossotroh aquí no eh fácil –arrancó, parándose con los pies abiertos y el pecho bien adelantado, como desafiando tiros–. Ejta Rrrevolución… [*pausa*] se ha commprometido… [*pausa*] a garantizarle a cada uno de susijo un litro de leche diario [*dedo índice de la mano derecha apunta hacia arriba y señala repetidas veces un litro:*]… por lo menoj… hajta que cumpla ocho añosss [*mano derecha da un capotazo y remata en la espalda*]. ¡Pero rrresulta que en el mundo hay doh claseh de vaca: la que da leche –que es la suiza, la holandesa, la inglesa, que te produce hajta dieciocho litros de leche al día– y la que aguanta caló, que es la cebú. La hembra del ganado cebú, que se desarrolló en la India. Pero la que te aguanta caló no te da leche. Eh muy malo ese animal para dar leche. Da uno, doj litro al día, y luego no te da maj. Entoncess, ¿qué eh lo que ejtamo haciendo nossotroh aquí? ¡Pueh vamos a producir un nuevo tipo de vaca! Lo que están viendo ujtede eh una cruza entre la Holstein y la cebú… [*pausa y arranque*] que rrresiste per-fec-ta-mente laj condicioneh climatológica y que tiene un rendimiento promedio de leche que debe de poder llegar hajta los treinta y osho litroh diarioh cuando se haya perfeccionado el cruce. [*Dedo índice hacia abajo agujereando el aire con cada sílaba. Giro triunfal de medio cuerpo al presentar la conclusión.*] Ejte animalito… se llama Deisy.

Blanca y pura, no muy grande, con una delicada joroba y formas redondas, Deisy nos contempló desde su pulcro establo con ojos de Hera y siguió masticando, impasible. Caímos todos en un absorto silencio, rendidos de amor. Algunos pensarían en los grandes logros científicos que posibilita una revolución. Otros, en lo que sería poder garantizarle un litro de leche al día a cada niño en su país. Yo pensaba que si Manuel el chileno quería ser palmera, yo anhelaba por sobre todas las cosas convertirme en este animal inconmovible y bruto, para poder así conocer la paz. Por fin se oyó en un rincón la voz de alguien con marcado acento brasileño, un hombre alto y ya mayor, que preguntó:

—*Companheiro*, ¿el señor piensa que Cuba va a guardar este grande descubrimento para ella sola? ¿No será que tiene la obligación de compartir con todos los pueblos de América Latina uma maravilha así? Los niños del continente entero van a agradecer, acredito.

—Compañero —respondió feliz el director—. Todo lo que tiene Cuba es para los pueblos hermanos. ¡Cómo no lo va a ser también Deisy y toda su descendencia, cuando está de por medio el hambre de nuestros niños!

Y nos fuimos todos a comer y a celebrar un futuro sin hambre.

En la semana que duró nuestra condición de privilegiados no visitamos una sola galería ni fuimos nunca a escuchar un concierto ni a ver una obra de teatro. No se nos invitó a conocer la industria editorial cubana ni a dialogar con un autor ni tan siquiera a visitar la redacción del periódico *Granma*. No pregunté por qué, pues es condición inescapable de los tours organizados que la pregunta ¿por qué esto y no lo otro? no exista. En el último día de expedición fuimos a visitar un manicomio cubano, porque en ese momento era uno de los grandes entusiasmos de Fidel.

Al ver al director del hospital psiquiátrico nacional, que llegó hasta el pie de la guagua a recibirnos, todos los delegados nos entusiasmamos también. Nunca supe si el doctor y comandante Eduardo Bernabé Ordaz fue en verdad guerrillero, pero cultivaba la barba selvática que se habían dejado crecer los rebeldes durante la guerra. En la Cuba de temperaturas diarias de treinta grados, sólo una media docena de hombres cercanos al barbudo Fidel querían ir por la vida sin rasurarse, y después de Manuel Piñeiro el más notorio era el doctor Ordaz, que ahora lucía una sonrisa de completa felicidad en medio de su rostro peludo, y se acomodaba y acariciaba las barbas por encima de la nívea bata médica. A todos nos dio la impresión de que estaba a punto de cantar un aria, o bailar la jota, o hincarle el tenedor a un gran lechón. Cuando bajé el último peldaño del bus me dio la bienvenida con un abrazo capaz de inmovilizar a un tigre. Por un instante pensé con alarma, y no fui la única, que se trataba de uno de los pacientes del hospital, y en realidad cuando entramos a las salas todos los pacientes que vimos parecían inundados de la misma felicidad galopante que el galeno. Lo fuimos siguiendo de sala en sala con una sonrisa cada vez más parecida a la suya mientras él explicaba, eufórico: la Revolución creía que el trabajo productivo era la raíz y la justificación del hombre nuevo, y que las enfermedades mentales eran el resultado de un desencuentro entre el paciente y su entorno social. Lo que enfermaba —si recuerdo bien la explicación— no era la persona en sí, sino su relación con la sociedad. Ahora bien, si el trabajo dignifica a los cubanos sanos, ¿por qué habría de negárseles a los enfermos la posibilidad de trabajar, y de ser revolucionarios ellos también? Aquí en el hospital realizaban su trabajo productivo en granjas y talleres. En la nueva sociedad cubana tampoco se infantilizaba al paciente psiquiátrico. Un ejemplo: aunque en la mayoría de los hospitales para enfermos mentales estaban prohibidos los espejos, aquí en el psiquiátrico nacional el paciente tenía derecho a reconocer su imagen y a contemplarse.

Mirando sin ver a una hilera de pacientes vestidos de civil que nos brindaban su risa anchurosa, pensaba de nuevo con amargura en la ausencia de espejos de Cubanacán, pero ocurrió que en ese instante fijé la vista en un delegado en quien no había reparado antes, y se esfumaron los pacientes y los espejos, pues supe sin más que estaba frente al hombre para quien había nacido.

Se llamaba Luis, era guerrillero, y no pasaron de tres los diálogos, todos breves, que tuve con él antes de dejar de verlo para siempre. Durante los días y las semanas en que lo llamé con el pensamiento como si fuera con un largo gemido de súplica nunca hubo respuesta, pero tengo que agradecerle la experiencia de ese flechazo instantáneo y fulminante, pues no me ocurrió antes ni nunca más. No me dijo gran cosa acerca de su vida. No tuve tiempo de fijarme si era bien parecido o no. Nunca me enteré si tenía algún oficio ni si le gustaban los mismos libros que a mí. Entendí antes de que me lo contara que era guerrillero y que había estado en la cárcel, porque estaba flaco y tenía la expresión de alguien que lucha por sobreponerse a una gran fatiga, y porque había algo en su manera de caminar y de ladear ligeramente el torso como si hubiera sido muy maltratado. No era alto, no era chaparro, tenía ojos grandes y un modo dulce que me pareció inconcebible en alguien que hubiera pasado por la tortura. Entre otras sensaciones, su presencia me provocó un alivio voraz frente al omnipresente machismo cubano, que volvía estentóreas e incontrovertibles hasta las afirmaciones de mi amigo Galo. De todo eso, de la arrogancia y la confusión, de la retórica y las exhortaciones, de mis dudas y las respuestas absolutas que me agobiaban, Luis me pareció desde el primer instante refugio y defensa.

—¡Hola!
—¿Qué tal?
—Hace mucho calor, ¿verdad?
Así fue el refulgente primer diálogo de amor.

En los jardines del hospital los pacientes del doctor Ordaz nos invitaron a presenciar la obra musical que tenían montada. Me coloqué al lado de Luis, tan cerca que podía percibir el ligero olor a madera de su piel. La obra podrá haber sido grotesca –o sumamente interesante, en última instancia, este desfase vanguardista entre los gestos altamente codificados de los intérpretes de la música cubana tradicional y la imitación que hacía de ellos un grupo de entusiastas esquizofrénicos– pero a mí lo que me pareció en ese momento fue celestial. Entre un número musical y otro Luis y yo intercambiábamos algunas frases, aunque tenía que hacer un esfuerzo para que se me oyera la voz. No recuerdo una sola palabra de lo que nos dijimos, salvo que era intrascendente.

Yo moría por preguntarle todo –por qué Vietnam, por qué el arte no, por qué yo tenía que estar tan fuera de lugar– y por último le pregunté dónde estaba alojado y él me dijo, siempre con el mismo tono dulce y protector, que por razones de seguridad no tenía permitido darle esa información a nadie. Entonces entendí que mi presencia le incomodaba, que aunque él me pareciera alado y luminoso como un ángel, yo era torpe y fea, y además una frívola bailarina frente a un redentor del mundo, y dudé si sería peor quedarme allí a su lado, respirando su olor pero haciendo el ridículo, o abrirme paso entre los demás delegados para tomar refugio en la guagua. En ese momento una anciana de chancletas y pañuelo amarrado en la cabeza se encaminó al centro del improvisado escenario al aire libre y empezó a cantar «La Bayamesa» con voz ronca y destemplada, y al mismo tiempo por encima de su cabeza vi que de la loma donde quedaba el estacionamiento venía bajando una hilera de delegados que llegaban a unirse a nuestro grupo. «¡Esto es magnífico!», dijo reventando de felicidad el director del hospital e interrumpiendo «La Bayamesa». «Acaban de llegar los heroicos compañeros vietnamitas. Compañeros, por favor, un aplauso. Nos honran, verdaderamente nos honran con su presencia estos camaradas. Por favor, compañera…», y le hizo una señal de bienvenida a una muchacha de belleza frágil como un ala, vestida a la manera tradicional con un *ao dai* bordado en rojo. Con los ojos inundados y la garganta apretada aplaudíamos todos y ella, abochornada, escondía la cabeza y doblaba el talle en agradecimiento como si la moviera la brisa.

«La camarada se quedará en Cuba algunos meses», dijo el director. «No ha cumplido aún los veintiún años, pero tiene la distinción singular, inimaginable, de haber desactivado ella sola más de trescientas bombas de fragmentación lanzadas sobre la tierra por los imperialistas. En la medida de sus pequeñas posibilidades Cuba quiere hacer un aporte a la heroica lucha de Vietnam, y le ha ofrecido a esta gran heroína una cirugía reconstructiva en las manos.» Entonces vi que la figura que sonreía y sonreía frente a nosotros tenía por manos dos bolas cocidas de cicatrices y adornadas con unas protuberancias de carne chueca.

«Eres una comemierda», me dije a mí misma. «No tienes redención. *Comemiedda. Comemiedda.*»

Encontré silencio y soledad en un baño a la entrada del hospital, y ahí me estuve mirando un buen rato en el espejo, sin encontrar en la imagen reflejada a nadie de quien me pudiera hacer amiga.

7

FIESTA Y PENITENCIA

Como todos los años, la conmemoración del asalto al Moncada se celebró en la gran explanada conocida antes de 1959 como la plaza de la República y ahora, inevitablemente, como la plaza de la Revolución. Me parecía que los rebeldes que le cambiaron el nombre hubieran logrado mejores resultados aboliendo de una vez el atroz monumento a José Martí al pie del cual hablaba el comandante. Al verlo, di por hecho que el monumento se lo había encargado Fidel a algún escultor de gustos estalinistas, pues la estatua de mármol blanco no se hubiera visto fuera de lugar en algún parque de Moscú, pero fue Fulgencio Batista el que lo mandó levantar. No sé si los cubanos recordaban a Martí en las coplas que todo el mundo conocía como los versos de la canción «Guantanamera», pero dudo que lograran identificarse de alguna manera con el monigote batistiano. En fotos, Martí se parece a lo que era: un afiebrado intelectual. Tenía por única gracia unos ojos enormes que reflejaban su temperamento observador y al mismo tiempo desatadamente romántico. Por lo demás era pequeño, esmirriado, calvo y cabezón, eternamente enfundado en un traje negro que no hacía más que resaltar su palidez mortal. El Martí de la plaza de la Revolución era calvo y cabezón pero titánico, y se le presentaba sedente con la patria inerme a sus pies. ¿Cómo amar a semejante figurón retórico?, me preguntaba cada vez que pasaba frente al monumento, rumbo a la casa de Galo. Y conforme aumentaba mi familiaridad con la isla, surgía otra pregunta. ¿Cómo creer que en esta isla relajienta, irreverente y cachonda la encarnación del sentimiento patrio fuera él? Pero Martí era más cubano de lo que yo era capaz de entender, sin haberlo leído, y con el figurón y los versos dulzones de «Guantanamera» como única referencia.

El primer gran protagonista del romance de los cubanos con su historia pasó la mayor parte de su vida adulta en Estados Unidos, buscando solución a su drama personal y patriótico. La corona española había deportado a Martí de Cuba a los diecisiete años, tras un año de cárcel, todo por haber escrito a favor de la independencia cubana. Un cuarto de siglo después volvió, buscando la batalla que lo elevaría a la muerte. Admiraba la pujante cultura americana, y escribiendo descubría formas de evitar ser ahogado por ella. Fue periodista, ensayista, poeta, escritor siempre compulsivo cuyas obras completas ocupan veinticinco tomos impresos. La independencia cubana fue su obsesión. En los últimos años de su vida le pareció que era menos importante escribir que volver a Cuba a pelear por la independencia. «De Cuba, ¿qué no habré escrito? Y ni una página me parece digna de ella: sólo lo que vamos a hacer me parece digno.» Desembarcó a escondidas en el extremo suroriental de su patria el 11 de abril de 1895, en calidad de delegado y dirigente del partido independentista que él mismo había fundado tres años atrás, y en compañía del general Máximo Gómez, comandante general del Ejército Libertador de Cuba. Dejó en un diario la crónica lúcida y encantadora de las seis semanas que pasó con la escuálida tropa libertadora. Observaba con placer y antojo a las mujeres del campo que paseaban frente a él con sus brazos fuertes y sus faldas de olanes, y describía con igual amor y detalle los árboles del monte y las plantas curativas, las comidas que con su sabor lo traían de vuelta a la patria y las venturas y desventuras de los soldados con los que convivió. Todo el texto es alegre. Vale la pena detenerse un minuto en su prosa transparente:

26 de abril [al día siguiente de un mal combate con las fuerzas españolas]:

A formar, con el sol. A caballo, soñolientos. Cojea la gente, aún no repuesta. Apenas comieron anoche. Descansamos, a eso de las diez, a un lado y otro del camino. De la casita pobre envían de regalo una gallina… De tarde y noche escribo, a Nueva York, a Antonio Maceo [dirigente del movimiento independentista] que está cerca e ignora nuestra llegada, y la carta de Manuel Fuentes al *World*, que acabé con lápiz sobre la mano, al alba. A ratos ojeé ayer el campamento tranquilo y dichoso: llama la corneta; traen cargas de plátanos al hombro, mugen las reses cogidas, y las degüellan: Victoriano Garzón, el negro juicioso de bigote y perilla, y ojos fogosos, me cuenta, humilde y ferviente, desde su hamaca, su asalto triunfante… su palabra es revuelta e intensa, su alma bondadosa y su autoridad natural: mima, con verdad, a sus ayudantes blancos… y si yerran en un punto de disciplina, les levanta el yerro. De carnes seco, dulce de sonrisa: la camisa azul y negro el pantalón: cuida, uno a uno, de sus soldados. José Maceo, formidable, pasea el alto cuerpo: aún tiene las manos arpadas, de la maraña del pinar y del monte, cuando [como consecuencia de un combate desventurado]… José quedó al fin solo; hundido bajo la carga, moribundo de frío en los pinos húmedos, los pies gordos y rotos: llegó, y ya vence.

El 19 de mayo, desobedeciendo instrucciones del general Gómez, quiso unirse a una escaramuza con las tropas del ejército español e intentó llegar a caballo hasta el frente de combate. En el camino cayó en una emboscada y recibió tres tiros. Murió en poder del enemigo pocos minutos después, a la edad de cuarenta y dos años.

En la plaza de la Revolución el sol brillaba aún sobre la figura de Martí, doblemente martirizada por la Corona y por su postrer retrato. El prócer de mármol, tan blanco que parecía yeso, surgía de una columna de concreto que dominaba toda la explanada, y desde allí una serie de rampas descendían suavemente hasta el pavimento. Sobre estas rampas se congregaban ya los primeros invitados especiales, buscando su lugar en la gran tarima donde muy pronto hablaría Fidel.

Había llovido mucho esa mañana. La ruidosa multitud que desde primeras horas de la tarde comenzó a abarrotar la plaza se había provisionado de paraguas y de bolsas de lona plastificada que hacían las veces de impermeables, así como de las indispensables maracas y tumbadoras. Las percusiones resonaban ya cuando el autobús nos depositó a las integrantes de la delegación mexico-norteamericana en las cercanías del monumento. De un extremo a otro de la gran plancha encharcada rebotaban gritos y consignas. En la luz canteada de la tarde se alcanzaba a distinguir un agitado mar de brazos y cabezas, y en sus olas surfeaba de repente una pancarta o un racimo de banderas. La gritería amainaba y volvía a surgir, se alzaba y amainaba, cuando un relámpago de tensión recorrió de orilla a orilla el mar poblado. ¡El Barbudo Mayor, el Hombre, el Caballo, ya estaba llegando! ¡Fidel ya estaba cerca! En la tarima la gente se revolvía en sus asientos asignados, torciendo el cuello como avestruces para ver por dónde saldría el comandante en jefe, pero yo, que también espiaba hacia todas partes, con la boca seca y el corazón vuelto un radar, en realidad buscaba a otro: tal vez Luis también se encontraba entre los invitados. «¡Mira!», gritó Nancy. Volteé electrizada. «¡Allí va Nicolás Guillén!» Miré pasar con indiferencia al poeta del hablar cubano. ¿Dónde estaba Luis, el guerrillero a mi medida?

Hattie y Nancy hacían el repaso de la deslumbrante concurrencia mientras yo seguía buscando a quien necesitaba. Nancy era la más enterada: «Ése es Roberto Fernández Retamar, el poeta. Me parece que el que va allá es Amílcar Cabral, el líder de la independencia de Guinea y Cabo Verde. Ay, Dios mío… ¡ése es el papá del Che!».

Palestinos e integrantes de la Venceremos, húngaros y congoleses y vietnamitas y laosianos sonreían y saludaban. «Mira mira mira», Nancy me jaló del brazo. «Ésa es la esposa de Régis Debray, estoy segura.» Hattie, muerta de la risa, se había puesto a saludar también. «¿Y por qué no?», decía. «Si yo también soy delegada.» ¿Y Luis?

Desde el fondo de la tribuna, por el lado contrario al nuestro, se oyó un rumor diferente, como el del partir de las aguas. De todos lados se acercaron deprisa unos hombres de brazos fornidos, dando órdenes urgentes: «Compañeras, por favor ocupen sus lugares». En el reacomodo hubo codazos y desajustes, y en el esfuerzo por salir del paso y recuperar las sillas que nos habían asignado no supe en qué momento descendió un silencio como un fantasma sobre la plaza y luego se alzó otro rugido, más denso y poderoso que todos los anteriores. En el podio central, recortada su silueta por los faros de alta potencia, se erguía una figura verde olivo que miraba altiva por sobre el mar de gente. Ni todos los micrófonos del mundo hubieran podido lograr que un grito aislado surcara la gigantesca ola de voces que ahora lo aclamaban, pero el susurro de Fidel, su voz de papel plateado, voló quedísima por los aires. «¡Compañeros!», saludó, y en Cuba entera todos callaron.

Recibimos el saludo con angustia. ¿Cómo iría a sortear los peligros de este día? Playa Girón, la crisis de los misiles, el embargo económico, los eternos complots de sus enemigos fueron retos que supo conjurar de la misma manera siempre; desafiando al destino, ni un paso atrás, la terquedad histórica de los que tenemos la verdad y la justicia de nuestro lado, el honor de un revolucionario no se rebaja ni se vende, patria o muerte. Hoy en la plaza el gladiador seguía siendo el mismo, pero los leones eran esta multitud que lo aclamaba desesperadamente pidiéndole una sola cosa: que hiciera renacer la fe. Eran ya once años de esfuerzos y vida dura; once años en que se vaticinaba el triunfo y no llegaba; once años en que Fidel convocaba a la plaza a ofrecer deslumbrantes cifras y estadísticas a cambio de un esfuerzo mayor que el anterior; once años de creer que el camino del socialismo no sólo llevaba al cielo, sino que aquí en la tierra era infinitamente más eficaz y productivo que el imperio del capital; once años que culminaban hoy en una zafra malograda y la promesa de más colas, más apagones, mayores restricciones en la endeble libreta de abastecimiento. ¿Cómo seguir? ¿Y cómo abdicar, si lo único que querían todos era seguirlo? La delgadísima voz se escuchó de nuevo:

«Señores invitados y compañeros trabajadores...».

Sentí que todos rezábamos lo mismo: «Fidel, Fidel, ¡habla bien!».

«En el día de hoy no vamos a hacer un discurso propiamente conmemorativo; quiero decir, no vamos a rememorar éxitos y logros de la Revolución...» Las frases enunciadas meticulosamente, las recargadas erres, las pausas hipnóticas hoy llevaban una carga adicional de duelo, y al oírlo buscamos ya no tanto, quizá, el alivio de sus palabras, sino el consuelo que le podríamos brindar con nuestra atención. «En el día de hoy», dijo Fidel, «vamos a hablar de nuestros problemas y de nuestras dificultades, y no de nuestros éxitos sino de nuestros reveses...»

¿Sería cierto? ¿Diría que la zafra había sido un fracaso, que los planes estaban mal hechos, que se había equivocado?

Sí. Drásticamente y sin gran preámbulo, era eso mismo lo que ya estaba haciendo. El esfuerzo heroico de la zafra, «... para elevar la producción, para elevar nuestro poder adquisitivo, se tradujo en descompensaciones en la economía, en reducciones de producción en otros sectores y, en fin, en un acrecentamiento de nuestras dificultades».

Sí, estaba hablando bien. De nuevo sentí el embeleso que me había producido escuchar su discurso anterior, aun cuando sus palabras nos habían sumido en la angustia a todos. En el silencio de la plaza me pareció sentir que flotaba una paz similar. Fidel estaba hablando con la verdad. No nos traicionaría.

«Claro está que el enemigo usó mucho el argumento de que la zafra de los Diez Millones traería alguno de estos problemas. Nuestro deber era hacer el máximo por impedirlo.» Pero —y, ay, ¡qué duro!— «... en la realidad, no hemos sido capaces.»

No, no fuimos capaces. La primera persona del plural que siempre usaba Fidel era mágica: sustituía ese «yo», que asume todas las culpas sin encontrarles un remedio, por la solidaridad de un «nosotros», que éramos él y todos, y que permitía compartir por igual el esfuerzo y sufrimiento y el destino de esta frágil isla. Éste era el duelo que estábamos queriendo hacer: ¡Que hable más!

Y ya Fidel alzaba el vuelo y en alas de su retórica nos transportaba también, apuntando con el dedo flamígero de los profetas, contorsionándose con la emoción y la dificultad de sus palabras, desafiando lo más difícil que se puede enfrentar, que es la vergüenza. Tendría el gesto iluminado, imaginaba yo, viéndolo de lejos y a contraluz, totalmente entregada. Seguramente su rostro estaría radiante como el mío de tanto esfuerzo y lucha interna.

«¡Nuestros enemigos dicen que tenemos dificultades!», gritó Fidel al mundo, transportado por su propio ritmo profético y reiterativo, «y en eso tienen razón nuestros enemigos. Dicen que tenemos problemas ¡y en realidad tienen razón nuestros enemigos! Dicen que hay descontento ¡y en realidad tienen razón nuestros enemigos!… Como ven, no tenemos temor de admitir cuando nuestros enemigos tienen razón.»

¿Quién hablaba? ¿Quién admitía, quién desafiaba? ¿Nosotros o Fidel? «¡El enemigo realmente nos importa un bledo!», gritó él, o nosotros. No, él, de nuevo, con todas las fuerzas de su delgada voz ronca, y en este punto, ya incontenibles, estallamos en un fervorín de aplausos que nos dejaron las manos coloradas y ardidas.

«Y si algunas de las cosas que decimos las explota el enemigo y nos producen profunda vergüenza», gritó el comandante, «¡bienvenida sea la vergüenza!» (Aplaudimos y aplaudimos de nuevo.) «¡Bienvenida sea la pena si sabemos convertir la vergüenza en fuerza, si sabemos convertir la vergüenza en espíritu de trabajo, si sabemos convertir la vergüenza en dignidad, si sabemos convertir la vergüenza en moral!»

Fue el clímax. Al borde del llanto, agotados los brazos de tanto aplaudir, delirantes, gritamos «¡Fi-del-Fi-del-Fi-del!», pateando a ritmo sobre la tarima para que se oyera fuerte y nos escucharan hasta los yanquis.

Ya estaba. Fidel enfrentaba la vergüenza, el descrédito, el castigo, y nosotros lo redimíamos. Roncas y exaltadas, intentando aplaudir todavía más, las integrantes de la delegación mexiconorteamericana nos unimos al estallido general, llenas de perdón y nuevamente de esperanza.

Pero el asunto, como vislumbré incómodamente incluso en aquel momento, era que no solamente los enemigos de Cuba advertían que el camino de la Revolución se acercaba al delirio. También mucha gente afecta al proceso y a Fidel formulaba críticas, preocupados sinceramente por los bandazos y los entusiasmos totalizantes del comandante en jefe. Con tal de no quedar del otro lado del círculo de tiza que él tan famosamente había trazado –fuera de la Revolución, nada– la mayoría callaba sus objeciones y sus conciencias, mientras que muchos otros apenas criticaban a medias. Y en la plaza, por ejemplo, en este preciso instante en que Fidel, ya de este lado del parteaguas de su historia y acompañado nuevamente de todos, enumeraba una tras de otra las espantosas cifras de la economía, hubiera resultado verdaderamente impensable que alguien que no fuera su enemigo le dijera que no, que no bastaba con hacer una lista de fracasos, sino que había que cambiar el rumbo y dejar el puesto. Era impensable y no lo pensamos: Fidel había pedido perdón y, con la fuerza que da el otorgarlo, las cifras que iba soltando ya no nos podían asustar.

En el área prioritaria de ganadería y lácteos, por ejemplo, y a pesar de todos los esfuerzos de Deisy, el acopio de leche fresca se había reducido en un veinticinco por ciento respecto al año anterior. La producción de cemento era un veintitrés por ciento menor. El acero había disminuido en casi un cuarenta por ciento. Los fertilizantes químicos lo mismo. El plan de producción de maquinaria agrícola se había cumplido en apenas un ocho por ciento. En llantas en un cincuenta por ciento. La descarnada letanía de Fidel se prolongaba:

«Calzado de cuero… Hasta mayo se han dejado de producir aproximadamente un millón de pares… De ese atraso, unos cuatrocientos mil pares corresponden a calzado de trabajo. Existe, además, un deterioro en la calidad del calzado, fundamentalmente en el de trabajo». Zapatos, jabón, carne, frijoles, pasta de dientes, desodorante… todo faltaba, y seguiría faltando. En todos los colapsos económicos del último medio siglo en América Latina no se habría de producir otra crisis remotamente parecida hasta que el colapso de la Unión Soviética hundió a Cuba en un abismo todavía más profundo. Pero eso entonces no lo sabíamos. No lo hubiera podido vaticinar ni siquiera un economista inteligente y crítico como Pablo, que ese día se encontraba también entre la multitud, porque en última instancia su visión de los asuntos económicos la había aprendido de Fidel. Según los socialistas revolucionarios como él, una economía no era un misterioso y frágil organismo vivo, sensible a cualquier intervención y susceptible de desangrarse igual que un cuerpo si se le cercena un miembro paralítico o sarnoso. Una economía es una maquinaria: si una parte no sirve, se tira y se reemplaza con otra mejor. Y para los revolucionarios, un economista era más o menos el equivalente de un mecánico altamente capacitado. La Revolución tenía un futuro económico brillante y alcanzable; todo era asunto de tornillos y fuerza de voluntad.

«En esta enumeración estadística diríamos que sólo aparecen parte de las causas», decía Fidel, aterrizando justamente en este punto. «Hay que señalar la ineficiencia... es decir, el factor subjetivo, entre las causas que han estado incidiendo en estos problemas... Hay, sí, dificultades objetivas. Se han señalado algunas. Pero no estamos aquí para señalar las dificultades objetivas. La tarea es señalar los problemas en concreto. Y la tarea es sencillamente que el hombre ponga lo que la naturaleza o los hechos de la realidad de nuestros recursos y nuestros medios no han podido poner.» El río de plata de las palabras del comandante se detuvo. En el silencio portentoso se acabó de hacer de noche.

«El hombre», dijo Fidel después de una larga pausa, «está jugando aquí un papel fundamental. Y fundamentalmente, los hombres que tienen tareas de dirección.»

Al escuchar esto en la plaza, entendimos lo que estaba por pedir el comandante, lo que estaba en nuestras manos otorgar, más allá del perdón. Al fervor con que escuchábamos se agregó ahora una especie de tensión silbante, un segundo en la cuerda floja tendida sobre el vacío, pues era verdad que en ese momento, y probablemente nunca más, Fidel estaba reconociendo que la multitud que coreaba su nombre tenía en realidad la facultad de elegir su destino.

«Vamos a empezar por señalar, en primer lugar, en todos estos problemas la responsabilidad de todos nosotros. Y la mía, en particular. No pretendo ni mucho menos señalar responsabilidades que no me pertenecen a mí y a toda la dirección de la Revolución...»

Aplaudimos todos, no sé por qué. Fidel estaba a punto de ofrecer su renuncia.

«Lamentablemente estas autocríticas no pueden ser fácilmente acompañadas de otras soluciones consecuentes. Mejor sería decir al pueblo: Busquen otro. Incluso: Busquen otros.»

La cuerda se tensó a un máximo en la fracción infinitamente pequeña de segundo entre ese «Busquen otros» y el primer grito que se escuchó desde la plaza: «¡No!». Y enseguida un cueterío de gritos —«¡No!»— que Fidel ni siquiera pareció escuchar. No hacía falta.

«Sería mejor. En realidad también por nuestra parte sería hipócrita. Creo que nosotros, los dirigentes de esta Revolución, hemos costado demasiado caros en el aprendizaje.»

¿Qué decía? ¿Qué decía? ¿Qué estaba queriendo decir?

«Y desgraciadamente nuestro problema, no cuando se trate de sustituir a los dirigentes de la Revolución, ¡que este pueblo los puede sustituir cuando quiera, y ahora mismo si lo quiere…!»

Y aquí fue el estallido de toda la angustia y la emoción guardada. Revolotearon mil pancartas y sonaron todas las tumbadoras mientras la gente gritaba entre aterrada y feliz «¡No!» y «¡No!» y de nuevo «¡Fi-del-Fi-del-Fi-del!».

Ya no hizo falta el humilde remate de la frase «Uno de nuestros más difíciles problemas es, precisamente, y en eso estamos pagando una buena herencia, la herencia en primer lugar de nuestra propia ignorancia…». Fidel se había equivocado. Fidel lo había reconocido. Fidel había cometido la hombrada de ofrecerse a sí mismo en sacrificio. Fidel decía que era humano, y se humillaba ante nosotros. El revuelo duró largos minutos, y cuando terminó fue porque el gladiador de la plaza se erguía triunfante, y el león de la plaza, agradecido, se acurrucaba a sus pies.

Habían transcurrido casi dos horas de discurso y Fidel no daba señas de acercarse al final. Después de la catarsis sentí que iba volviendo poco a poco a otra realidad, la del tumulto de la plaza, y al calor y al desasosiego en la boca del estómago que me decía que Luis podía andar cerca. ¡Sería tan bueno comentar todos estos eventos con él, saber si él también se había emocionado, si Fidel inspiraba su lucha y si creía que valía la pena seguir! «Tengo ganas de ir al baño pero no sé si Fidel va a terminar de hablar en lo que vuelvo», le dije a Hattie. «No creo que exista el menor peligro de eso», contestó abanicándose. «Ve a ver qué encuentras y luego me dices por dónde es.»

Cerca del podio iluminado donde el comandante seguía su discurso, fui examinando sin suerte las hileras de los rostros de los invitados especiales. Uno de los hombres fornidos me cerró el paso. «El baño», balbucí, y el hombre me hubiera hecho regresar a mi lugar si no hubiera aparecido entre la luz de los faros el poeta Guillén, rotundo como un tambor, feo como un sapo y resplandeciente en traje y zapatos blancos. Andaba paseando su acaloramiento por los pasillos, enjugándose la cara morena con un pañuelo blanco. «¡Compañero, a las mujeres hay que darles siempre lo que quieren!», proclamó. Cerró el pañuelo como si fuera un abanico y me abrió camino con un guiño y una perfecta reverencia cortesana. Unos cuantos pasos detrás de él vislumbré a Luis, y sentí el impulso de ofrecer una oración de gracias cuando sonrió al verme.

Hablamos en voz baja para no distraer a los que aún tuvieran bríos para seguir el discurso de Fidel; con el valor que me había dado la galantería pícara de Guillén aproveché para acercar mi cara a la de Luis y respirar otra vez su olor. Saltábamos de un tema a otro sin coherencia, y sonreíamos tontamente y sin motivo a cada rato, fingiendo no darnos cuenta de que teníamos los brazos muy juntos, y que la electricidad que generaban las dos pieles al casi frotarse nos tenía erizados a ambos: era tan inevitable el siguiente paso que empecé a sentir miedo. Entonces escuché a mis espaldas una voz que hablaba el español con un acento conocido. «Muy interesante discurso, pero pienso es poco largo, ¿no?» ¡Nancy, maldita sea! Mi colega de la ENA también había llegado en busca de alguien: saludaba sonriente a otro de los delegados guerrilleros que habíamos conocido el día anterior.

Ahora éramos cuatro los que cuchicheábamos con las cabezas muy juntas mientras me seguía dando tumbos el corazón, suspendido entre el alivio y la rabia infinita.

—Y ustedes, ¿no tienen miedo de que los cubanos las tomen por agentes de la CIA? —preguntó Luis sin que yo entendiera por qué la duda venía a cuento. Jamás había sentido esa sospecha de mí. En realidad, respondió Nancy, sí era un problema. Por lo menos, le incomodaban mucho las bromas constantes que le hacían al respecto, pero ella era revolucionaria, y entendía que al hacer el mayor esfuerzo posible por cumplir bien siempre con su trabajo, cualquier duda se tendría que desvanecer.

Algo en el tono de voz de Fidel nos dijo que ahora sí, su discurso entraba en cierre. Era hora de volver a nuestros lugares.

—¿Cuándo nos podemos ver? —le dijo su guerrillero a Nancy con toda naturalidad—. No sé, estoy en el Habana Libre, llámame —contestó ella, también como si fuera lo más fácil del mundo. Los hombres fornidos empezaban a recorrer las filas con aire de gran eficiencia. Había que echar a andar, pero Luis no me había hecho la misma pregunta a mí. Estaba a punto de perderlo.

—Yo también estoy en el Habana Libre —le dije, tratando de lucir la misma naturalidad que Nancy y sonriendo como una idiota.

—Sí, buena suerte, que su danza sea siempre linda —contestó Luis con una sonrisa igualmente insensata y descompuesta, y se alejó.

Bajando por la rampa hacia nuestro autobús, apreté todo el cuerpo en un esfuerzo por no soltar el llanto que me nacía desde el fondo del estómago, de manera que cuando Hattie preguntó qué me pasaba, pude afirmar sin mentir que tenía un dolor que me estaba quitando el aire. ¿Qué había pasado? ¿Cuál habría sido mi error, o qué secreta falla me había adivinado Luis, qué oscuros rincones elitistas, individualistas, comemierdas había entrevisto que lo impulsaron a darme la espalda? ¿O tal vez tendría que haberme peinado mejor? Hattie se estaba quitando el carnet que la identificaba como miembro de la delegación méxico-norteamericana. «Éste será un día inolvidable», suspiró. La certeza me partió como un rayo: claro, yo hablaba inglés y convivía con Hattie y Nancy; radicaba en Estados Unidos; el término «mexico-norteamericana» que traía en el carnet quería decir «chicana». Era de mí de quien dudaba Luis, el guerrillero perseguido. ¿No sería yo la agente de la CIA? «¡Espera, soy mexicana, te puedo enseñar mi pasaporte!», le grité en silencio. «Ya vengo», les dije a mis amigas, y traté de regresar entre la marea de gente al punto donde lo había dejado, pero ya era tarde. No lo volvería a ver más.

Una última cosa dijo Fidel después de cerrar su discurso con el «Patria o muerte, ¡Venceremos!» que coreamos roncos todos. Regresó al podio y pidió atención.

«Ciertamente mientras exponíamos estas ideas... ciertamente se nos olvidaba algo que nosotros queríamos comunicarles el día de hoy.»

Hablaba en otro tono, sin impostaciones teatrales, sino como quien habla con un niño y le dice que su mamá está un poquito enferma. «Mencionábamos nosotros al doctor Arguedas», decía calmado. «… que hizo llegar a nuestro país el diario del Che. Hay algo más, que deseamos que el pueblo lo tome con, digamos, una cierta serenidad. Y es lo que sigue… Después del diario el doctor Arguedas… conservó e hizo llegar a nuestro país… las manos del Che.»

Me tocaría averiguar después cómo era que existía siquiera este regalo atroz; cómo era que un ser humano entero, completo, quedaba convertido en fragmentos que se podían repartir por el mundo, como por ejemplo este paquete de manos que ahora, años después, un boliviano nos hacía llegar. Sumergiéndome de nuevo en la vida del Che me enteraría que lo de las manos, como su misma muerte, fue algo que se decidió a última hora, casi de improviso. A las veinticuatro horas de la captura de Ernesto Guevara por tropas del ejército boliviano, cerca del miserable caserío de La Higuera, el agente cubano de la CIA que asesoraba a los bolivianos confirmó su identidad a Washington. Por instrucciones del general René Barrientos, que en ese momento gobernaba el país, se decidió ejecutarlo. Un sargento boliviano le segó la vida a tiros el 9 de octubre de 1967. Su cadáver fue enterrado sin ninguna seña o letrero que permitiera identificar el lugar, pero antes le cercenaron las manos. Las razones aducidas –que hacía falta una prueba de su muerte, que era necesaria la identificación dactilar– no explican la decisión. Más bien el gesto parecería el de cualquier cazador con su presa (sería memorable años después –pero no excepcional– el coronel del ejército salvadoreño que conservaba en una jarra las orejas de sus víctimas). El caso es que a las pocas semanas del asesinato del héroe, un curioso personaje, Roberto Arguedas, ministro del Interior del régimen boliviano, había sentido el impulso de hacer llegar a Cuba el diario del Che en Bolivia. En este julio había decidido devolver la mascarilla mortuoria y las manos a quien consideraba su verdadero propietario, es decir, a Fidel, que ahora sometía a consulta el destino de este encargo.

«Se conocen bien las tradiciones de nuestro pueblo. Nosotros enterramos a nuestros muertos, es una tradición… Maceo,

Martí… Ha sido así y siempre será. Pero nosotros nos preguntábamos… ¿Qué hacer con las manos del Che?»

Tal vez pocos entendieron de inmediato de qué se trataba la consulta. «Es de su materia física lo único que nos queda», aclaró entonces Fidel. «No sabemos siquiera si algún día podremos encontrar los restos… Y es por eso que queremos preguntarle al pueblo cuál es su criterio [En la transcripción oficial del discurso, dice "(Gritos de '¡Conservarlas!')"], qué debemos hacer con las manos del Che.»

«¡Conservarlas!», gritaron otros más en este punto, según la transcripción, y Fidel dio por buena la respuesta.

«¡Conservarlas!», exclamó él también.

Por fin había una reliquia para el altar del mártir.

En lo particular yo no quería ser como el Che, porque en momentos de avergonzante sinceridad reconocía que había algo en lo intransigente y duro de su carácter que me repugnaba, pero el muchacho guerrillero que me abandonó para siempre en la plaza no me trastornó nada más con su mirada dulce y el olor a madera fresca, sino con su pacto con la muerte. Ya para el momento de conocer a Luis había asumido sin cuestionamientos el principal dogma del Che, como tantos contemporáneos míos: para tener una vida significativa y contribuir al bienestar de la raza humana era necesario morir, y deprisa. Siguiendo al Che, Luis había sufrido persecución y martirio y —supongo, pues nunca se lo pregunté— también había empuñado un arma. Pienso que para mi generación esa combinación de obediencia ciega y rebeldía total encarnaba nuestro dilema y le daba sentido y dirección. Llegábamos a la edad adulta justo en el momento en que, píldora anticonceptiva y fantasma atómico de por medio, el siglo XX rompía sus lazos con el pasado. Otros jóvenes de mi edad se entregaron al caos gozoso que ofrecían los tiempos —sexo, drogas y rocanrol—. Nosotros tuvimos miedo al vacío, y quisimos imponer el orden de la Revolución, entregados al alivio de sus verdades absolutas. De esta paradoja extrajimos otra que debía regir nuestras propias vidas: volverse revolucionario era entrenarse en la disciplina de la obediencia absoluta: obediencia a Fidel para los que éramos, en realidad, más mediocres («Comandante en jefe, ¡ordene!»), y obediencia al Che para los elegidos, de quienes eran ejemplo los dieciséis cubanos que lo siguieron a las vastedades áridas de Bolivia y ahí quisieron morir como él.

Ernesto Guevara nació en 1928 en Misiones, Argentina: el apodo con el que llegó a firmar hasta los billetes cubanos cuando fue director del Banco Central quería decir simplemente «el argentino». Era inteligente, inquieto, irreverente, idealista y tan terco que se negó a que la brutal asma que padecía lo convirtiera en inválido. Al terminar sus estudios de medicina se lanzó a recorrer el mundo, o por lo menos la parte que le quedaba más cerca, que era América. En Bolivia le tocó vivir la revolución relativamente apacible de Víctor Paz Estenssoro, y en Guatemala presenció un evento que lo marcaría para siempre, el golpe patrocinado por la CIA contra el gobierno del reformista Jacobo Arbenz. Tenía la intención de seguir su recorrido allende los mares, pero en México se topó con un cubano altote, de personalidad arrolladora, que le trastocó el viaje y la vida. De paso, el encuentro muy posiblemente cambió el destino de Fidel, pues se puede especular que sin un estratega nato tan resuelto como Ernesto Guevara las endebles tropas castristas no hubieran logrado la hazaña de derrotar al ejército de Batista.

Desde la primera hora en que se conocieron, Fidel y el Che se unieron en una sola idea obsesiva. El argentino se enlistó a la expedición cubana como médico, pero la misma noche del desastroso desembarco del *Granma*, cuando los rebeldes fueron sorprendidos por la tropa batistiana (según el plan, tendría que haber sido al revés), el Che tomó una decisión crucial. En la desbandada que siguió al ataque —durante la cual murió la mayoría de los ochenta y dos expedicionarios que acompañaban a Fidel— el joven médico tuvo que escoger entre la maleta con su instrumental médico y un rifle. Tomó la decisión que el destino le tenía ya preparada.

Dos años más tarde, cuando «los barbudos» tomaron La Habana, Ernesto Guevara disfrutó del último triunfo de su vida. Fue consagrado por Fidel como héroe y cubano, y se le encargó la dirección del Banco Nacional, primero, y después del Instituto

Nacional de la Reforma Agraria, punta de lanza de la Revolución. Los años que siguieron fueron una larga cauda de errores. Sus programas utópicos y absolutistas ayudaron a destrozar la economía cubana. Sus desavenencias con los dirigentes de la Unión Soviética y también con los cubanos —seguramente hasta con el propio Fidel— lo llevaron a dejar su patria adoptiva en 1965. Es difícil entender las razones que lo impulsaron a embarcarse en una lucha patética en el Congo, con resultados tan humillantes que le tomaría meses recuperar el orgullo. En 1966, volvió clandestinamente a Cuba, y se quedó apenas el tiempo necesario para seleccionar y entrenar al grupo de voluntarios que lo querían más que a su vida, y que lo acompañaron en la fatal expedición boliviana.

Para entonces ya había elaborado su teoría del foco, según la cual un pequeño grupo de hombres armados —como el que desembarcó del *Granma* en las costas de Cuba, digamos— podía servir de motor a un proceso revolucionario. Quiso olvidar que Fidel Castro era un cubano sagaz que conocía muy bien a sus compatriotas, y que no tenía la menor voluntad de martirio. No recordó que antes de montar la expedición del *Granma* su amigo había organizado un importante movimiento nacional con miles de adeptos. Con base en un par de viajes en calidad de turista mochilero, el Che pensó que conocía Bolivia, y decidió ignorar lo obvio. René Dumont, siempre incisivo, lo resume en un pie de página: «... [El Che dio por sentado que a partir de la presencia guerrillera se daría] una revuelta generalizada de los indígenas (inexistentes en Cuba), lo que significa olvidar que para los campesinos bolivianos, amurallados en sus lenguas autóctonas, todo blanco que habla español produce desconfianza, tantas veces los han engañado».

En las páginas de su diario boliviano, tan diferente al diario que escribió José Martí antes de caer abaleado, es difícil saber qué era lo que Ernesto Guevara buscaba en la muerte. ¿La gloria? ¿La absolución? Eso, en todo caso, buscaron tras de él miles de jóvenes que se alzaron en armas como en una gran ola en Perú, Venezuela, Colombia, Uruguay, Brasil, República Dominicana, México, Guatemala, El Salvador y Nicaragua y que, con excepción de este último país y de Colombia, fueron exterminados de manera atroz uno tras otro. Eran grupos armados muy diferentes a los ejércitos guerrilleros que en el sudeste asiático libraron guerras nacionalistas de gran envergadura. Siguiendo al Che, los guerrilleros latinoamericanos —estudiantes universitarios alzados en armas, tantos de ellos— buscaron la gloria individual, mostrando siempre un fatal desprecio por los pobres a los que pretendían redimir, como si los aprendices de redentores fueran hidalgos españoles que sólo en el martirio y en la gesta heroica le pudieran encontrar sentido al trabajo físico y al sudor.

En cuanto a mí, que no conocía Bolivia y que apenas había lanzado una mirada a Cuba, que no sabía nada de los feroces debates que se armaron dentro del Estado cubano acerca del camino económico a seguir, que no entendía qué relación podía haber entre la tenaz lucha del Che contra los «estímulos materiales» y el cajón lleno de dinero que se iba acumulando en la cómoda de mi habitación sin que tuviera en qué gastarlo, que no quería morir en la tortura ni mucho menos matar a nadie, que no deseaba otra cosa más que trascender, ¿qué podía hacer sino lamentar que un guerrillero de ojos dulces se hubiera negado a enseñarme mi destino?

—De la carta sólo tengo los postres —dijo el mesero—. De plato fuerte les puedo ofrecer sirloin o ancas de rana.

Hattie y yo nos miramos con mudo desconsuelo. Había que ser realmente muy carnívora para comer bife día tras día, y las ancas de rana, con su sabor a pollo enmohecido, ya resultaban insoportables. No tenía caso pedir una ensalada: Fidel nos había advertido en la plaza que por este año no habría.

—El sirloin.

—Tengo un vino búlgaro muy bueno.

—No, gracias —dijo Hattie—. Prefiero una cerveza. Misterio insondable: faltaría todo lo demás, pero en Cuba siempre habría cerveza; buena, y en abundancia.

—¿Cómo van tus clases? —preguntó Hattie—. Los alumnos parecen estar muy contentos.

—No sé… no tengo idea de lo que estoy haciendo. Me parece que ya no estoy siguiendo ningún programa. Me afecta mucho la desorientación de los muchachos; sería más fácil si tuvieran alguna idea de qué es lo que quieren lograr, o del tipo de danza que quieren hacer. Pero no tienen ningún punto de referencia: lo único que han visto en toda su vida es lo que hace el Conjunto, y no les gusta. Y como el Conjunto no tiene mucho público, pues tampoco les llama la atención desde el punto de vista del glamour, digamos.

–Les urgen coreografías. Ahora que regrese voy a ver si alguien quiere venir acá a hacer trabajo coreográfico. Anna Sokolow sería ideal.

–Hattie, ¡eres un genio! Por supuesto que Anna tiene que venir. No tiene grandes exigencias técnicas, es muy carismática y su obra siempre tiene gran contenido social. ¡Sería maravilloso! Convéncela.

–No me llevo mucho con ella, pero voy a ver qué puedo hacer. Alguien tiene que venir, porque Elfrida es una gran luchadora, tiene gran disciplina y ha armado algo bueno en la escuela a pesar de todas las dificultades, pero no es coreógrafa. Y sí siento a los muchachos un poco desesperados.

Guardé silencio. Hattie y yo teníamos opiniones muy divergentes en cuanto a Elfrida.

–¿Sabes una cosa? –siguió Hattie sin hacer caso del bache en la conversación–, ya falta poco para que me vaya, he tenido experiencias maravillosas, ha sido muy divertido, ¡a pesar de este perro estreñimiento! La próxima vez que venga me voy a traer un costal de Fibrax; creo que llevo un mes sin que mis malditos intestinos cumplan con su deber; todo ha estado muy bien, pero todavía no entiendo qué estamos haciendo aquí. ¿Sabías que Elfrida ni siquiera fue la primera directora de la escuela? Es más, creo que cuando se construyó la escuela ni siquiera tenían directora. Nombraron a alguien después.

–Sí, y después mandaron llamar a una serie de coreógrafos mexicanos no muy buenos para hacerse cargo de la escuela. No sé ni quién decidió que la ENA tuviera escuela de danza, ni por qué les pareció necesario.

–Pues es un verdadero misterio –dijo Hattie, despachándose el último bocado del maldito sirloin–. A ver qué averiguas en mi ausencia. ¿Pero sabes una cosa? No puedo dejar de pensar que algo tiene que ver todo esto con el discurso de Fidel. Es como quien dice: «Vamos a desarrollar una gran industria de zapatos» o «Vamos a hacer una zafra de diez millones». Todo se hace por decreto, y la danza no nace así… En el arte eso no funciona.

Se limpió la boca con esmero y sacó un lápiz labial de su bolsa.

—¿Y tú? —dijo, tocando un tema que no me era grato—. ¿Qué vas a hacer? —Me escudriñó con sus ojitos cetrinos—. No te conozco mucho, pero me da la impresión de que tienes una gran capacidad para sufrir, y que la estás ejerciendo a plenitud.

Me quedé callada, luchando por no hacer el papelón de estallar en llanto frente a los delegados palestinos y vietnamitas y angolanos.

—¿Te vas a quedar aquí, o piensas volver más tarde? —insistió Hattie—. Aquí haces mucha falta, pero no sé cómo lo tomaría ese novio tuyo. ¿Cómo va eso?

—No sé, Hattie, no sé nada. Estoy tan confundida… —Y estaba a punto de abrirme y confesar todo, lo del guerrillero dulce, y mi resentimiento por las exigencias de Adrián, y la soledad infinita que me embargaba, pero alguien nos interrumpió. Era el guerrillero que le había coqueteado a Nancy.

—¡Hola! —saludó la mar de amable—. ¿No han visto a Nancy?

—Tomó una semana de vacaciones —le dije—. Se fue con su novio, que llegó con la Venceremos —aclaré esto último con cierta saña. Me caía mal.

—¡Ah! Qué lástima. ¿Y tú estás viviendo aquí?

—Sí.

—Pues yo también. ¡Qué coincidencia! ¿No quieres tomar un trago esta noche?

En las dos o tres semanas que duró mi *affaire* con Eduardo, el guerrillero sudamericano que nunca dejó de caerme mal, aprendí muchas cosas. La primera fue que el gobierno cubano fiscalizaba las relaciones sexuales de los huéspedes del Habana Libre. Creo que ni siquiera me había fijado en el personal del Ministerio del Interior que vigilaba los pasillos: tal vez Hattie y yo estábamos hospedadas en el mismo piso, pero no recuerdo que alguien haya impedido que Hattie pasara un momento a charlar a mi habitación, o yo a la suya. En todo caso, las veces que interceptaron a Eduardo rumbo a mi cuarto lo hicieron volver a su piso. Las visitas, le recordaban perentoriamente, estaban prohibidas. Aprendí entonces también las ventajas del entrenamiento clandestino: Eduardo me avisaba por la tarde si iba a pasar por la noche, y por instrucciones suyas yo deslizaba un papelito doblado entre el marco de la puerta y el pasador de la cerradura, de manera que cualquier compañero inspector encargado del pasillo pudiera creer que la puerta estaba cerrada. Ya entrada la noche Eduardo se asomaba por la escalera del servicio; si no había moros en la costa se escurría a toda prisa hasta la habitación y entraba sin tocar.

Nuestros encuentros eran una especie de penitencia. Eduardo no me gustaba ni me simpatizaba, aunque hacía aparatosos esfuerzos por aparentar lo contrario. Tampoco yo le gustaba mucho a Eduardo, aunque él no hacía el menor intento por disfrazarlo. No hubo entre nosotros un solo intercambio de ternura ni un asomo de comunicación, pero me sentí usada por un guerrillero, con lo cual logré disminuir temporalmente la abismante sensación de estar de sobra en el mundo. Y Eduardo siempre se mostró dispuesto a contestar todas mis preguntas. Prendía un cigarro, se recargaba contra la almohada, y comenzaba la lección. ¿Que yo tenía dudas en cuanto al papel del arte en la Revolución? «Eso se te irá aclarando conforme vayas intensificando tu estudio del materialismo dialéctico.» ¿Que la estancia en Cuba me había puesto el mundo de cabeza? «Es natural que así sea, querida: si tú eres un ser humano capaz de reaccionar frente a la realidad, la experiencia de una revolución tiene que contradecir todos los supuestos falsos con los que has manejado tu vida. Esto habla bien de ti.»

Lo interrogaba con ansia acerca de la tortura. Necesitaba saber cómo era, cómo se hacía para resistirla, si se borraba del recuerdo. ¿Era posible perdonar, era posible creer en la bondad fundamental del ser humano después de haber sido torturado? Eduardo en este punto defendía su intimidad, y su reacción era comprensible: creo que son pocas las víctimas que han estado dispuestas a describir no los mecanismos del suplicio —cuántos electrodos y en dónde—, sino sus propias reacciones y la subsiguiente alteración de su paisaje interno. «Óyeme», decía Eduardo, «tú te preocupas demasiado por ese género de cosas. Eso no tiene tanto misterio. Fundamentalmente uno trata de resistir porque no quisiera que otra persona tuviera que pasar por lo mismo que uno. Y después trata de olvidarse del asunto, porque si nosotros estamos luchando por el futuro sería idiota quedarnos varados en el pasado.»

¿Pero el tema del perdón, y el problema de la naturaleza fundamental del ser humano? ¿Acaso los torturadores no son humanos también?

«Lógico que son seres humanos, pero a ti te hace falta entender la teoría de clases. Un torturador es ser humano, pero también es opresor, está al servicio de la clase dominante. Si le buscas por ahí, seguro sale que su papá lo golpeaba de niño y cosas por el estilo, pero eso ya no es problema mío. Si fuera psicólogo o trabajador social o cura trataría de redimirlo, pero soy revolucionario. Ahí es donde entra el tema ese tuyo del perdón: nosotros no somos pacifistas. Nosotros le hemos declarado la guerra a un sistema corrupto, explotador y asesino. Hijo de puta que cogemos, hijo de puta que va al paredón.»

Una sola vez traté de explicarle que más que perdonar en sí, me preocupaba entender cómo recuperar el interés por la vida en un mundo en que el mal absoluto se manifestaba con total impudicia, a lo cual me miró con tanta impaciencia que cancelé el tema de una vez por todas. Pero aunque le parecía que yo hacía dramas donde no había ninguno, también él, a su manera, trató de enseñarme a vivir.

—Tú te planteas unas preguntas tan fundamentales que no pueden tener respuesta nunca. Yo soy más concreto. Lo de la naturaleza del ser humano lo dejo para después del triunfo del socialismo. Por ahora lo que me preocupa es cómo acortar el tiempo de aquí a entonces, para que sean menos los niños que se mueren de hambre, menos los hombres que les pegan a sus mujeres porque no tienen con quién más desquitar la rabia de estar desempleados, menos el número de mujeres que mueren en el parto. Puede que el hombre, aquí y ahora, tenga una capacidad fundamental para el mal (yo y tú también). Pero en el socialismo generaremos al hombre nuevo, tal como lo soñó el Che, y entonces tus preocupaciones dejarán de tener razón de ser.

Me sonrió. Era casi el equivalente de una caricia. Para corresponder al gesto, me guardé el pensamiento que me corroía: ¿cómo se le ocurría que era tema secundario lo de la naturaleza fundamental del hombre? Si el ser humano no era un mecanismo susceptible de perfeccionamiento, si no se podía destapar la maquinaria y reemplazar las partes que no servían por otras buenas, abnegadas y solidarias, si el ser humano iba a ser siempre el mismo —en el mejor de los casos algo egoísta y medio flojo, siempre convenenciero y cogelón—, entonces, ¿el intento por crear a un hombre nuevo no era un esfuerzo perdido de antemano, y quién sabe si hasta peligroso?

Y si los malos eran los opresores y los oprimidos eran los buenos, ¿en dónde quedaba yo, que no había creído ser mala pero que jamás hice nada por ganarme un lugar al lado de los justos? La respuesta se desprendía del mismo trato que me daba Eduardo: yo pertenecía a esa categoría indiferenciada y anodina, acomodaticia y enteramente dispensable —comemierda, en fin— de los artistas, los artesanos, los oficinistas, toda esa runfla pequeñoburguesa que para algo sirve pero que se las arregla para no quedar nunca ni de un lado ni de otro de las grandes luchas, y que está destinada a vagar para siempre en el limbo de la historia. En cuanto a él, no negaba que venía de una familia más o menos acomodada, pero al unirse a la lucha revolucionaria había ido logrando poco a poco trascender sus orígenes, lo que entonces se llamaba «proletarizarse». A veces me parecía que más bien lo que había logrado era extinguir cualquier rasgo de personalidad espontánea o propia.

—¿Tú tienes amigos artistas?

—No, francamente no. Claro que me gusta el arte tanto como a cualquiera… me gusta leer, sobre todo. Hay cierto tipo de novela que te entretiene mucho: me gustan las novelas de detectives. Y luego hay grandes novelas, claro. *Cien años de soledad* me gustó mucho. Y *Así se templó el acero.* ¿No la has leído? De un escritor soviético, sobre la revolución bolchevique, ésa es una novela fantástica, de gran contenido humano.

Eduardo se cuidaba de no revelar gran cosa de su pasado ni de sus actividades presentes, pero un día lo sorprendí en un estallido de mal humor. Había entrado preguntando si no tenía yo un trago que ofrecerle, aunque sabía ya la respuesta.

—Claro, si ni siquiera bebes —refunfuñó, añadiendo este reclamo explícito a la lista que guardaba para sí.

Estuvo de pie un rato frente a mi escritorio, revolviendo libros y papeles y esforzándose por hablar de temas inconsecuentes.

—Habías de leer otra cosa que no fuera sólo novelas —reclamó, revisando los títulos—. Procúrate algo de formación teórica.

Ojeó uno de mis cuadernos y lo dejó caer. Recogió otro. Volteó hacia el closet que tenía siempre abiertas las puertas corredizas y jaló todos los ganchos con ropa hacia un extremo de la barra y luego hasta el lado contrario. Volteó de nuevo al escritorio y le dio una patada corta, dirigida y fuerte a un cajón.

—¡A esta revolución se la está tragando la burocracia, carajo!

Cuando se calmó un poco prendió el radio, encendió un cigarro y se sentó en la esquina de una de las camas, recibiendo en la espalda el viento fresco que entraba por la puerta abierta del balcón.

—No apagues el aire acondicionado —dijo.

—¡Pero si nunca enfría! Sólo hace ruido.

—No importa, déjalo así.

—Hijos de puta… —dijo pasado un tiempo—. Otra vez no me dejaron salir.

Eduardo estaba sufriendo un ataque de impaciencia, según él mismo lo reconoció después. Los guerrilleros latinoamericanos que llegaban a la isla estallaban así con frecuencia, pues su situación era difícil, y aunque los propios cubanos lo comprendían, argumentaban que no podían hacer otra cosa. En primer lugar, por razones de seguridad a Eduardo y a todos los guerrilleros se les requisaba el pasaporte —falso o auténtico, no importaba— en el momento de llegar a Cuba: sin documentos, no tendrían ninguna posibilidad de volver a salir sin la autorización cubana. En segundo lugar, quedaban a partir de ese momento bajo el cuidado —y sobre todo, la supervisión— del Departamento Américas de Manuel Piñeiro.

Los cubanos defendían con enojo esta política cuando lo cuestionaban los camaradas de otros países. Obviamente a Cuba le interesaba alentar las luchas revolucionarias en el hemisferio no sólo por razones de interés propio y del más elemental espíritu de solidaridad, sino porque era su compromiso histórico; pero no por eso iba a exponer sus flancos a la infiltración, ni permitir que el Estado cubano quedara expuesto a burdas acusaciones de intervencionismo por parte del enemigo. En primer lugar, aclaraban, ningún guerrillero entraba, ni de visita ni a recibir asilo, si su organización no había entablado antes una sólida relación con Cuba basada en la cooperación y la información puntual. En segundo lugar, Cuba aportaba desinteresadamente toda la ayuda que estaba en sus manos brindar —desde asistencia diplomática para lograr acuerdos en la eterna guerra de facciones de las organizaciones revolucionarias, hasta el entrenamiento militar más depurado y exigente–, pero no podía dejar de tener injerencia en decisiones que le afectaban: cómo y cuándo un guerrillero emprendía el regreso a su país, y en qué momento su organización pasaba a la fase de la lucha armada.

Tanto la ayuda como los controles los administraba el esposo de Lorna, pero al igual que Eduardo, todos los guerrilleros creían que si lograban hablar directamente con Fidel su situación en la isla se haría más llevadera y lograrían adelantar el retorno a su país de origen. Se conoció en los años siguientes el caso del coronel Francisco Caamaño Deñó, rebelde dominicano con un importante caudal de seguidores entre sus ex compañeros del ejército, que esperó casi cuatro años su mítica entrevista con Fidel y finalmente logró regresar a la República Dominicana, pero sin haberla conseguido. Murió en las primeras escaramuzas del desembarco que había organizado Piñeiro. Con los años, algunos revolucionarios más avezados aprendieron a darle la vuelta al sistema de control cubano. Mario Monje, por ejemplo, el dirigente del Partido Comunista de Bolivia, que tanta desconfianza tenía de los planes insurreccionales del Che, se guardó su desacuerdo para sí cuando la gente de Piñeiro lo mandó llamar a La Habana, y en una serie de maniobras tácticas por conservar su autonomía frente a los cubanos, y para impedir que se le retuviera en la isla, aceptó el entrenamiento militar que se ofreció a los comunistas bolivianos. O, por lo menos, así explicó sus decisiones años después. Otros insurgentes, mandados llamar por

Piñeiro, alegaban prudentemente razones de salud o de seguridad para evitar el viaje.

Eduardo, que había aceptado con gusto la invitación de asistir a la conmemoración del 26 de julio, llevaba apenas unas cuantas semanas en la isla, y ya se estaba impacientando. No quería reponerse de las secuelas de la tortura. No quería hacer un taller intensivo de marxismo. No quería hacer un recorrido de los centros agrícolas cubanos, ni siquiera tomar el curso de entrenamiento de combate que dictaban los guerrilleros más curtidos de la Revolución cubana. Quería regresar a su país y retomar el trabajo organizativo que, sospechaba, se le estaba yendo de las manos. Y ahora le habían dicho por tercera o cuarta vez que lo sentían mucho, compañero, pero tendría que esperar un ratico más para poder hablar de su asunto con el comandante Piñeiro. Prendió un cigarro con la colilla del otro y masticó tres o cuatro frases que no entendí.

—¿Qué? Eduardo, déjame apagarle al aire acondicionado, ¿sí? No te estoy escuchando nada.

—No seas tonta. ¿No ves que si le apagas todos los demás van a escuchar también?

Así aprendí una nueva lección: que, según los más entendidos, las habitaciones del Habana Libre estaban equipadas no sólo con excusado y bidet, lámparas y sillón, sino con un micrófono, cortesía del aparato de seguridad del Estado.

La información más dolorosa la impartió mi instructor sin darse cuenta, una tarde que nos encontramos en el lobby del hotel.

—Vengo de ver a tu amigo —anunció.

—¿Cuál amigo?

—Ese con el que estabas secreteándote la tarde que nos conocimos.

—¿Cómo? ¿Que no se había ido?

—No, sigue aquí. Acabo de verlo en una charla sobre teoría revolucionaria marxista.

—¡Ah!

—¡Qué éxito que tiene con las mujeres ese desgraciado!

En ese instante se desvaneció el efecto analgésico que me había proporcionado la relación de uso mutuo con Eduardo y se redobló el asco que me producía el contacto físico con él, pero todavía nos vimos un par de veces más. Por mi parte hubiera seguido: en la danza había procurado siempre hacer mi aprendizaje cerca de los genios, y según la idea que me había formado de la jerarquía del conocimiento marxista, quienes encarnaban teoría y práctica en un solo cuerpo eran los guerrilleros. Aún no sabía que iba a ser cosa simplísima hacerme de otro maestro, de manera que me interesaba conservar éste, porque mis dudas se multiplicaban.

Había sobre todo un nudo en mi interior que no lograba desatar, y me asombra ahora mi ocurrencia de pensar que Eduardo hubiera podido tan siquiera ayudarme a encontrar uno de sus cabos. Era el siguiente:

—Eduardo —le dije yo—. Creo que tengo claras muchas de las ideas del materialismo histórico, y de la práctica revolucionaria también. Pero lo que me preocupa es que a mí no me gusta la Revolución. No me gusta porque soy artista y no nos tratan bien. No me gusta porque soy anárquica y todo lo quieren controlar. No me gusta. —Aquí, en vez de hablar, señalé el micrófono que supuestamente nos vigilaba desde el techo—. No me gusta porque no creo que los Beatles sean dañinos, ni que el pelo largo tenga que ver con que uno sea revolucionario o no. Bueno, no vamos a tomar en cuenta lo último, porque hasta las revoluciones pueden cometer errores, y yo estoy segura de que lo de los Beatles es un simple error. Pero en fin... lo que te estoy tratando de decir es que no me gusta vivir aquí y al mismo tiempo tengo claro que la Revolución es indispensable para mejorar el futuro de la humanidad. Pero entonces, ¿qué hago yo con mis propias opiniones? ¿Cómo combato lo que siento?

Acepté su respuesta agradecida, porque me proporcionó la única solución posible frente a un nudo que no se puede desatar, que es la de tomar un machete y cortar el estorbo por la mitad.

—Óyeme —dijo Eduardo—. Yo creo que es cierto lo que dices de la postura de la Revolución frente al arte, y de paso estoy de acuerdo en que lo de la censura a los Beatles y a la música de moda es una grandísima cagada, aunque no tenga mucha importancia. El asunto es que la Revolución también hace bien en desconfiar de ustedes, porque los artistas... la mayoría, la mayoría... son siempre esclavos de su propia subjetividad. Como tú.

Tú les das mucha importancia a tus percepciones, que no son más que el reflejo de tu origen de clase. Crees que lo que estás viendo o pensando es verdad, pero esa verdad está dictada por tu concepción pequeñoburguesa del mundo. Te fijas en cosas que jamás serían importantes para ningún proletario. No tendría tiempo de andarse fijando en los detalles que a ti te parecen grandes problemas. (No vayas nunca a decirle a un obrero que te preocupa que a los artistas los traten mal, porque no va a dejar de reírse por horas: ¡un «maltrato» frente a una ola de despidos masivos!) Mira —continuó, navegando feliz por su río socrático—. Vamos echándole cifras al asunto: ¿cuál es la población de América Latina? Doscientos millones y medio de personas. Y de ésos, ¿cuántos son como tú?, es decir, ¿cuántos se ganan la vida sin mayor esfuerzo? ¿Te parece bien quinientos mil? ¿Y cuántos pobres hay? ¿Ya sacaste la cuenta? Muy bien. Entonces, ¿a quién le deben dar prioridad las revoluciones? No te confundas, querida, no te confundas. Esta lucha es a favor de los pobres. La verdad objetiva se encuentra del lado de ellos, y ésa es la que tú tienes que buscar y mantener presente.

Fue Eduardo el que por fin suspendió nuestros encuentros. Me dijo que se iba, y por lo menos es cierto que se fue del hotel, pues no lo volví a ver más. Nos despedimos sin falsos sentimentalismos, aunque él hizo un intento por ser caballeroso. «Fue muy agradable pasar estos ratos contigo», dijo dándome un beso ligero. «En realidad, me había llamado más la atención Nancy. Pero fue muy interesante conocerte.»

8

CRÍTICA Y AUTOCRÍTICA

En cualquier otra época la conferencia que brindó Luis, mi amor perdido, «Latinoamérica: la palabra y las armas en el camino a la libertad» (adivino el título sin temor a equivocarme), hubiera sido un evento cultural destacado, y me habría enterado de él sin necesidad de soportar tan desprevenida el aviso de Eduardo. Pero sucede que la conferencia se perdió en medio de un derroche cultural conmemorativo sólo comparable a la abundancia de lápices, plumas, tachuelas, clavos y cuadernos, todos provenientes de Corea del Norte, que abarrotaron los anaqueles en las tiendas y ferreterías de La Habana, y la cornucopia de tomate, yuca y malanga que llenó todas las jabas de racionamiento. En tributo al Moncada, se imitaba la abundancia. En la Casa de las Américas presentaron conferencias de los integrantes del jurado que cada año otorgaba el premio Casa, incluyendo en esta ocasión al poeta salvadoreño Roque Dalton, el más divertido y sagaz de la asamblea. En la Cinemateca se volvían a proyectar las grandes películas cubanas de los años sesenta –*Lucía, Muerte de un burócrata, Memorias del subdesarrollo*– y hasta se estrenó una película de Antonioni. En el teatro García Lorca presentaba temporada el Ballet Nacional. Tocaban aquí y allá los Van Van, la Orquesta Aragón y la Jorrín.

Y en las calles, por supuesto, había carnaval. Frente al hotel, por la Rampa y a lo largo del Malecón, desfilaban chancleteando los cubanos, sudorosos y eufóricos de cerveza, indiferentes a los aguaceros de la temporada, meneando las caderas las mujeres al compás de sus chancletas, los hombres desfilando con la nalga bien apretada y los brazos desparramados, cara al cielo. Ni una sola consigna, sólo conga y más cerveza, conga y ron. Cuba festejaba el aniversario del Moncada y quizá con mayor entusiasmo el final, por fin, de la zafra de dieciocho meses, la más larga de la historia. (El nombre oficial de 1970 era «Año de los Diez Millones», mientras que 1969, bautizado como «Año del esfuerzo decisivo», era conocido universalmente como el «Año del esfuerzo de si vivo».) Como de costumbre, yo me mantuve al margen de tanta fiesta, escabulléndome hasta de las reuniones a que ahora convocaban Galo y sus amigos. No era solamente que la idea de conocer a otras personas, enfrentarme a su escrutinio y juicio, tratar de adivinar cómo complacerlas, esconderme tras una pantalla de sonrisas y silencio, me resultara un proyecto cada vez más amedrentador. Ocupaban mi tiempo otros planes: estaba investigando la mejor manera de suicidarme.

Supongo que el suicidio tiene una patología más o menos uniforme. Un día cualquiera, en un momento de soledad desprevenida, se asoma uno al espejo en el que acostumbra mirarse y se encuentra con un reflejo al fondo de un pozo desconocido. Por más que se intente ya no se alcanzan a distinguir ojos, nariz, boca, habitación… sólo un oscuro resplandor de agua que se va alejando, hasta que agua y pozo se convierten en un ojo opaco que no se puede dejar de mirar. No recuerdo exactamente cuándo me ocurrió esto a mí, pero ha de haber sido durante los primeros días de agosto, tal vez antes de haber terminado con Eduardo, pero más probablemente después, y también después de que Hattie me dio un rápido abrazo y se embarcó al aeropuerto, dejándome como herencia sus pinzas de depilar, un gigantesco mango en su punto de maduro y los restos de una botella de ron. «Para que puedas brindar con Adrián cuando venga a visitarte», dijo. En todo caso, se me apareció el ojo alguna noche que estaba muy sola. Recuerdo que di vueltas en la jaula de la habitación por horas. A veces me paraba frente al espejo del baño a exprimirme un granito, y otras me sorprendía con el reflejo no buscado de mi espantoso perfil: la nariz, la frente, la barbilla, la nalga, todo fuera de proporción. En una de esas vueltas me quedé atorada, llena de odio y frío y sin poder zafarme de mi propia imagen. Veía mi reflejo pero no veía quién lo habitaba, como si me hubiera convertido en una estatua desocupada por dentro, a punto de cuartearse entera. A partir de entonces el espejo se volvió un peligro, pero también cualquier mirada y también la soledad. El día me hería más que la noche, pero la noche era un insoportable abismo largo. Tenía visiones. Algunas veces, al cerrar los ojos los demonios del frío y el odio invadían el hueco que ahora tenía por cuerpo, y veía horrorizada cómo con sus manos nervudas se apoderaban de lo poco que quedaba de mi corazón —una ciruela pasa comprimida que flotaba en medio de una cueva roja— y lo estrujaban y exprimían mientras yo no sentía nada. En otras ocasiones era una especie de pato, con dientes filosos que le bordeaban el pico, el que me roía el corazón disecado, sosteniéndolo entre sus manitas de canguro. Había dejado de percibir las emociones comunes —alegría, tristeza, miedo, amor— pero al amanecer, cuando abría los ojos y enfrentaba el ojo estéril que me miraba desde el otro lado del pozo, sentía algo parecido a la ilusión ante el alivio de la muerte.

El problema radicaba en la dificultad de morir: pronto me di cuenta de que no bastaba con desearlo. Me asombraba no ser capaz de lograr que se cumpliera un deseo tan absoluto e intenso. No han de haber sido tantas las mañanas como recuerdo, porque recuerdo miles, en que se filtró por las cortinas la luz rosa y dorada del amanecer, trayéndome el asco de la vida, y yo apreté todos los músculos tratando de atraer la muerte. Con el paso de los días, y ante el fracaso, me puse práctica. Ya que la muerte no me obedecía, me tocaba ir a buscarla. El cerebro me hervía en planes —pistolas, cuchillos, electrocuciones— pero topaba siempre con una dificultad insoslayable, que era la incomodidad que mi cadáver les generaría a los demás. Evadir exitosamente este obstáculo al tiempo que resolvía la logística de mi desaparición se volvió la única actividad capaz de mantenerme concentrada por horas.

Un plan recurrente se basaba en los calmantes. Sería fácil conseguirlos: en el hospital había visto que se recetaba el válium como si fuera aspirina, contra cualquier queja de nerviosismo o dificultad para dormir. Podría ir a varios hospitales y hacerme de dos o tres frascos. Me los tomaría una medianoche, después de haber cortado el cable del teléfono y atorado la puerta con el colchón y la silla, venciendo así cualquier tentación de pedir ayuda al último momento. Pero entonces —aquí topaba de nuevo con el problema— le tocaría encontrar mi cuerpo a la camarera. Ni siquiera la conocía: yo acostumbraba salir muy de mañana hacia la escuela, y cuando regresaba por las tardes la habitación estaba ya limpia y vacía. Un cadáver es una cosa muy horrenda —había visto los de mis dos abuelas y un tío— y no tenía por qué endilgarle el espectáculo a una pobre trabajadora que nunca me había hecho un daño y a quien nunca le había hecho un bien.

De manera que los calmantes quedaban descartados. En lo que se me ocurría otra solución eficaz trabajé en el problema del aviso. Había gente que me extrañaría: tocaba explicarles a Graciela, por ejemplo, y a Elaine, por qué desaparecerme del mundo era lo correcto. Fue difícil; el ojo opaco que siempre me estaba mirando ni siquiera me dejaba escribir en paz una carta de despedida. Hubo varios amaneceres que aproveché para hacer jirones la nota elaborada la noche anterior, horrorizada a la luz del día de la cantidad de cursilerías que había sido capaz de anotar. Finalmente rescaté de la memoria un soneto de César Vallejo —en la adolescencia se me pegaron sus poemas— y lo copié en mi mejor letra:

> *De todo esto yo soy el único que parte.*
> *De este banco me voy, de mis calzones,*
> *de mi gran situación, de mis acciones,*
> *de mi número hendido parte a parte,*
> *de todo esto yo soy el único que parte.*

Por alguna razón se me hizo que venía al caso, y que bastaría para explicar todo. En la antesalita de la habitación, encima del escritorio, había un tablero de corcho. Gasté una caja entera de tachuelas norcoreanas procurando una a la que no se le desprendiera la cabeza en el momento de presionarla contra el tablero, pero finalmente logré clavar la hoja de papel con dos agujas hurtadas a mi estuche de costura. Se veía bien, y por algunas horas disfruté del descanso que otorgan los logros.

¿Y si me metía al mar como Virginia Woolf o Alfonsina Storni, poeta argentina de la predilección de Graciela? El día que acababa de empezar me reforzaba a cada instante la necesidad de morirme. La helada luz neón de la cafetería; la nata que flotaba encima del café con leche tibio, sustancia asquerosa que sin embargo sorbí; el tufo a benzina y el sordo ruido de los motores en la parada de la guagua frente al Coppelia; el incrustado olor a sudor que se desprendió del sobaco de mi vestido limpio al alzar la mano hacia el pasamanos grasiento; el saludo lento, como de un tlaconete que se despierta, del pene que algún cubano me estaba refregando en las nalgas al amparo de la guagua atestada —¿hubo alguna mañana en que no se diera esta afrenta?—; el poliéster de su pantalón contra mis pantorrillas desnudas; el bochorno de la selva de Cubanacán, y la hoja espinuda que se me enmarañó en el pelo cuando me sostenía los anteojos con las dos manos para evitar que se me resbalaran por la nariz; el sofoco de ir a toda prisa por la vereda mientras el calor me levantaba urticaria en los muslos, en el punto exacto donde se frotaban uno contra otro… toda sensación, todo contacto, era una constancia de la insoportable irritación sin tregua de estar viva.

«¿No han llegado los demás?», preguntaba frente a los alumnos aunque era yo la que llegaba tarde, y sin dar tiempo de que fueran a buscar a los que se habían quedado en el patio, empezaba la clase, desgraciada y viva.

¿Y si me ahogara en el mar? Si ya lo hubiera hecho, ahora mismo no tendría que estar pensando en la manera de confesarle a Sandra Neels que nunca llegaría a presentar su obra en La Habana; que es más, que ni siquiera había logrado ensayarla completa, porque los ensayos se habían vuelto sesiones como ésta, en que me quedaba arrinconada minutos sin fin en una esquina del salón, escuchando la lluvia o el viento, contando ladrillos. Ya no me movía: en un pasado que me parecía lejano había disfrutado de una cierta habilidad para ejecutar los largos adagios que diseñaba Merce, inclinando el torso en ángulos improbables mientras la pierna que estaba en el aire tejía sus propios diseños. Hoy no era capaz de bailar una sola frase sin trastabillar. «Para Alma, con admiración y cariño», había escrito Sandy en el sobre en el que se guardaban las tarjetas… ¿Y si me ahogara?

¿Si me llenara los bolsillos de piedras antes de meterme al agua? Pero este mar Caribe hacía flotar en sus olas a cualquiera. Si me pusiera un chaleco con bolsillos y los llenara de piedras tal vez me lograría ahogar. Pero se veía sospechoso que me metiera al mar vestida con chaleco de bolsillos, y luego las mismas olas se encargarían de arrancarme las piedras. Sería mejor conseguir una pistola, meterme al mar en biquini (pero ¿cómo disfrazar la pistola?), alejarme de la playa y pegarme un tiro. Pero si tuviera una pistola no tendría que meterme al mar: podría simplemente pegarme el tiro en la habitación. El problema era que, sin haberlo intentado jamás, no tenía idea de cómo hacerme de una pistola. Y en el camino de la escuela al hotel, recordé que ya había descartado la idea de morir en la habitación.

En la recepción del hotel vi con sobresalto un sobre que descansaba en el casillero al lado de la llave. Abrí el telegrama ahí mismo por si traía alguna noticia fatal.

Pienso viaje posible. Llamarte viernes 5 pm hotel. Espérame.

ADRIÁN

Lo odié. ¿Cómo se le ocurría meterse a mi territorio, venir a Cuba y agregarle aún más exigencias a esta vida con la que apenas podía? ¡Qué afán de perseguirme! ¿Por qué no me dejaba tranquila? Asediada desde ya por su respiración urgente y su deseo, subí a la habitación hecha un torbellino, azotando puertas, resoplando. «¡Déjame en paz!» Qué haría qué haría qué haría con este hombre al que se le había metido quién sabe qué terca y malsana obsesión por mí.

Fueron días en que casi no me aparté del recorrido escuela-hotel, aunque hubiera dado mucho por huir a cualquier otro lugar. Tenía la sensación de llevar de un lado a otro el cascarón de mí misma, como si fuera en una carretilla, tratando de que no se hiciera mil pedazos. Aunque el cascarón no pesaba, el esfuerzo de acarrearme era agotador. Así cargué conmigo una tarde que recuerdo simplemente por el hecho de haber arriesgado una salida a la calle: necesitaba tramitar mi carnet de técnico extranjero en una oficina cercana. A medio camino pensé que el sol me dejaría aplastada y plana contra la banqueta de la avenida y que me tocaría quedar allí para siempre, incapaz de levantarme, invisible, gimiendo y luchando por respirar. Pensé que nunca conseguiría dar los cincuenta pasos que me separaban del edificio del Ministerio del Interior. Un cubano (¡había tantos!) me siguió de cerca, su aliento en mi nuca, murmurando obscenidades cada vez más grotescas. Como en cámara lenta volteé, haciendo un esfuerzo por que me saliera la voz. «Déjeme tranquila, por lo que más quiera…»

Se asustó. «Coño, chica, yo pensé que tú eras búlgara. *Peddóname.*»

El trámite fue fácil. Me tomaron una foto para la credencial. No me reconocí.

De regreso al hotel descubrí que había perdido la capacidad de leer, y pasé el final del día sentada en la cama, con el filoso borde de la cabecera encajado entre vértebra y vértebra, mirando la pared. Faltaban dos días para que llamara Adrián.

Descarté la idea de lanzarme frente a un carro: a la velocidad que andaban las vetustas naves habaneras siempre tendrían tiempo de frenar, tal vez después de triturarme una pierna o dejarme idiota para siempre. Una tarde, en cambio, se me ocurrió arrojarme a las vías de un tren. ¡No quedaría nada de mí! El alivio de esta idea me tranquilizó durante varios días. Era un plan que podía llevar a cabo a solas, sin que después en el *Granma* los testigos reconstruyeran el hecho para la sección de educación vial, «Semáforo Rojo». («"La muchacha estaba como siempre, en la parada de la guagua de Línea y 23, pero se la veía bastante nerviosa", dijo a esta sección el cabo segundo. Rubén Pérez.») Todo el problema consistía en averiguar por dónde pasaba el tren que salía un par de veces por semana rumbo a Santiago, y encontrar la mejor manera de desplazarme hasta un trecho de las vías que quedara a campo abierto. Guardé esta idea como si fuera golosina, sabiendo que la podía sacar y aprovechar en cualquier momento, y Tere comentó que seguramente había recibido carta de Adrián, de lo sonriente que me veía. Pero la solución perfecta me duró poco: cuando le dije a Lorna que sería muy bueno hacer un viaje en tren a Santiago antes de despedirme de Cuba, y que me fascinaría ver en un mapa por donde pasaba el ferrocarril, respondió que trataría de conseguirme el permiso correspondiente en las semanas que me quedaban, pero que los mapas viales estaban prohibidos por razones de seguridad. De manera que sería casi imposible acercarme a las vías por cuenta propia, y un desconocido difícilmente aceptaría transportar por el campo cubano a una extranjera sin el permiso adecuado. ¿Qué clase de trampa era este país que no dejaba siquiera que la gente se matara en paz?

Un viernes al llegar a la escuela, encontré a Hilda y a los maestros del área académica en un estado de preocupación y ansia cercano al llanto. Entre clase y clase la secretaria de la escuela me llamó aparte para contarme lo ocurrido. Habían convocado a varias sesiones consecutivas de trabajo voluntario −unas jornadas de limpieza y remozamiento de la escuela−, y aprovechando la ausencia de los más pequeños para el fin de semana recién pasado, comenzaron por ese dormitorio.

−No sé cuánto tiempo habrá pasado sin que se asomara por ahí algún adulto −dijo−. Yo no sé qué pasó con la supervisión. Me siento tan mal, chica, como si hubiera vivido alguna pesadilla.

Hilda, que tenía la manía de arrancarse los pellejitos de las uñas, tenía el pulgar en carne viva.

−Imagínate que cuando entramos, casi nos saca el tufo −contó raspándose otro dedo−. ¡Era un olor…! Y en el dormitorio de los menores, todas las paredes pintarrajeadas con palabras groseras, y dibujos de… tú sabes. Y cuando nos vamos dando cuenta, resulta que todas esas porquerías estaban pintadas con excrementos. ¡No te alcanzas a imaginar! ¡Con mierda pura! Yo no he podido dormir, no he podido comer. ¿Eso es lo que representa la escuela, lo que representa la Revolución para esos muchachos? ¿Es que hemos convertido esto en un manicomio, que los niños que hemos escogido del campo para darles lo mejor, los guajiritos que pensamos que deben de sentir orgullo y amor por su escuela nos odian tanto que todo lo cubren de mierda? Estamos muy mal. No sé qué es lo que estamos haciendo, pero todo está de cabeza. Siento que todo el trabajo que hemos hecho aquí ha sido una equivocación monstruosa, fatal.

Empezó a llorar.

—Ay, Alma, hubieras visto… ¡Las sábanas con unas manchas!… mejor ni pensar. Los colchones reventados. Los excusados eran una inmundicia tan grande que antes de entrar pasamos horas echando cubetadas de agua con lejía desde la puerta. Yo vomité, chica. Nadábamos en mierda. Un manicomio, chica, un manicomio… —Hilda sollozaba—. ¿Cómo llegamos a esto? ¿Para qué sirve esta escuela? No entiendo.

Por supuesto que los muchachos de quinto año, que eran todos de La Habana y vivían en sus casas, ya se habían enterado. En la clase estaban serios y distraídos.

—Manolo, estamos trabajando con el pie izquierdo —le advertí al hijo de españoles—. Con el izquierdo, Manolo… —insistí sin efecto—. Con el otro pie izquierdo… —Nadie sonrió ante el chiste bobo que siempre les había hecho gracia.

Suspendí la clase.

—¿Ustedes ya sabían lo de los dormitorios?

—La verdad es que también nosotros tenemos bastante responsabilidad en esto, porque hace mucho que dejamos de tratar de convivir con los alumnos menores —dijo Manolo. Siempre me hacía sonreír el lenguaje un poco retórico y serísimo que habían adoptado los jóvenes en Cuba, y que contrastaba con sus modos medio salvajes. José se hurgaba un pie, buscando el nacimiento de una verruga. Antonia, sentada de perfil ligeramente al margen del círculo que habíamos formado, miraba tercamente al muro, y compartía su encendido silencio Orlando, como si el motivo de la rabia que parecía estarlos consumiendo fuéramos nosotros. Por su edad, Orlando era el único del grupo que estaba internado, aunque no en el mismo dormitorio que los alumnos más chicos.

—Se supone que ellos se tendrían que estar turnando —se justificó Roberto—. Que tienen brigadas de mantenimiento en cada dormitorio, y que alguien los tendría que estar supervisando, no sé quién. ¡Pero es que esos muchachitos son candela! No quieren estar aquí. No nos quieren. Hay algunos de ellos, los más guapos, peleoneros, tú sabes, que vienen del campo. Resulta que sus papás los quisieron colocar aquí porque la comida es gratis y para un guajiro una boca menos que alimentar es un alivio significativo. Pero la verdad es que toda la motivación es de los papás. ¡Y sería mejor que fueran también ellos los que se metieran de alumnos! Porque por lo menos tienen claras las ventajas, mientras que los niños lo único que saben es que un día tienen papá y mamá y hermanos y todo el campo adonde correr, y al otro día están metidos aquí y nadie les grita ni los molesta pero tampoco les hace caso. Y como de verdad son animalitos de monte, no hay quien los controle.

—¡Roberto, no los llames así! —gritó la gordita Pilar alterada—. Tú no puedes decirle animal a un niño.

—¡Chica, cálmate! —le susurraron los demás, pero Pilar no se calmó.

—¡No son animales! Animales somos los que no hemos sabido cuidarlos ni defenderlos ni educarlos. Tú no puedes dejar a un niño así indefenso, suelto en el mundo, porque el resultado es lo que ahora estamos viendo. Un niño no se merece eso. Se le da el litro de leche, el uniforme, la instrucción… y el cariño, ¿qué?

Nos quedamos en silencio. Finalmente habló José.

—Es un problema grande, pero nosotros no tenemos cómo abordarlo. Si te das cuenta, tiene que ver con la misma estructura de la escuela. Para resolverlo habría que comenzar todo de nuevo, pero eso nada más le puede corresponder a la dirección. Además, ya tú te has dado cuenta de que aquí no se discute nada. Uno plantea la discusión y enseguida lo miran como traidor. El problema no es ni siquiera Elfrida…

—¡Ahí viene! —siseó de pronto Antonia, y todos nos pusimos de pie.

—Adagio, criaturas —dije—. A ver si esta vez ponen atención.

El incidente de los dormitorios incrementó mis penas, aunque al mismo tiempo les quitara el filo por unas horas. Por lo menos sentí el consuelo de compartir una desgracia, y tuve material de reflexión. Si a mí me hubieran metido a un internado, seguramente hubiera agradecido la refrescante ausencia de mis padres. No lograba imaginar en qué circunstancias me hubiera apetecido pintar los muros con mi propia mierda, y sin embargo… la sensación de vergüenza mezclada con rabia, como si hubiera sido yo la que dejó sus huellas en la pared, me gustaba. Qué mal estaba todo. Qué soledad más desalmada la de cada uno. ¿Acaso hubiera sido mejor dejar a esos niños en el campo, sin futuro? Distraída, cavilando, me topé de frente en la entrada del hotel con el ojo acechor, el torturador que había estado esperando nuestra cita. Era viernes: Adrián estaba por llamar. Hoy, frente al ojo, comprobaría la pobreza de mi corazón.

El Habana Libre tenía instalado en un pequeño corredor lateral una peluquería, algunas oficinas, los restos en descomposición de la típica tienda de hotel —sin la pasta de dientes ni los mapas ni llaveros ni hojas de afeitar que ofrecen esas tiendas— y una media docena de cabinas de larga distancia. Haciendo cita y esperando mucho, cualquiera podía hacer una llamada desde ese puesto. Los que estábamos hospedados en el hotel esperábamos menos, y podíamos recibir ahí también nuestras llamadas internacionales.

En ese túnel sin ventanas, el calor y la humedad adquirían densidad palpable. La luz del tubo de neón, atornillado desnudo contra el techo, realzaba el maquillaje corrido de las telefonistas y las manchas de sudor en sus uniformes azul y blanco. Sentada en una de las bancas de madera del área de espera y tratando de adivinar cuántas llamadas faltaban para que entrara la mía, inhalaba vapor y exhalaba un vaho amargo, y no lograba calmar un revoloteo incesante en el estómago. En la cabina el calor aumentaba varios grados, y para poder respirar había que mantener la puerta abierta con un codo o con el pie. Todos hablábamos así, con la puerta abierta, el cuerpo afuera y la cabeza metida en la cabina, buscando al mismo tiempo aire y privacidad, sin conseguir ninguno de los dos. El saludo de Adrián surcó ríos, valles y mares. Nos conocíamos poco, y sin embargo comprobé con sobresalto que su voz dengosa me era tan íntima como mi propia saliva. Se le oía felicísimo.

—Buenas noticias. ¿Te acuerdas de mi amigo Jonathan, el de Coney Island que me dejaba dormir en el sofá? Tiene un amigo que está en la Venceremos, y la semana que viene voy a hablar con él, a ver si me puedo incorporar a la próxima brigada.

¡Qué inmadurez! ¡Treinta y tres años y durmiendo en un sofá! ¿Y acaso no sabía que en las Venceremos sólo admitían a los militantes más aguerridos, revolucionarios que de tan puros lograban lavar la culpa inmensa de ser yanquis? Este hombre ignorante era el que ahora reclamaba el derecho de ser mi novio.

—¿... Hola? ¿Me escuchas?

—Hola, sí.

Rió desconcertado.

—Parece que no te emociona mucho la propuesta. ¿No quieres verme?

—Sí, claro que me gustaría verte. No sé en dónde te vas a quedar...

—¿Estás diciendo que no me voy a quedar contigo? No me interesa viajar a La Habana por ver su arquitectura, ¿sabes?

—Aquí en el hotel estaría prohibido. Pero en realidad me vas a ver poco si vienes con la Venceremos. Se la pasan tumbando caña.

—Pero yo me voy a escapar de la brigada en cuanto lleguemos, y me la voy a pasar tumbándote a ti.

Le interrumpí la risa con un murmullo escandalizado.

—Adrián, ¡cómo se te ocurre! ¡Eso sería un engaño! —¿Qué pensarían los agentes del Ministerio del Interior que nos estaban escuchando? ¿Que yo era novia de un contrarrevolucionario?

—Pero si quieres que vaya no tengo otra posibilidad. ¿Quieres verme?

El silencio entre los dos se alargó horrendamente.

—Me gustaría mucho verte, pero no me parece correcto el engaño.

—No sabía que tuvieras tanto respeto por las señales de tránsito.

La pausa duró sin que yo encontrara forma de romperla. Fue Adrián el que por fin cambió de tema.

—¿Y qué poetas has estado leyendo?

—Roque Dalton, un poeta revolucionario salvadoreño.

—¿Sí? Me gustaría leerlo. ¿Por qué no me copias algunos poemas y me los mandas? Yo estoy leyendo a Valéry. ¿Lo conoces? Es casi tan bueno como yo. En general no me gustan los franceses del siglo pasado; son decadentes. Pero formalmente este tipo es inasaltable. Puedes agarrar cualquier poema, examinarlo, ponerlo de cabeza, y sigue tal cual, blindado. Te gustaría.

Otro silencio.

–Entonces, ¿me vas a avisar si te dejan entrar a la Venceremos?

–Claro.

El 11 de agosto la monotonía sin par y sin descanso de la primera plana del *Granma* se rompió con un encabezado electrizante, venido de un extremo del mundo que no conocía, pero
que me era familiar. Hacía ya dos meses que un día sí y otro no
el periódico traía en sus páginas interiores alguna noticia infor-
mando de una nueva actividad –escandalosa, irreverente, original, impredecible– de una organización guerrillera que en 1963
había empezado a actuar en Uruguay, la patria de mi amiga
Graciela. Si Graciela fuera guerrillera, pensaba yo, evidentemente tendría que ser como los Tupamaros: hiperintelectual,
improbable, rigurosa, loca. Y efectivamente, aunque a Graciela
todo lo que tuviera que ver con militancia política y rigidez del
pensamiento la irritara y le hiciera cambiar de tema inmediatamente, en cada acto Tupamaro yo encontraba un aire de familia. Según había podido colegir de mis lecturas en el *Granma*,
la actividad preferida del Movimiento de Liberación Nacional
(autollamado Tupamaros en honor al inca Tupac Amaro, un
héroe de la resistencia antiespañola) era tomar por asalto una
residencia de gente adinerada, cerrar todas las puertas y alec-
cionar tranquilamente a los habitantes sobre los males del capitalismo. Otras veces asaltaban los camiones que abastecían los
supermercados y los llevaban a los barrios pobres, donde hacían llover despensas de alimentos. Su ingenio era notorio, su
pericia técnica también, y se habían granjeado la simpatía de
muchos al derramar tan poca sangre en sus actos de propagan-
da armada. En el mismísimo centro de Montevideo habían logrado extraer centenares de armas del arsenal del Centro de
Instrucción de la Marina, sin disparar un tiro. Según entendí en
algún libro sobre los Tupamaros, en esta guerrilla abundaban no
solamente los egresados de Filosofía y Letras que normalmente engrosan las filas de la militancia armada, sino médicos e ingenieros. (Aunque también, era necesario aclarar, contaban
con un importante contingente proletario; notablemente, los

cortadores de caña de las provincias que hacían frontera con Brasil.)

Yo estaba encantada con los Tupamaros. Seguramente eran todos guapísimos y muy finos. Vestirían cuello de tortuga blanco y escucharían a Brahms, como Jorge. Harían chistes como los de Jorge, que al ver un día la pasta de dientes que había traído de Estados Unidos, novedosamente transparente y listada en verde y blanco, había preguntado si, al cepillarse los dientes con eso, la voz le saldría en FM. Siempre cool, mis héroes repartirían el botín de los asaltos entre los pobres, pero sabrían tomar buen vino (salvo los trabajadores cañeros, por supuesto). Conforme aumentaba su presencia en el *Granma* iba cambiando mi perspectiva sobre la lucha revolucionaria, y en esos tiempos sencillos antes de que la clase gobernante en todo el cono sur se alzara como un solo hombre y al grito de «¡Ya basta!» aplastara sin mayor problema los molestos brotes subversivos, no fui la única entusiasta. Parecían una alternativa a la guerra sin cuartel, y sin humor ni música del Che. Robar alimentos y armas ante las propias narices de la burguesía, esconderse bajo sus propias narices, vivir entre ellos al tiempo que ponían al mundo de cabeza…¡qué divertido! Con semejantes émulos hasta yo podría soñar con ser digna un día de la vida y de la lucha. Imaginación y temple no me habrían de faltar, pensaba, soñando que tenía un estudio de danza moderna en Montevideo, adonde llegaba, herido, un guerrillero hermoso que escondía en el desván. Toda América Latina se volcaría a seguir el ejemplo de esta organización guerrillera justa, pacífica, amable, y en su gran cauda yo podría ofrendar mi vida con alegría, concebir una alternativa a este anhelo de suicidio que estaba acabando conmigo.

Apareció, sin embargo, el encabezado que alteró la fantasía.

EJECUTAN LOS TUPAMAROS AL AGENTE DE LA CIA
Y EL FBI, DAN MITRIONE

Montevideo, agosto 10 (PL): Dan Anthony Mitrione, de la CIA y agente del FBI en la policía uruguaya, interventor en Santo Domingo en 1965, organizador de la tortura política en el Brasil y presumiblemente aquí también, fue muerto hoy por el Movimiento de Liberación Nacional (Tupamaros).

El cadáver del agente estadounidense fue hallado a las cuatro de la mañana con dos balazos en la cabeza en el interior de un automóvil marca Buick abandonado en el barrio Puerto Rico, en esta capital.

Lo encontraron a las cuatro: ¿lo habrían matado a las tres? ¿Se habría dado cuenta? La película de su muerte se proyectaba a las más altas horas del insomnio sobre la pared en blanco de mi mente. Tres hombres enmascarados entran al cubículo de cemento armado donde el secuestrado ha permanecido diez días amarrado a la pata de un catre: «Vamos, Mitrione, tenemos la orden de soltarte». Lo suben a la cajuela del carro, esposado y vendado de ojos y boca, y él coopera: si lo van a soltar, es mejor cooperar. Si lo llevan a ejecutar, no tiene caso ya oponerse. Piensa en su mujer, en sus hijos, tal vez no en los presos amarrados y vendados de ojos y boca, como si fueran lomos de res, que sus discípulos le habrán traído tantas veces a la sala de tortura: «Maestro, ¿por dónde empezamos?». Trata de no pensar que, si no le han mentido, mañana en la embajada se estará desayunando café con leche y medias lunas a la luz del sol y con un cambio de ropa limpia, riendo con torpeza, asustado del ruido extraño que produce su propia garganta. Trata de no pensar en eso porque hay que concentrarse en lo inmediato: respirar sin toser a pesar del aire que los humos del escape han vuelto espeso; mantener flojos los músculos para evitar un calambre. Alguien detiene el auto, apaga el motor, se acerca y abre la cajuela. Para su vergüenza enorme y final, el secuestrado se orina, pero inmediatamente se da cuenta de que no tiene caso avergonzarse porque ya escuchó el gatillo. ¿Le habrán puesto silenciador?, alcanza a pensar.

Viendo la escena como si la estuvieran proyectando con luz neón, pensaba yo: «Cuando la bala penetró el cráneo con la velocidad y el calor del fuego, ¿lo alcanzó a sentir? ¿Aunque fuera apenas por un microsegundo? ¿Cómo se siente morir de un balazo?».

Repasé la nota una segunda vez. De manera que los Tupamaros no se parecían a Graciela. No escuchaban a Brahms, o si lo hacían, lo escuchaban de manera contaminada. De manera que para ser guerrillero, del tipo que fuera, de cualquier organización, había que estar dispuesto no sólo a morir, sin el privilegio de escoger la propia muerte que yo reclamaba, sino también a ejecutar a un preso maniatado y encapuchado. «Déjenme decir, a riesgo de parecer ridículo, que al verdadero revolucionario lo motiva un profundo sentimiento de ternura», etcétera. De manera que así era. Leía la nota y saltaban en medio de los renglones otras frases, por más que yo tratara de aplastarlas como si fueran moscas. «Considerando en frío, imparcialmente, que el hombre es triste, tose y, sin embargo, se complace en su pecho colorado…» ¿Por qué tenía yo que pensar en el repulsivo gringo gordo Dan Mitrione y en César Vallejo en el mismo instante? «… que lo único que hace es componerse de días; que es lóbrego mamífero y se peina…» Avergonzada ante el ojo ciego que me seguía mirando, traté de justificarme. Pero el hecho es que fracasaba nuevamente: sentía conmiseración por un criminal y confundía revolución y poesía.

Obsesivamente volvía a mis preguntas: ¿quién era? ¿Quién podía yo ser? Por supuesto, no era nadie. Pero era imposible vivir sin tener con quién soñar. No sería como el Che, y evidentemente tampoco como los Tupamaros —no, por lo menos, si me tocaba tener en frente el cuerpo fofo y cansado de un gringo cruel y unir mi destino al suyo por medio de una bala.

El sábado en la mañana vino a buscarme Carlos, el más cariñoso de los íntimos de Galo, el que había adivinado que yo no era feliz.

—¿Y qué, mi amor? —reclamó cuando bajé al lobby—. ¿Ya no te acuerdas de los amigos? Estamos todos preocupados porque no te reportas.

¿Será que alguna vez supe cómo se ganaba la vida? Carlos parecía maestro, pero aunque el impedimento a que los homosexuales ejercieran la docencia no se había vuelto explícito, en los hechos ya existía. No creo que trabajara en una oficina, puesto que siempre que planeábamos una excursión era él el que tenía tiempo para hacer la cola. A Carlos lo que le quedaba bien era la vida doméstica: tenía modos suaves y una natural disposición a conciliar y a cuidar de los demás, y en aquel agosto Fidel aún no había promulgado la ley contra la vagancia, que obligaba a todo el mundo a tener empleo, así que es posible que se dedicara a algún oficio en su propia casa. Era lindo. Tenía unos ojos pestañudos muy dulces y una boca bien dibujada. No estaba gordo pero tenía las mejillas redondas, y su torso me pareció en ese momento una almohada deliciosa. Olía rico. En el mismo rincón del lobby donde me había estado esperando me sentó en el sofá y me abrazó un rato largo antes de escudriñarme la cara.

—Tú no estás bien, ¿verdad?

Me acurrucó a su lado y esperó sin prisas a que me decidiera a contarle lo que estaba a mi alcance decir de todo lo que me pasaba. No le conté del guerrillero Luis ni de la ofensa que había cometido contra mi propio cuerpo con Eduardo. Le hablé de mi traición a Adrián, de nuestra espantosa conversación el día anterior, de la culpa que me provocaba haberlo invitado a La Habana al mismo tiempo que le escribía cartas coquetas a Jorge, de la retorcida frialdad de mi corazón, del fracaso con la coreografía de Sandy, la falta de orientación en la escuela y el escándalo de los niños internos, y sobre todo de la sensación terrible de estar de más en este mundo, asolada por el horror en Vietnam, negada para la danza, inútil para la guerra que exigía la Revolución, incapacitada para el cariño, tal como lo demostraba no sólo con Adrián sino precisamente con él y los otros amigos. Era incapaz tan siquiera de mantenerme en contacto con ellos. Tampoco tenía nada que aportarles.

—Pues a mí me sirve de mucho cuando me haces reír, o cuando te quedas callada y escuchas.

Le expliqué que se trataba de dos talentos muy limitados y superficiales y que él no me conocía bien ni sabía lo egoísta y quebradizo que era mi verdadero ser. Le dije, sin poderme censurar, que me había portado tan mal con Adrián porque ya no tenía la capacidad de sentir, puesto que mi corazón se había disecado y ahora se parecía a una ciruela pasa. Y ya encarrerada en la confesión, añadí que por eso me quería matar.

—¿De verdad? Coño, qué valiente. ¿Y qué método piensas usar?

—Pues fíjate que no sé. Lo he estado pensando mucho, pero no es fácil, ¿vieras? Ya pensé en una sobredosis pero si me arrepiento a medio camino va a ser problemático. Luego está la idea de ahogarse, pero la veo muy difícil: uno flota. Solamente que fuera con piedras y un chaleco. También se me ocurrió que podía pegarme un tiro, pero no sé cómo conseguir una pistola… –Me empezó a dar risa mientras le narraba los pormenores de mis planes–. La mejor idea es la de lanzarse a las vías de un tren, pero necesito un mapa para ver por dónde pasa el ferrocarril de Santiago.

–Pues mira que lo que te ha faltado es imaginación, porque no hay nada más fácil que ese suicidio que te interesa. Basta con que tú coloques la pistola con el gatillo amarrado en la perilla de tu puerta. Enseguida te vas corriendo a la playa en biquini y cargas algunas piedras y te pones el chaleco, y cuando te devuelvas a la habitación a buscar el mapa de Santiago que se te olvidó, al abrir la puerta se dispara la pistola, que si no te mata por lo menos mete un desorden en la habitación que lo va a tener que venir a arreglar la camarera, y así la vas a poder conocer y llenarás esa ausencia fundamental en tu entramado social. Ahora, que cómo consigues la pistola, yo tampoco sé.

En el lobby del Habana Libre no se podía hacer mucho más que reír un rato. Las ganas de llorar se me quedaron atravesadas en el pecho como si hubiera tragado una granada de fragmentación, y resistí la invitación de Carlos de ir a comer a casa o hacer la cola en el Coppelia. Hubiera tenido que llevar el cascarón de mí misma otra vez en carretilla, y sólo quería depositarlo un rato en la cama, aunque esa misma cama fuera el lugar de mis terrores.

–Bueno, te portas bien con Adrián, ¿me oyes? Es tu novio, y entre los novios siempre hay alejamientos y reencuentros. Total, no hay ningún problema con que él venga. Se pueden ir a vivir con Galo, que tiene lugar, y entre todos les armamos las comidas y las excursiones. Te haría bien divertirte un poco.

Subí de nuevo al cuarto color bilis. Me parece recordar que durante las siguientes horas llevé la cuenta de cada uno de los segundos que transcurrieron. No tenía motivo alguno para salir de la habitación. En la calle sólo me aguardaba el inevitable asedio de algún cubano y del sol. En casa de Tere o de Galo o de Carlos tendría necesidad de fingir que estaba viva y que tenía sentimientos parecidos a los de los demás seres humanos. «Entre los novios siempre hay alejamientos y reencuentros…» Vi formarse cada segundo, lento y barrigón, y vi cómo caía pesadamente cada uno.

En realidad la mejor solución la tuve clara desde el primer día en que amanecí con el corazón arrugado y seco: lo más sencillo y rápido que podía hacer era lanzarme por el balcón del cuarto, ese mismo balcón al que, por miedo al vacío, nunca me asomaba. Once pisos bastarían para deshacer mi cuerpo casi completamente, pensé. No habría oportunidad de arrepentirse, y no sería tan difícil para los trabajadores de limpieza hacerse cargo del asunto. Tere, que vivía a la vuelta, podría hacer el favor de identificarme. Si bien sería desagradable para ella, era la persona indicada. No me quería demasiado –no tanto como mi madre, por ejemplo–, y sin embargo la podía considerar mi amiga.

En este punto normalmente pensaba en mi madre. Aunque con el corazón atrofiado como lo traía, sentía que ella no me importaba mucho, sabía que yo era el único punto fijo en su aventurada existencia. (Mi madre había navegado por varias ciudades, muchos empleos, algunos matrimonios, siempre un poco a la deriva y con la sonrisa radiante.) Me la imaginaba sosteniendo el auricular en silencio, recibiendo la noticia en las apretadas sílabas de Elfrida. La veía golpearse contra la pared, aullando. La veía empacar una maleta y la veía en la Sección de Intereses Cubanos suplicando el permiso para viajar a La Habana con el fin de retirar el cadáver de su hija, y todo esto me parecía inaceptable. Pero durante unos lentos minutos de esa madrugada se me olvidó pensar en ella. Asomaba entre las cortinas una helada luz azul, y me urgía hacer algo antes de que los tonos rosas y dorados de otro amanecer cubano me trajeran nuevamente el asco insoportable de la vida y el tormento de otro domingo en el silencio y el vacío. Era simplemente cuestión de juntar la nauseabunda muerte que ya me había invadido con la muerte real. Me urgía el consuelo de un viento fresco silbando contra mis oídos a lo largo de una caída vertiginosa y dulce.

Me levanté de la cama, abrí la puerta, salí al balcón y me monté en el barandal como si fuera a caballo. La dificultad física de sujetar el barandal con las dos manos mientras pasaba la otra pierna («¡La otra izquierda, Manolo!») del lado del vacío me detuvo por un momento, y al alzar la vista vi la luz rosada en el cielo y el resplandor azul del mar. No me trajo consuelo ni alegría, pero me recordó que estaba viva aún: para dejar de estarlo tendría que matar a un ser vivo, que era yo. Mientras me debatía en ésas, todavía a caballo en el barandal, pensé en mi madre, y en la horrenda mancha de vísceras, sangre y pelo que estaba por dejar once pisos más abajo. Es un milagro que nadie me haya visto. Regresé a la habitación, me metí a la cama y allí me quedé, tiritando como una castañuela.

La Habana es una ciudad en que los edificios de más de cuatro pisos son la excepción. En los barrios las palmeras todavía destacan sobre las azoteas y el horizonte es amplio. Hasta Tere, que vivía a una cuadra del hotel, en la zona más urbanizada y relativamente moderna de la ciudad, tenía una larga vista al mar desde las dos ventanas de su apartamento. Me encantaba el panorama, la brisa marina que siempre soplaba, la cantidad de adornos y recuerdos que hacían que su pequeño apartamento pareciera un gran altar, y el sazón de la comida que a veces le alcanzaba para compartir. Si no la visitaba con más frecuencia era porque este espacio sin privacidad alguna lo compartía con su marido, un escritor de gestos y frases elaboradas que me parecían poco sinceras. Tras el episodio de los dormitorios mancillados, sin embargo, me fui una tarde a discutir la crisis de la escuela.

—La verdad es que Cubanacán tiene un ambiente raro —comenté, meneando el café, espeso como la miel, que Tere había preparado—. La selva, lo alejado que está de todo, los mismos edificios medio angustiantes. ¿Y a ti no te parece un poquito siniestro tener al lado ese reclusorio del que nadie quiere hablar? Cada vez que veo la torre de vigilancia me dan escalofríos.

Tere sonrió.

—Yo tengo un presentimiento muy malo con la escuela. Los muchachos están que no aguantan más, y yo misma no siento que tenga derecho a pedirles más paciencia. Tú sabes que Hilda ha convocado una asamblea de toda la escuela con Mario Hidalgo, para fines de mes. Me imagino que tomó la iniciativa antes de que el escándalo de los dormitorios empezara a sonar por ahí y nos llamaran a cuenta a nosotros. Se trata de plantear todos los problemas y pedir alguna mejoría en lo material, pero yo siento que esa discusión no nos va a llevar a ningún acuerdo.

—¿Y es con todos la reunión?

—Sí. Tú también.

Me tomó por sorpresa la noticia, y también el aviso de Tere sobre el estado de ánimo de los muchachos. Desde que me mudé al Habana Libre se habían acabado las pequeñas charlas en la cafetería, los encuentros por las tardes en los corredores de la escuela. Y hacía ya varias semanas que en la misma clase a mí se me había olvidado mirar a mis alumnos. Era cierto que el incidente de los dormitorios había afectado a todos, pero ¿por qué, ahora que lo pensaba, Orlando había estado faltando tanto a clase, y Carmen atravesaba una punta de la clase a la otra con absorta indiferencia? Realmente, ya era hora de abandonar el ojo en el espejo y mirar un poco en torno mío.

La reunión de la Escuela Nacional de Danza con su director supremo, Mario Hidalgo, tuvo lugar en los últimos días de agosto. Se llevó a cabo en la cafetería, en un rincón del plantel apartado de los salones de clase. Nunca se había utilizado para servir comida: desde que se inauguró la escuela se vio que era mucho más económico juntar a los estudiantes de las distintas escuelas en el comedor del edificio administrativo. Ahora el comedor de danza se usaba apenas para las reuniones. Al igual que las demás construcciones de la ENA, era un lugar parco y con aire deshabitado, construido de cemento y ladrillo y abierto a la selva circundante por medio de celosías.

Para la asamblea se habían colocado bancas y sillas. Presidían el evento desde primera fila Elfrida, Lorna y Tere, y algunos profesores del área académica. Detrás de ellas tomaron su lugar la mayor parte de los alumnos, unos cuarenta en total.

Cuando llegué, Mario Hidalgo ya estaba instalado en una pequeña mesa frente a los demás, al lado de lo que alguna vez fue un mostrador. Me acomodé apresuradamente a la mayor distancia posible, en una pequeña gradería de cemento armado que estaba adosado a las celosías, donde también se habían refugiado varios de los alumnos mayores y del personal administrativo. Revisé con extrañeza a mis alumnos: con el cuerpo escondido yo perdía una preciosa intimidad con ellos. También ellos parecían resistir el cambio de leotardos a pantalón y falda, y para expresar su condición de artistas y de bohemios a pesar del severo uniforme cubano, la mayoría lo llevaba mal planchado y acomodado de cualquier manera, lo que les daba el aire de tránsfugas de algún seminario en decadencia. Se veían infinitamente más jóvenes e inocentes, y físicamente mucho más frágiles. Volteé a ver al ex expedicionario del *Granma* y actual director –tan a pesar suyo– de la ENA. A la luz del día él también se veía más joven, y a diferencia de nuestro encuentro anterior, cuando presencié su discusión con el marido de Lorna, hoy no daba la impresión de estar tenso ni alterado. Cuadrado, fibroso y algo barrigón, como quien ha perdido en corto tiempo mucha condición física, el director parecía, si acaso, un poco más burócrata que la noche que lo conocí. Lo flanqueaban dos asistentes y con ellos hablaba en voz baja, acomodando en una carpeta los papeles que iba extrayendo y revisando de un altero de documentos.

–Vamos a arrancar –anunció. Sacó de su bolsillo una pluma y un par de lápices y los acomodó con cuidado al lado de la carpeta–. Ésta es una sesión de crítica y autocrítica, y se declara abierta.

Enseguida se levantó un poco de la silla, se llevó la mano derecha a la espalda y de ahí, de algún punto entre el cinturón y la camisa, extrajo algo pesado y que apenas le cabía en la mano y lo colocó directamente al frente suyo. Una pistola. De pronto la atención que puse en sus palabras fue total, aunque no había alzado la voz. Nadie más habló, nadie alzó la mano. Mario Hidalgo miró alrededor suyo.

–¿Quién quiere empezar?

Durante muchos años, siempre que contaba esta anécdota hacía énfasis en el carácter descaradamente intimidatorio de la acción del director, al sacar un arma al comienzo de una sesión de crítica y autocrítica y colocarla sobre la mesa. Hoy estoy segura de que interpreté mal a Mario Hidalgo. Era la primera vez que veía una pistola de cerca (en La Habana no abundaban las armas), y el momento por fuerza tenía que resultar inolvidable. Le atribuí a nuestro director la intención de provocar el pánico que me invadió en ese momento porque no me imaginaba en qué otras circunstancias alguien querría poner sobre la mesa una pistola. No entretuve la posibilidad de que el antiguo panadero viviera con la nostalgia de sus días de hazaña; que, como tantos excombatientes, cargara un arma como un niño puede cargar un osito panda, y que se la sacó del cinto porque le incomodaba al sentarse y la colocó sobre la mesa no para que la vieran los alumnos, sino para poder contemplarla él. Todo lo cual no altera un ápice la ecuación fundamental de aquella reunión: el director estaba sentado frente a los alumnos en un país en que toda protesta y muchas críticas eran vistas como peligrosas, y el que tenía un arma era él.

Elfrida tomó la palabra. La escuela, a pesar de todos sus logros, estaba en crisis, dijo, y tras demorarse en el relato de la larga convivencia hermosa entre danza y Revolución, aterrizó por fin en algunos puntos concretos. Faltaba presupuesto, faltaban maestros, y con espíritu autocrítico habría que reconocer que también faltaba dedicación y compromiso de parte de los alumnos más jóvenes.

—Perdóname, Elfrida, yo creo que si vamos a tratar de que esta reunión sirva de algo, tenemos que decir las cosas con sinceridad, y la verdad, yo no creo que aquí se trate de una simple falta de presupuesto o de maestros.

Escandalizados, volteamos todos a ver a Roberto el alumno, el negro de rasgos yoruba que ahora hablaba de pie en la gradería con la tranquilidad de quien expone un problema de matemática frente al pizarrón.

—Yo te reconozco la falta de motivación en el alumnado, pero te pido que pienses un poco en las causas, y que tu reflexión sea sincera. La escuela está mal. Mejor dicho, nunca ha estado bien, pero últimamente está peor. El punto es que podemos seguir así, o podemos tratar de que esta reunión sirva de algo.

—Yo también quiero decir una cuestión. —Era José el que hablaba—. La Escuela Nacional de Danza está supuesta a ser una institución que forma bailarines para que en Cuba se genere una corriente de danza moderna. Pero nosotros, los alumnos de quinto año que nos estamos por graduar, no nos vamos a recibir con un nivel profesional ni mucho menos. Entonces, si vamos a discutir la falta de motivación de los alumnos, yo quiero que aquí se discuta la falta de orientación y de cumplimiento en la escuela.

Frente a la osadía de los muchachos y la pistola de Mario Hidalgo sentí miedo físico por primera vez en los cuatro meses que llevaba en Cuba. Volteaba a ver a los demás profesores y alumnos, y ellos volteaban a ver a José y a Roberto con la boca abierta y los nudillos agarrados del borde de las bancas. Sé que la memoria me traiciona cuando recuerdo a Elfrida con los pelos parados, pero también estoy segura de que los arrebatos de sus alumnos dejaron prensada a nuestra directora entre la rabia y el miedo a a perder el puesto. Mario Hidalgo, echado para atrás en su silla, miraba de los oradores a Elfrida y de Elfrida de vuelta a Roberto y José, que eran los únicos que parecían tranquilos en medio del pasmo general. Estoy convencida de que los dos muchachos no se consultaron de antemano ni llegaron a la reunión con plan alguno, y que ni siquiera en ese momento entendían la gravedad del movimiento que acababan de iniciar.

—Coño, ¡estos artistas sí que son del carajo! —exclamó entonces el director con una sonrisita incrédula—. Dime, ¿con qué calificación estás tú? —preguntó alzando la barbilla hacia Roberto.

—...MB.

—Y yo... —apuntó José.

—A ti yo no te he preguntado nada —lo cortó Mario Hidalgo—. Y vamos a ver —siguió, apuntando siempre a Roberto—. A ti la Revolución te rescató de ser trabajador portuario como toda tu familia, te dio casa, comida, educación, una carrera, que tal vez no sea la más honrosa, pero bueno, ésa es la que quisiste escoger tú. ¿Y así y todo, tú te sientes con derecho a quejarte?

—¡Roberto no se está quejando! —Antonia estaba erguida como una antorcha, con la cara pálida y los brazos muy apretados al torso, peligrosamente indignada—. Compañero, ¡aquí nadie se ha quejado! Lo que han dicho José y Roberto no es más que la verdad, y aquí todos estamos de acuerdo con ellos. Si no lo cree, puede llamar a votación, porque este problema no se puede resolver atacando a uno solo de nosotros. Aquí, compañero, lo que hay es inconformidad por la manera en que se ha manejado esta escuela.

—¡Y por el nivel de entrenamiento que hemos recibido! —gritó Leonor.

—¡Cállate! —gritó también Elfrida.

—¡Orden! —gritó a su vez Mario Hidalgo, dando un golpe en la mesa que resonó en toda la cafetería.

Que no agarre la pistola, recé yo.

Cuando se aplacó el tumulto, José, Roberto y Antonia seguían de pie. El director de la escuela miró despaciosamente a su alrededor y se sentó.

—De manera que los estudiantes de danza creen que saben comer candela… —dijo meneando la cabeza—. A mí, por el contrario, me va pareciendo que les falta preparación, pero bueno, ya se irá viendo por el camino… En primer lugar, aquí no vamos a discutir si el plan de estudios es bueno o malo o si están encojonados porque no han aprendido a bailar. La dirección de la escuela es la única que tiene autoridad para discutir el plan de estudios, y si yo no me meto en el trabajo de las compañeras Elfrida y Lorna, ni por un momento voy a permitir que los alumnos se arroguen ese derecho. Lo que podemos revisar aquí es si hay forma de ampliar un poco más el presupuesto, dentro de las condiciones tan limitadas de la Revolución, que a ustedes parece tenerlos tan sin cuidado, para poder invitar a algunos maestros de espíritu más revolucionario y mejor nivel de lo que hemos encontrado hasta la fecha. Podemos ver si en las jornadas de trabajo productivo se puede lograr una relación más estrecha con la capacidad de cada uno. Podemos tratar de mejorar un poco las condiciones objetivas de su entrenamiento; reparar el piso, conseguir ropa especial de calidad un poco mejor, y así por el estilo; yo no sé mucho de estas cuestiones. Y también, por qué no, podemos discutir si la ENA puede arriesgar su prestigio otorgándoles un título a alumnos que, según ellos mismos lo reconocen, no han alcanzado el nivel técnico necesario.

—Perdón, compañero, pero esto que acaba de decir suena a amenaza —dijo con la voz ahogada Antonia, que seguía de pie.

—Compañero, compañero… —Elfrida se había puesto de pie también, ansiosa—. Me parece que los ánimos se han alterado un poco…

—Yo no estoy alterado, Elfrida —interrumpió el director.

—No, tal vez usted no, pero creo que en general el tono de la reunión no es el que ninguno desearíamos para esta asamblea. Yo creo que todos nos podemos poner de acuerdo en que queremos el bien de la escuela, y tal vez también en reconocer algunas de las cosas que han fallado, y las que todavía no nos hemos propuesto alcanzar. Me parece que todo se puede discutir en buena forma, ¿no es cierto?

Roberto y José y Antonia se sentaron. Mario Hidalgo recargó los codos sobre la mesa.

—Incluso —propuso Elfrida—, podríamos dejar que los muchachos hicieran propuestas concretas, cada uno, y en orden, porque hay una cosa que siempre ha sido cierta en esta escuela, compañero... —La pobre Elfrida hablaba ahora con tanta convicción y énfasis que le vibraban los cachetes mofletudos—. Hay una cosa que es orgullo de la escuela y también orgullo personal mío, y es que jamás, a nadie, se le ha negado el derecho de expresar libremente su opinión, la que sea.

Y era por lo menos cierto que en la escuela los alumnos podrían sentir miedo de las rabietas de Elfrida, pero no de cualquier represalia ni amenaza. Ahora parecía que hubiera logrado aplacar un poco los ánimos: sin más, Mario Hidalgo aprobó la sugerencia de Elfrida y fue apuntando lo que los muchachos, aliviados por estar de nuevo en aguas calmadas, iban sugiriendo, alzando la mano de uno en uno y esperando con gran seriedad a que el director les cediera la palabra. Pilar quería mejor ropa de práctica, Carmen propuso mejor dieta, y cuando Manolo dijo que sería muy bueno contar con espejos Elfrida apretó los labios, pero no dijo nada.

—Yo quiero proponer algo diferente —dijo Orlando. En el tumulto anterior no lo había visto, como tampoco lo había tomado en cuenta en las clases recientes, tan apagado había estado. Pero ahora estaba de pie, con los músculos de la cara contraídos como de costumbre, hablando a ráfagas y tomando aire entre una declaración y la siguiente—. Nosotros tenemos muchos problemas: el programa de enseñanza académica es muy malo, y eso es tan cierto que si mañana nos lastimamos una rodilla y no podemos seguir bailando, nos toca buscar trabajo en la caña o en la construcción, porque no estamos capacitados para más. Yo, de matemáticas y de historia, desconozco hasta lo más elemental.

Hablaba con la misma intensidad y urgencia, la misma falta de ligereza que le impedía tener amigos o vivir a gusto consigo mismo, y ahora que examino sus palabras veo que sus críticas, lógicas y bien planteadas y compartidas por todo el alumnado, por fuerza iban cayendo como ofensas terribles en los oídos de Mario Hidalgo y, claro, de Elfrida. Los que estábamos sentados en la gradería de atrás, José, Roberto, Hilda, algunos profesores académicos y yo, lo oíamos y temblábamos.

–Por otra parte –siguió, implacable, como si no hubiera dicho ya bastante–, por otra parte, aquí no han llegado nunca coreógrafos, ni buenos ni malos, y el resultado es que no tenemos repertorio, no tenemos nada que bailar.

Horrorizada, veía cómo mi alumno repetía frases que yo había soltado tan a la ligera semanas atrás. No había pensado en las consecuencias de lanzar semejantes comentarios ante un grupo de muchachos que no tenía ninguna posibilidad de modificar su entorno.

–Sin bailar, sin presentarnos en un foro –continuó Orlando, parafraseándome de nuevo–, podemos aprender de todo, menos cómo ser bailarines. Pero el problema que a mí más me preocupa después de cuatro años en esta escuela, es que ni siquiera me pueden dar aquí una buena técnica.

Tomó aire de nuevo, y todos en el recinto esperamos en silencio a que continuara amarrándose la soga al cuello.

–Yo lo que quiero plantear es que mientras la escuela no esté en capacidad de darnos una preparación adecuada –de nuevo, estaba por repetir mis palabras– por lo menos nos facilite la manera de estudiar ballet. No es lo que quiero estudiar, yo quiero estudiar y bailar danza moderna, pero a la hora de graduarnos por lo menos podríamos contar con esa herramienta. –Se quedó callado como si se hubiera quedado sin parque y, sin redondear el discurso ni apartar la mirada del director, se sentó.

¿Quién iba a tener compasión de Orlando? No Elfrida, a quien acababa de ofender terriblemente, y ciertamente no Mario Hidalgo. Ni tampoco los demás alumnos, que estaban enojados porque Orlando con su discurso los había llevado de nuevo, sin pedir permiso, hasta la misma orilla de la conflagración.

Por un momento, sin embargo, pensé que mi alumno se había salvado, que sus críticas pasaban tan por encima de lo que estaba capacitado para entender de danza Mario Hidalgo que ni siquiera las notaría. El director se veía tranquilo.

–Bueno, vamos a ver –comenzó–. Coño… ¡Qué gente ésta la que me ha tocado lidear a mí! –Se rió–. Así que no los hemos sabido preparar. Así que los sacrificios de todo un pueblo por brindarles este privilegio, sencillamente porque Fidel no tiene el corazón para negarles a ustedes los artistas nada, todo el gasto, toda la construcción de esta escuela nada más para ustedes, no vale más que una mierda de gato…

–Nadie ha dicho eso, compañero –interrumpió Antonia de nuevo.

–Compañera, con todo respeto, creo que el que tiene la palabra ahora soy yo –asestó Mario Hidalgo–. Ahora que si usted quiere seguir hablando…

Antonia se sentó.

–De modo que todo esto les parece poco –continuó el director señalando la escuela con un brazo–. Vaya. Bueno, ya yo sé que los artistas son gente orgullosa, y en este puesto me toca respetar esa *idio-sin-cra-sia*. –Soltó las sílabas con cuidado y desprecio–. Pero yo tengo otros motivos de orgullo. A mí me enorgullece, por ejemplo, haber combatido desde sus inicios en las filas de esta Revolución, y haber arriesgado la vida. Por ustedes, en últimas, para que ustedes se puedan dar el lujo de soltar ahora semejante andanada de reproches. Me llena de orgullo ser un hijo del pueblo, ignorante tal vez, de modos bruscos, pero revolucionario. Porque eso sí, no sabré de música ni de danza ni de las maravillas «técnicas» del ballet, pero a diferencia de otros puedo jactarme de que en *mi* familia –se golpeó el pecho fuertemente con el índice–, en *mi* familia, que es ignorante, pobre, humilde, no hay un solo gusano. ¡Óiganlo bien! Ni uno solo. Yo no soy un comemierda. Y me ha tocado venir aquí a escuchar las quejas de un «artista» que dice que no le damos lo suficiente. Y yo le digo que si no le gusta lo que la Revolución le puede brindar se puede ir ya mismo a Miami a reunirse con toda su parentela gusana, que allá se están forrando los bolsillos de dólares. A ver si ellos están dispuestos a deshacerse de unos cuantos billetes para que el niño pueda darse el gusto de estudiar las mariconadas que tanto le atraen.

–Compañero, yo creo que usted se está sobrepasando. –Era Roberto el que se había puesto de pie nuevamente, mientras

Mario Hidalgo lo miraba con ojos de hielo–. Yo no voy a defender necesariamente lo que alguno de nosotros haya dicho aquí. Pero si lo va a rebatir, puede hacerlo sobre otras bases. Porque aquí nadie se libra de esa acusación que acaba de lanzar. Todos tenemos algún familiar en Miami, y a nadie se le puede juzgar por eso.

–Bueno, y lo que yo te estoy diciendo es precisamente eso –respondió Mario Hidalgo– justamente: a mí nadie me puede reclamar por mi falta de actitud revolucionaria ni por mi familia, porque yo ni tengo gusanos entre mi parentela ni me ha dado todavía por salir en defensa de los «patos»...

Orlando lanzó un sollozo que se escuchó en todo el recinto, y, abriéndose paso atropelladamente, salió corriendo.

En la barahúnda que se armó enseguida no alcancé a escuchar la respuesta de Roberto. Yo también salí corriendo, en busca de Orlando, y lo encontré sobre la vereda, convulsionado en llanto. Lo abracé, tratando de contener sus sollozos con mis brazos, limpiándole las lágrimas y los mocos que le escurrían por su cara de calavera. Alguien me jaló a mí. Era Hilda.

–Compañera –me dijo en voz muy queda–. Compañerita, no es bueno que te vean aquí. Regrésate a la asamblea. Orlando, dile que se regrese. –Y Orlando salió corriendo y tropezando por la vereda mientras Hilda me jalaba del brazo y me llevaba de nuevo a la cafetería.

Soñé. Había terminado la guerra mundial. El mundo era un desierto sin fin de chatarra humeante y vidrio molido. Por alguna razón yo había sobrevivido, y necesitaba a Adrián. ¿Cómo encontrarlo en semejante vacío? Deambulando entre los muertos llegaba a una orilla donde se acababa el desierto y empezaba el mar. Ahí esperaba con angustia. Milagrosamente, Adrián me encontraba y me abrazaba. Pero ¿de qué servía estar juntos en un mundo sin vida?

En el momento en que caminábamos por una playa poblada únicamente de latas vacías y muebles despanzurrados, desperté, invadida por un deseo sofocante de su compañía, sus manos, su mirada verde. Bajé corriendo a las cabinas de teléfono, en donde las operadoras apenas estaban llegando. Rogué que me tramitaran enseguida una llamada. Esperé los eternos y costosos minutos que demoraron en subir hasta el cuarto de Adrián, despertarlo, y hacer que bajara al teléfono de la recepción de nuestro hotel. Su voz, adormilada, me bañó en tibieza.

—Ven a La Habana —le supliqué.

—No puedo —contestó—. No me dieron permiso de entrar en la Venceremos.

No sé por qué entendí que en el momento en que lo fueron a despertar no se encontraba solo.

Me preguntó si quería que buscara un apartamento en donde vivir los dos, y le dije que sí.

Me da vergüenza no recordar cómo concluyó la asamblea, ni cómo hablé con los alumnos de lo que ahí ocurrió. Sospecho que busqué a Orlando, que no supe cómo consolarlo ni orientarlo, y que con los demás muchachos ni siquiera toqué el tema. Deduzco esto último porque, si hubiéramos hablado, seguramente no me hubiera tomado tan de sorpresa lo que ocurrió después.

Lo que sí recuerdo es que a partir de la asamblea mejoré súbitamente de ánimo, como si la rabia me hubiera resultado tonificante. Recuperé los sentimientos, hablé con Adrián y retomé las clases con un nuevo sentido del compromiso que me ataba a los alumnos. Abandoné de una vez por todas la danza de Sandy y pensé en coreografías propias. Nunca había hecho el intento, pero tal vez era hora de empezar. Tenía que ser algo muy sencillo. No habría de hacer danza revolucionaria jamás, pero danza con música sí, con cierto orden, simetría y teatralidad. Tal vez una pequeña composición llena de grandes saltos para los muchachos, y luego otra con adagio y gran trabajo de brazos para las mujeres. ¿Música? No iba a caer en la ridiculez de montar algo con ritmos afrocubanos: no se trataba de traicionarme a mí misma de nuevo; no me interesaba el exotismo. Pero algo con música fuerte, irresistible, bailable, gozosa, feliz... ¡un vals! Desde siempre, los valses me producían una transportada ansia de montarme en sus olas, obedecer con el cuerpo sus giros y arrebatos, bailar. Traía conmigo un casete con los valses de Johann Strauss. Me pareció que «Cuentos de los Bosques de Viena» era el más lleno de matices y cambios dinámicos. «Por fin los muchachos se van a dar cuenta de que soy una perfecta incapaz», pensé, ante la perspectiva de enseñarles los pasos que iba esbozando, pero los cité a ensayo de todas maneras. En la clase de técnica Cunningham empecé a trabajar las secuencias que había inventado, balbuceantes tentativas de dibujar el movimiento en otros cuerpos.

En la clase de técnica Graham llevábamos bastantes días atorados con uno de los últimos ejercicios de la secuencia de piso: *the pleatings*. Me resultaba difícil hasta traducir el nombre, y a los muchachos, entenderlo. Pero no lo entendían. *The pleatings* empezaba con los bailarines acostados boca arriba en el piso, piernas juntas, brazos pegados al torso. En el primer impulso el torso se plegaba, la cabeza caía hacia atrás, como en éxtasis, y mientras la columna resistía el impulso, se flexionaban hombros y rodillas, como si un hilo los estuviera jalando hacia el techo. Por fin, resistiendo hasta el último momento, subía también el torso, hasta quedar sentados en torsión y con las piernas dobladas a un lado. Indiscutiblemente, estaban trabajando con mucha más fuerza abdominal, y ya podían repetir sin problemas este movimiento que en los primeros días les pareció imposible. Intenté todas las explicaciones posibles: «Es la misma posición en la que está la santa Teresa, de Bellini, cuando recibe el éxtasis», les dije a los alumnos. Es como si un rayo de sol les penetrara el ombligo, que es una semilla, y les prensara el torso contra la tierra, mientras los brazos y las piernas surgen como hojas nuevas. Es como si un amante los estuviera recogiendo del piso, es como si en el torso les naciera una luz. Explicaba, repetíamos, y el movimiento seguía sin vida. Recurrí a Vallejo.

«Es como este poema», les dije, citando de memoria y mal.

Al final de la batalla,
y muerto el combatiente, vino hacia él un hombre
y le dijo: «¡No mueras, te amo tanto!».
Pero el cadáver, ¡ay!, siguió muriendo.

Se le acercaron dos y repitieron...
Acudieron a él veinte, cien, mil, quinientos mil...
Le rodearon millones de individuos...

Entonces, todos los hombres de la tierra
le rodearon; les vio el cadáver, triste, emocionado;
incorporose lentamente,
abrazó al primer hombre; echose a andar...

En últimas, éramos todos adolescentes, o casi, sin miedo a la cursilería y capaces aún de grandes emociones y gran fe. Escucharon el poema de Vallejo, les pedí el ejercicio de nuevo, y fue como si un rayo de luz les prensara el torso contra la tierra y sus brazos y piernas fueran hojas nuevas, como si un amante los recogiera del piso, como si en el torso les naciera una luz.

9

ARTE Y REVOLUCIÓN

Escribí una carta.

Hola, Jorge.

Perdón que no haya contestado hasta ahora tus últimas cartas y notitas, pero no he sabido de nadie que te pudiera llevar un sobre. Tampoco sé de nadie ahora, pero es de noche y estoy pensando en ti. ¿Sigue lloviendo en la ciudad? Me gusta pensar que vas a leer esta carta en algún café con aguacero, fumando tus horrendos Delicados (qué bueno que no estoy para olerlos) y viendo cómo a través de la oscuridad de la lluvia se va haciendo de noche. Perdonarás mi pésima ortografía (no, no la perdonarás, pero te la aguantarás, por lo menos).

No sé por qué no tienes ganas de venir a Cuba. Te perdiste el carnaval (ya sé que no te gusta bailar, pero a mí sí, y me hubieras podido ver). Lo poco que vi fue inolvidable: intenso, extático, medio asustante. Más asustantes son estos cubanos hijos de su chingada que no son capaces de dejar a una mujer en paz por la calle, y menos si es de noche y hay carnaval. Cómo será la cosa que en comparación los mexicanos me parecen unos caballeros (ya ves, si hubieras estado, yo habría tenido escolta y hubiera podido disfrutar más el carnaval, pero no te estoy reclamando nada; es simplemente que no entiendo por qué, si Cuba te gusta tanto y no tienes problemas para conseguir visa, no te has dado una vuelta por acá…).

En todo caso, lo que me gustó del carnaval, a pesar de los cubanos hijos de su chingada, fue presenciar en la calle algo que tiene que ver con la danza, que tiene raíces, y que al mismo tiempo es totalmente espontáneo. No creas que es fácil. Leí a Franz Fanon, como me dijiste, y también a René Depestre, y entiendo lo que me quieres decir acerca de un arte no nacionalista pero nacional, no revolucionario pero revolucionario. Tal vez exista en la pintura (lo que he visto no me ha fascinado, pero ya ves que yo no sé mucho de eso), y sí parece que el cine cubano va por ese camino, pero en la literatura maomeno (con Mao hay menos), y lo que te puedo afirmar sin la menor duda es que la danza cubana hasta ahora es un fracaso.

O por lo menos la danza moderna. Ya fui varias veces a ver al Ballet Nacional, el de Alicia Alonso, y sus reposiciones clásicas son lindísimas. Vi una «Fille mal gardée» encantadora (por fortuna no la bailó ella, que cada día está más ciega; dicen mis amigos que se guía por medio de linternas que le apuntan desde las bambalinas y que a pesar de esto un día se desorientó y bailó todo el final del primer acto de Giselle de espaldas al público. Qué heroica, ¿no? Y qué ridícula, aunque lo siguiente que te iba a decir es que la vi en Giselle, de frente al público, y es absolutamente sobrecogedora. Creo que no ha habido mejor Giselle que ella…). Y una «Sílfides» de pararse y patear y aplaudir y gritar de lo perfecta que es. (Qué curioso: no importa que las sílfides sean todas nalgoncitas, como buenas cubanas.) Pero si te fijas no estamos hablando de un arte precisamente nacional, o revolucionario. Y mejor ni te cuento del repertorio dizque modderrno porque es así como suena. (¿What means modderrno? Todo mundo de leotardo y mallas, sin falda o chaleco, y mucho sexo y mucho azote.)

¡Pero la danza moderna! Si estuvieras aquí me hubieras acompañado al teatro y no tendría ahora que estar luchando con este lápiz norcoreano y con mi propia dificultad para estar a la altura de ese fracaso, pero en fin… Fuimos a la plaza de la catedral (tan bella, tan bella, tan bella) a una función al aire libre del Conjunto de Danza Moderna, que es el único grupo que existe, y para que veas que no soy tan mala como piensas te diré que me quedé toda la función por puro respeto a los bailarines, aunque esa noche haya escaseado la solidaridad entre el resto del público, pues fuimos pocos los que llegamos al final. La obra se llamaba «Medea y los negreros», y pienso que al decirte el título no tendría que agregar más, pero no resisto: Jasón azotaba a los esclavos imperialistamente y los esclavos se revolcaban en el suelo antiimperialistamente y Medea era una metáfora de la corrupta –pero explotada– sociedad colonial cubana. Y nadie era capaz de estirar la rodilla.

Ya. Cuando pienso en los pobres bailarines batallando con la mala dieta y el ningún respeto y las horas enteras de pie esperando la guagua al terminar el ensayo me siento injusta. Perdón. Iba a otra cosa. Iba a que no sé qué hacer con mi vida porque no creo que sea posible hacer danza revolucionaria (o por lo menos yo no tengo el menor interés en hacerla, porque yo lo que quiero hacer es danza, y punto), y me muero del horror de tener que ser como el Che y jamás de los nuncas toleraría ni por un segundo tratar de ser como Tania la Guerrillera (ya he visto fotos de ella, aquí y en Alemania oriental y antes de morir en la selva con el Che: ¿tú sabías que era alemana?, ¿y que le gustaba usar boina?, ¿y que tocaba el acordeón?, ¿con la boina puesta?) y entonces a veces pienso que lo mejor que puedo hacer es borrarme de una vez por todas de este mapa.

Jorge, dime qué hago. Mario Hidalgo hizo una reunión el otro día en donde acusó a uno de mis alumnos —de todos, el que tiene más frágil el alma— de homosexual frente a toda la escuela, y dijo que todos los demás eran gusanos o parientes de gusanos, que es lo mismo, y eso es un manicomio. Necesito entender, te vuelvo a preguntar: ¿será que el arte, tal como yo lo he entendido, como lo he tratado de vivir, no tiene esperanzas dentro de la Revolución, que yo no tengo esperanzas dentro de la Revolución, que el arte no vale nada? Contéstame por favor.

La noche del 5 de septiembre se confirmó una noticia espectacular: por primera vez en un país latinoamericano, un socialista había llegado al poder a través de las urnas. El amigo de Manuel el chileno, Salvador Allende, era el nuevo presidente electo de Chile. Pensando en todo lo que me había dicho unas semanas atrás el entusiasta médico chileno sobre su amigo, medité sobre la importancia de este resultado. Manuel tenía razón: los pueblos del mundo habían demostrado que, cuando tenían la oportunidad de una elección realmente libre, optaban por el socialismo. Era, ni más ni menos, una revolución pacífica. ¡Sin duda, el futuro sería socialista!

Más prudente, Galo anotó que por fin se abría para la Revolución una puerta en el muro de contención armado por Estados Unidos, que había logrado que todos los países latinoamericanos, salvo México, cortaran relaciones con Cuba. Fidel tendría finalmente adónde viajar en el hemisferio, con quién realizar intercambios, a quién comprar, a quién vender, con quién brindarse apoyo y darse ánimos. Aun visto así no era pequeño el logro, y el mismo comandante no ocultó su alegría. En el Habana Libre, poblado de internacionalistas que vivieron pendientes de las noticias esa noche, los huéspedes se felicitaron y se abrazaron en el lobby, el bar, y hasta el elevador. Sin que ningún compañero del Ministerio del Interior lo impidiera subí a la habitación de otros amigos de Allende; los chilenos que estaban a cargo de la escuela de teatro de la ENA. Traían una botella de vino búlgaro en cada mano y otra ya calentándoles el alma, y al final de esa larga jornada de expectativa y fiesta cantaron, se dejaron caer en la cama, se levantaron, rieron, rodaron por la pared y se dejaron caer en el sillón, borrachos de felicidad. Reivindicaban el triunfo de su amigo, pero como chilenos también le daban otro peso al experimento de la Unidad Popular —la coalición de partidos de izquierda que había logrado, se decía, llegar al socialismo por la vía electoral—. Para ellos, la victoria también le abría alternativas a la izquierda radical del continente. Si asumía el poder Allende, si se le dejaba gobernar, si su ejemplo se multiplicaba, tal vez perdería validez, o por lo menos urgencia, la estrategia de la lucha armada. Quedaría instaurada una era más moderna en la vida civil latinoamericana, en que la política sustituiría por fin a la violencia. En el noticiero y en el *Granma* vimos las imágenes de Allende, el médico socialista metido a presidente.

Era el perfecto contrario de Fidel, empezando porque todo el mundo lo llamaba por su apellido, denotando una relación entre electores y elegido menos pasional que el tormentoso misterio que unía a los fidelistas con su héroe. Fidel usaba las barbas del profeta y uniforme militar, declarándose en estado de guerra perpetua. Allende lucía un aburguesado bigote, anteojos, y el traje nativo de los hombres chilenos: corbata y saco de paño claro con coderas, y un chaleco de lana que parecía haber nacido entre las agujas de tejer de su mamá. («De pijama también luce muy elegante, y se pone agua de colonia para dormir», presumió una chilena guapa en la fiesta de los teatreros: a diferencia del cubano, la vida privada de Allende no era tan privada.) Fidel era arrebatado y exigía lealtad absoluta. El chileno era un tío: con él se podía compartir un buen trago en el café de la esquina y admitir todas las penas. Podía compartir un trago, incluso, con sus contrincantes, aunque yo tendría que salir de Cuba para saber que existían: en las fotos del *Granma* sólo lo vimos rodeado de multitudes, aclamado, adorado por todos los chilenos. No recuerdo haber leído algún artículo que explicara que la Unidad Popular era una coalición frágil de seis partidos, en la cual una fracción disidente del Partido Radical había aportado los electores necesarios para que Allende triunfara con el treinta y seis por ciento del voto —apenas dieciséis mil votos más que los obtenidos por el candidato de la democracia cristiana. ¿Qué estaría pensando el sesenta y dos por ciento de los votantes que no optó por el candidato socialista? ¿Y los que no votaron por ninguno? Al *Granma* tampoco le interesaba esa pregunta: Allende había triunfado, y en la Cuba revolucionaria el triunfo no era triunfo si no era total.

No sé si influyó en mi destino el ánimo victorioso que imperó en la isla por aquellas fechas, pero cuando me asomé al mostrador de la recepción del Hotel Nacional, a preguntar por enésima vez en quince días si no tendrían una habitación disponible, el encargado dijo inesperadamente que sí, y que incluso me podría instalar en ella esa misma tarde, si lo deseaba. El recepcionista y sus compañeros rieron viendo la pequeña danza de felicidad que improvisé. A partir del negro episodio en el balcón se me había vuelto una obsesión salirme del Habana Libre. ¿Dónde me metería que me ayudara a sobrevivir?

Mi única respuesta fue el Nacional. Vivía enamorada de ese hotel que respiraba un aire de otros tiempos, con su glamourosa arquitectura colonial hollywoodiense y sus amplios jardines que daban directamente sobre el Malecón. Todos me habían dicho que sería imposible alojarme ahí: una dependencia del Ministerio del Interior decidía qué huéspedes se podían quedar en cuál hotel, y en el Nacional se hospedaban casi exclusivamente los lunamieleros y los soviéticos que estaban de paso. Saber esto no me curó la obsesión, pero no me animaba a pedirle un favor más a Lorna Burdsall; sin motivos claros, se habían enfriado nuestras relaciones a raíz de la asamblea general. No conocía a otra persona con la influencia necesaria para tramitar la habitación que anhelaba, y no se me ocurrió mejor recurso que dedicarme a importunar al personal administrativo del Nacional. Por las tardes, al regreso de Cubanacán, en vez de bajar de la guagua en la parada de Coppelia seguía hasta el final de Rampa, y en la recepción del hotel repetía la misma plegaria; mi sueño era dormir siquiera una noche en ese hotel maravilloso, pero no tenía a quién dirigir la solicitud de traslado. No es que tuviera la menor intención de operar *por la libre*, pero… ¿no sería que los compañeros administrativos podrían interceder a mi favor ante los compañeros del Minint? Cuando me dieron la buena noticia, quedé casi tan mareada con el triunfo como los teatreros chilenos con el de Allende.

¿Cuántas semanas me hospedaría?, preguntó el compañero recepcionista. No tenía manera de saberlo. El contrato de Cubanacán se vencía en diciembre y yo había decidido muchas semanas atrás que no lo iba a renovar: menos ahora que Adrián estaba buscando apartamento y había aceptado vivir con él. Y sin embargo, el trabajo con los alumnos ocupaba de nuevo toda mi atención, estaba en medio de mi primer intento de componer una danza, y ahora que había logrado huir del Habana Libre vislumbraba por primera vez en largos meses la posibilidad de la alegría. Decidí no pensar en el momento que seguiría al presente: debía hacer el traslado ya. «No tardo; voy por las maletas. ¡Y no me vayan a echar de aquí!», le rogué al de la recepción. Subí corriendo la colina de Rampa y esperé impaciente el elevador que me llevaría por última vez a la odiosa habitación color bilis.

En el Hotel Nacional era posible hacer cosas impensables en mi antiguo alojamiento. Se podía pasear por un gran jardín que, ya en los límites con el rompeolas del Malecón, se deshacía en piedras y arenales. Se podía saludar las olas, contemplar el mar, desmelenarse al viento y luego echarse en una tumbona al lado de la piscina y pedir una limonada. Había limones. Los fines de semana se podía invitar a una persona –cubana o extranjera, no importaba– a compartir piscina y limonada. Se podía invitar a esa misma persona a que compartiera la propia habitación, y los sucesores del guerrillero Eduardo que por ahí pasaron no vieron impedido su acceso por ningún encargado del Minint, ni mencionaron la posibilidad de que, junto a la lámpara que colgaba de los altos techos, se escondiera coquetamente algún micrófono. Me invadió un ánimo fiestero: invité a Tere a la piscina; paseé con Carlos y Boris por los jardines; insistí, aunque sin éxito, que los alumnos visitaran mis nuevos aposentos, para poder presumir los frescos pisos de loseta y los sillones de mimbre. Ni siquiera los sucesores de Eduardo me parecieron tan odiosos. Me asombra conservar una nostalgia tan fresca por aquel cuarto y por los churrigureados muebles de caoba del lobby, porque no me atrevería a decir que fui feliz en ese sitio, a menos que el soplo de libertad que transporta a un pájaro por los aires cuando le abren la jaula sea la forma más intensa de felicidad.

¡Y pensar que toda esa intoxicación livianísima, esa reconciliación con el trópico y la rutinaria vida cubana, esa nueva sensación cosquilleante de estar viviendo por fin una aventura muy exótica, después de tanto encierro, se la debía a los estólidos soviéticos! Porque era verdad que el Hotel Nacional estaba reservado casi exclusivamente para los *tovarich* y los lunamieleros cubanos. Y si no había micrófonos arriba de la cama y sí había agua limpia y bien clorada en la piscina, y limonada que llegaba puntual a la tumbona en la charola de un obsecuente mesero —por no hablar de la atiborrada mesa del bufet que desplegaban en el señorial restaurante—, era porque al compañero presidente de todas las Rusias, Leonid Brezhnev, seguramente no le habría gustado saber que Cuba no les brindaba a sus compatriotas lo mejor de la Revolución.

Eran miles, o tal vez decenas de miles, los asesores que tenían emplazados en la isla la Unión Soviética y los países miembros del bloque socialista. Supervisaban al ejército y a los «operativos» del Ministerio del Interior. Revisaban los planes quinquenales de desarrollo económico y giraban recomendaciones de apoyar o no con más rublos cada renglón. Los rusos dictaban los nuevos lineamientos de la arquitectura proletaria, hecha toda a base de módulos y no con técnicas artesanales, que eran consideradas individualistas. Los checos y polacos asesoraban a los creadores de películas de caricaturas infantiles. Los búlgaros y húngaros supervisaban la producción de enlatados y conservas. Si los cubanos pedían tractores, alguien en Moscú decidía que lo que les hacía falta eran barrenadoras para nieve, y las mandaba.

Si la Revolución quería fomentar alzamientos hermanos en otros países de África y América Latina, Brezhnev los mandaba frenar. Si Fidel quería conservar los misiles atómicos que Nikita Kruschev le había pedido colocar en territorio cubano, Kruschev, ya puesto de acuerdo con Kennedy, se los llevaba de vuelta. En todos los aspectos de la actividad económica y militar cubana, los soviéticos tenían la última palabra.

—¡Son groseros y avorazados!... y no usan desodorante —le dije a Galo, vaciando en la mesa de su cocina la jaba con unas cuantas naranjas resecas, seis latas de ciruelas rumanas en conserva y dos paquetes de cigarrillos Populares sin filtro.

Venía de una primera excursión a la tienda especial para extranjeros, cuyas puertas me había abierto el carnet de «técnico extranjero» expedido por el Minint, y le conté a Galo que había sido todo un triunfo llegar hasta el arcón en el que se ofrecía la única fruta fresca disponible: cerraba el paso una temblorosa muralla de carne, dos filas de gordas que clamaban en ruso y se abrían camino entre ellas mismas a codazos, voluminosa teta contra teta, nalga contra amplia nalga. En cuestión de minutos liquidaron todas las existencias de naranjas, salvo las malas sobras que ahora le ofrecía a Galo. Ni que estuvieran muertas de hambre...

—Tú déjalas —aconsejó Galo—. A la mayor parte de esa gente le tocó sobrevivir las tremendas hambrunas de la Revolución y de la Segunda Guerra Mundial. Una persona que ha cazado ratas para dárselas de comer a su familia tiene todo el derecho a pelearse por naranjas. O lo que viene más al caso: a esas mujeres nunca les vas a ganar las naranjas tú. De cualquier forma, nos has traído lujos inconcebibles. ¿No se te cruzó por ahí algún lomito de vaca?

—Había huesos para caldo y un corte indescifrable de carne de res, pero sólo para los que tienen autorizada despensa de cocina. Mi tarjeta es para huésped de hotel.

Por las noches, sentada en el comedor del Nacional, no podía dejar de observar a los rusos. A pesar de lo dicho por Galo acerca de las hambrunas y el sitio de Leningrado, no me nacía tenerles lástima: eran blancos, gordos, gritones y se vestían mal. Se saltaban la cola del bufet para llegar primero al platón de croquetas y huevos a la rusa y la infaltable ensalada de mayonesa con verduras; de un codazo hacían a un lado a quien se estuviera sirviendo pan; apilaban los cuadritos de margarina en su plato y luego los dejaban aplastados entre las sobras de comida y las cenizas de cigarro que extinguían ahí mismo. Nunca decían gracias ni con permiso. ¿Dónde estaban los rusos estilizados y neuróticos, de fulgurante mirada negra, que Dostoievsky me había enseñado a imaginar? ¿En qué país vivían las exquisitas criaturas reprimidas de Chejov si no en Rusia? Claro que aquello era Rusia y ésta era la Unión Soviética, donde la autorrepresión no se ejercía, pensaba, viéndolos gritarse de un extremo del lobby al otro en lo que parecía un pleito mortal pero tal vez era en realidad apenas un acuerdo: «Te veo en la piscina en quince minutos. Jarashó. Bájame una toalla». Refunfuñando, alegando, empujando, ellos no miraban nunca hacia las tumbonas donde nos alargábamos los demás. Hubiera querido preguntarles qué pensaban de los cubanos, de Cuba, de su propio trabajo, de esta Revolución tan tropical. Me hubiera gustado escucharles decir que los estaba juzgando mal, que no era cierto que les parecía que los cubanos fueran flojos, ignorantes, informales y negros. Que agradecían la oportunidad de servir.

—Galo, ¿no los odias? ¿A poco no es cierto que son más pesados que los gringos?

—Es diferente… Es más fácil odiar a un yanqui. Los *tovarich* son como bueyes; uno no les puede tener mucho rencor.

Pablo saltó.

—¡Eso no es cierto, chico! —Era la primera vez que lo veía pelear con Galo—. ¡Tú dices cualquier cosa con tal de sacar una frase bonita! Los soviéticos están aquí para ayudar. Hacen su vida aparte y no molestan a nadie, y es estúpido que te burles de ellos.

—¡Pero contrólate, caramba!… —reaccionó Galo—. Ya sé que estás agradecido con los rusos por la beca. —Esto último, porque Pablo había estudiado economía en la Unión Soviética—. Pero a cambio no te han exigido que les des cepillo en los cojones… ¿o sí?

—¡Mierda! —estalló Pablo—. ¿Por qué todo el mundo se ha de controlar menos tú? ¡Como si el revolucionario fueras tú! ¡Como si los reaccionarios estuvieran en Moscú! ¡El individualista eres tú! —Regando saliva, Pablo se atrabancaba con las frases—. Pero tú lo que practicas no es más que una forma superior de individualismo, un idealismo absurdo, voluntarista,ególatra. ¿Me vas a decir tú que la Guerra Fría no existe? ¿Que la intención de los yanquis no es acabar con el socialismo en todo el mundo? Lo que tú quieres es comunismo perfecto mañana, la abolición del dinero, libertad creativa absoluta para cualquier maricón imbécil que sueña con ser el próximo míster Andrew Warhol. Quieres que Cuba arme un reború en Venezuela o en Guatemala a la hora que se le antoje… ¡y que se jodan los soviéticos! Y si los yanquis lanzan la bomba atómica, ¡pues que se jodan todos porque el problema no es tuyo! Mientras no se toque tu sueño poético burgués de cómo debe ser el socialismo, no importa que todos los demás acabemos calcinados en una explosión atómica.

—¿Ves tú? —Galo se volteó hacia mí con la sonrisa descompuesta—. Nuestro niño bueno acaba de usar malas palabras. Y creo que el motivo tiene que ver más con mis imperdonables pecados íntimos que con mi postura ligeriiísimamente crítica de los solidarios compañeros revolucionarios soviéticos. ¿O no, mi niño?

—Búrlate del coño de tu madre —dijo Pablo fúrico.

Remedando el acompañamiento de un violín gitano, Galo canturreaba «Ochi Chornie» en ruso improvisado.

Pablo cruzó los brazos y nos dio la espalda, los hombros muy alzados.

—Pablo, yo lo que cuestiono es justamente el precio de esa ayuda inmensa —dijo Galo un poco después—. No te niego que decenas de miles de compatriotas le deben su capacitación profesional al esfuerzo soviético: médicos, ingenieros, técnicos en explosivos, camarógrafos… hasta economistas, agregó, con una sonrisa tierna para el amigo que permanecía de espaldas.

Galo suspiró.

—Tal vez me preocupo más por lo que me toca más de cerca —dijo volteándose a mí—. Que los rusos sean groseros o que no usen desodorante me tiene sin cuidado. Ellos viven en sus hoteles, o en edificios reservados para su uso, compran en tiendas especiales, y cuando terminan su contrato se devuelven. Si te digo la verdad, ni los veo.

—El punto es otro, y no nos gusta abordarlo. Los guerrilleros, hasta los que tenían más educación formal, no eran hombres de cultura ni amantes del arte. Y si no me oye nadie te incluyo a Fidel. Se trata de gente que desconfía de los intelectuales, como la mayoría del pueblo. Pero la diferencia entre mi vecina y Raúl Castro u Osmany Cienfuegos es que estos dos están en el poder, y ahora justifican su miedo a la cultura diciendo que el arte cubano que existía antes de la Revolución era burgués. Puede ser. Pero ellos no tienen ni la más puñetera idea de lo que es ni arte burgués ni arte socialista ni arte mandinga. Y ante la duda, lo que han ido aceptando con el paso del tiempo es el criterio soviético, que, por si no te lo ha dicho Pablo, es todavía más ignorante y timorato que el nuestro.

Pablo siguió sin voltear.

Galo volteó a verme.

—¿Pero tú sabes cuál es la cosa más extraña? Ya han pasado todos estos años y tú no vas a encontrar ni un solo rastro de la presencia soviética ni siquiera en el cine cubano. ¡Y mucho menos en la pintura, la música o la cocina! En cambio, fíjate tú qué paradoja, que Estados Unidos quiere garantizarnos la muerte y nos tiene bajo sitio, y sin embargo si tú escarbas un poco, verás que su influencia en la cultura se siente hasta el día de hoy. Y es comemierda el que diga que el odio al yanqui no va siempre acompañado de una curiosidad casi enferma por su cultura y sus productos.

—A propósito, un hombre me ofreció comprar dólares el otro día —dije.

—¿En dónde?

—En el Habana Libre, ahí por donde se habla por teléfono. Di la vuelta en el pasillo y como que me había estado esperando; estaba muy nervioso. Un tipo flaquito. Sudaba y se veía todo tembeleque. Me asustó. Me enseñó unos billetes de a dólar y me preguntó que si no le podía vender más.

—¿Y tú qué le dijiste?

—Ay, Galo, pues que me disculpara, ¡pero que no! ¿De dónde voy a sacar yo dólares, aparte de todo? Pero no sé ni qué podría hacer con ellos ese hombre. Me hizo acordar de una vez hace poco que me metí a hacer una llamada a una cabina de teléfono en el *subway* de Nueva York, y un hombre se metió a la cabina de al lado, y estaba igualito; todo nervioso y sudado. Sólo que en vez de enseñarme dólares se abrió el pantalón y me enseñó el sexo…

Pablo abandonó su rincón para voltear a reír con Galo.

—Así que te enseñó el sexo —se burló Galo, recuperando el humor—. Esta criatura siempre tan decente... ¡Se dice «pinga», niña! Y qué... ¿Cómo la tenía?

—Galo está equivocado —dijo Boris más tarde, en parte por el placer de llevarle la contra a su amigo.

Estábamos sentados junto a la piscina del Nacional, viendo el acostumbrado atardecer anticlimático del trópico: un sol que desaparece sin más y una luz que se hace parda en el cielo plano.

—Los soviéticos sí han influido en el arte, no tanto en lo que se hace, sino en los proyectos que se dejan de hacer. Y el problema de la falta de cultura de nuestros bravos dirigentes no es tanto que no se lleven bien con nosotros, sino que no les importa borrar algo que no conocen, y que no les pertenece, que es la historia.

—¡Mierda! No me ha tocado oír monólogos más solemnes que los que se escuchan en esta isla últimamente. ¡Me voy a tirar por el muro del Malecón! —Carlos se incorporó en la tumbona.

A diferencia de Galo y Pablo, que siempre caminaban y se sentaban muy erguidos, y de Boris, que parecía un muñequito de cuerda, cuando se sentía en confianza Carlos se movía con una languidez encantadora, que la Revolución no dudaba en calificar de decadente. La piscina del Nacional era un lugar apenas y relativamente privado, pero estaba vacía, y Carlos no había resistido la tentación de recostarse en la tumbona cual odalisca mientras yo hacía un recuento de la discusión entre Pablo y Galo. Se había enderezado para jalarse los pelos, pero ahora asumió su postura recumbente de nuevo.

—¿Te fijas tú en una cuestión? Todo, absolutamente todo, está ideologizado. Tú no puedes decir que te gusta más el macarrón que el espagueti porque enseguida estás enfrascado en un debate sobre la dialéctica y el colonialismo cultural.

—Es verdad —concordó Boris, dándole golpecitos a su vaso de limonada con el popote—. En realidad, lo que ocurre es que Galo se ha estado templando a un muchachito de teatro Estudio, y Pablo está hecho una Medea de celos. Pero como ya la vida personal no es importante porque es subjetiva, entonces tienen que pelearse debatiendo el papel de los soviéticos en el desarrollo de la cultura revolucionaria contemporánea. ¡Coñoó! ¿Por qué no vamos mejor a la playa?

—No puedo —dije yo—. Me comprometí a ir a Santa María del Mar con Roque Dalton y su familia.

—¡Óyelo bien, chico! —gritó Boris, y me remedó aflautando la voz—. Con Roque Dalton y su familia… ¿Y de cuándo acá tú te codeas con lo más granado del internacionalismo revolucionario? Mira que yo soy celoso…

En realidad no recuerdo cómo fue que conocí a Roque. Habrá sido a través de Nancy, que tenía muy buenas relaciones con todo el grupo de Casa de las Américas. Mi primer recuerdo de él es en su apartamento del Vedado: lo veo saliendo de un rincón lleno de libros con algún ejemplar de la revista *Casa* entre las manos. Me quiere mostrar un texto, explicar algo, redondear un tema con la misma obsesividad urgente con que abordaba todos los asuntos de la Revolución. La luz de la ventana ilumina un lado de su rostro largo. Me tiende el cuaderno con su mano de mico, o de niño. Llama la atención por menudito, y por sus ojos grandes de animal manso. Es inquieto como un adolescente. Le quiero explicar que no me da el entendimiento para textos tan desarrollados como los que publica en *Casa*, pero él insiste que no, que es muy importante que comprenda, que ya veré que es sencillo.

En La Habana el exiliado salvadoreño Roque Dalton era conocido por la hospitalidad inagotable con que invitaba a comer en casa a quien se le cruzara enfrente; por sus poemas sencillos y su oficio de intelectual productivo, que llenaba la revista *Casa* de sesudos artículos; por los largos meses que había pasado en los campos de entrenamiento militar que la gente de Piñeiro mantenía para las organizaciones guerrilleras hermanas, y porque era el hombre más divertido y ocurrente que a muchos les hubiera tocado conocer. En sus largos y variados años de exilio, que transcurrieron en una buena parte en las diversas tabernas y cantinas de la intelectualidad mexicana, francesa, cubana y checa, sus relatos inverosímiles —y no necesariamente veraces, según los criterios más estrictos— resultaron tan novedosos como su manera de contarlos. Lanzaba el cuento de la vez que pudo escapar de una cárcel en San Salvador gracias al oportuno terremoto que derrumbó las paredes. O del dictador absurdo que insistía en curar a la población por medio de sus médicos invisibles, o de la alegría suicida con la que sus compatriotas se habían lanzado el año anterior a hacer la guerra en contra del vecino país de Honduras.

«Es cierto, vos…», lo habré escuchado decir aquella primera tarde en su casa. «En mil novecientos treinta y tres mi general Maximiliano Hernández Martínez llenó San Salvador entero de papelitos de colores, y nomás con ese puntacho acabó con la epidemia de viruela. ¿Vos te creés que estoy inventando? Si no era un tirano cualquiera, pues! Ahí están los discursos, las actas en las que constan sus grandes logros en la lucha contra la viruela! Mandó forrar los faroles del alumbrado público con celofán azul –y había bastantes faroles, porque el jodido no sólo buscaba el bien de su pueblo con aquellas sus energías positivas, sino que todo el país lo llenó de electricidad– y dizque en el celofán tenían que quedar atrapadas las fuerzas negativas, como si fuera aquel papel pegante que usan para las moscas, digo yo. Y el tal sorote convencido, pues, de que había eliminado el microbio de la viruela…» En este punto Roque hacía un gesto con la mano derecha como de quien termina de desatornillar un foco, y se reía.

«Ah sí, vos… ¡Si él era un gran convencido del espiritismo! Según él, contaba con la asesoría de unos médicos invisibles, y así dejó que hasta se le muriera un su hijo! No quiso dejar que al cipote lo tratara un médico de este mundo.» Ahora Roque perdía la sonrisa. «Y se le murió el crío. Pero el jodido aquel, necio en que había salvado miles de vidas. En mil novecientos treinta y dos mandó fusilar y ahorcar por ahí de treinta mil cristianos, pero no era hombre de perder el sueño por causa de una matazón. Salvó a la patria de una insurrección comunista y luego la salvó de la viruela.» Tiró el foco fundido imaginario por encima del hombro, al basurero de la historia.

En realidad, el poeta Dalton no había hecho más que perfeccionar el típico anecdotario centroamericano, pero ése es un manantial de historias inextinguible, y el genio narrativo de Roque era muy grande. Durante los años que siguieron a su muerte no fueron pocos los que trataron de amainar la nostalgia que provocaba su ausencia imitándolo, contando cuentos frente a una botella de ron como los contaba él, ensartando absurdos como si fueran cuentas y riendo él también con sus escuchas, alzándose de hombros ante la imposible tristeza ridícula de haber nacido tan desamparado, tan premoderno, tan salvadoreño.

El Roque que hacía reír era el mismo que bebía atormentadamente, y el que dedicaba su ser más íntimo a preparar la revolución mundial, decidido a aportar a la causa por lo menos una pequeña victoria en El Salvador. Con vista a ese triunfo ensayaba su vida y preparaba su muerte. Siempre en busca de información, yo lo habré interrumpido aquella tarde a medio cuento preguntándole por qué había fracasado el alzamiento comunista en contra del tirano Martínez, y ya habría tenido tiempo de arrepentirme, porque Roque dejó al instante los relatos surrealistas del dictador e irrumpió en un torrente laval de consideraciones teóricas que me resultaron incomprensibles. Fue a buscar el artículo de *Casa* para explicar mejor, pero mis preguntas eran mucho más simples:

—¿Y vos pensás que el Che hizo bien en irse de Cuba?

Me miró sorprendido.

—¿*Ydiay*? ¿Dónde aprendiste a hablar de «vos»?

—Con mi madre, que es guatemalteca.

Sonrió una sonrisa blanquísima.

—¡Así que tenés sangre chapina! Entonces sos medio pariente vos. ¿Por qué no te venís a la playa el sábado con Aída y los cipotes? Tenemos gasolina para llegar hasta Santa María. Ya al regreso, san Marx dispondrá…

Compartíamos la sangre centroamericana, pero nos parecíamos de otra manera que ni él ni yo quisimos aclarar: mi madre, a pesar de haber nacido en Guatemala, se había criado en Estados Unidos y tenía modos muy americanos. Roque, que era salvadoreño, se apellidaba Dalton porque su padre era un acaudalado inmigrante estadounidense. De esa parte de nuestra herencia nos avergonzábamos los dos.

Escondidas entre la carcachita y los pinos de la playa de Santa María, Aída y yo nos cambiamos al traje de baño. Avanzamos sobre la arena deslumbrante y tibia hacia Roque y sus hijos, que ya retozaban en un agua azul y quieta como el vidrio. El paisaje de altos contrastes recortaba nuestras siluetas; algo menos alto que sus hijos adolescentes, Roque era una marioneta frágil. Mi sombra quedó impresa en la playa, más nítida y oscura que un negativo de fotografía, y comprobé una vez más que era idéntica a la de un pollo desplumado. Sentados en la arena blanquísima, Roque y yo vimos a Aída meterse al mar como lo hacían las señoras de otros tiempos; con pasos cautelosos, como si el agua le fuera a lanzar un mordisco, y agachándose de vez en cuando a recoger el agua con las manos en cuenca, para mojarse un poco el cuerpo. Evidentemente, formaba parte de esa legión de esposas de artistas y guerrilleros que acaban convirtiéndose en las mamás de sus maridos. Le curaba las resacas, le perdonaba las incontables aventuras, y se aguantaba el miedo y la soledad cada vez que Roque dejaba el exilio para ingresar de nuevo por veredas a su país-castigo. Rellenita, maciza y graciosa, era aún menos alta que Roque.

En México le dirían «chaparrita cuerpo de uva», le dije al poeta, viéndola salir del agua.

−¡Vení, mamita!, que tengo que estrenar esta chulada de piropo contigo −le gritó Roque encantado.

Roque Dalton murió asesinado en El Salvador, en circunstancias que explicaré más adelante, aunque se salga del margen de tiempo que ocupa este relato. Por ahora me interesa un ejemplar de la revista *Casa* que tengo enfrente, y que fue publicado el año anterior a mi llegada a Cuba. Reproduce un extenso coloquio en el que participó Roque, acerca del papel del intelectual dentro de la sociedad revolucionaria. Me interesa el tema porque, en tanto artista, fui a la vez objeto y sujeto de aquel diálogo, y porque hubo un tiempo en que pensé que fueron las respuestas a las preguntas en él planteadas las que casi habían acabado conmigo. Hoy estimo que eran las interrogantes en sí −¿es posible un intelectual fuera de la Revolución?, ¿es posible un intelectual no revolucionario?− las que eran aniquilantes.

Lo que me parece asombroso al releer el texto no es tanto que haya tomado en serio semejantes preguntas, sino que hayan sido definitorias en la vida de alguien como Roque, que en mi percepción tenía un compromiso sin tregua con la irreverencia y en contra de la solemnidad. «¿Es posible un intelectual fuera de la Revolución?» Responder que sí es volverse inmediatamente contrarrevolucionario y quedar fuera del juego. Responder que no para mí significó un intento de autoeliminación. Para el apasionado y ensombrecido intelectual que era Roque, la misma respuesta era un llamado a la «consecuencia revolucionaria», como se decía entonces.

En el debate de *Casa* es evidente, desde que el primer orador arranca la sesión de *mea culpa*, que están inquietos por otra pregunta que no enuncian pero a la que sí responden reiteradas veces: ¿por qué tantos intelectuales que antes nos apoyaban, ahora se sienten incómodos frente a Cuba, o, incluso, nos critican?

—Yo creo que, para empezar, debemos reconocer que muchos de nosotros hemos sido responsables de haber creado una ilusión –dice el novelista Edmundo Desnoes–. La ilusión de que en Cuba existe una libertad absoluta para expresarse libremente, sin reconocer las exigencias de una sociedad en revolución. Creo que la libertad no existe en abstracto… está condicionada por la Revolución, no es una libertad individual, caprichosa.

El poeta René Depestre le sigue el hilo.

—En la sociedad burguesa, cuando el intelectual comprometido ejerce este derecho [a la crítica], lo hace partiendo de los intereses de clase del proletariado –dice. Continúa enredándose por el camino hasta lograr fórmulas indescifrables–. Pero cuando éste está en el poder, el intelectual revolucionario es corresponsable de este poder. Su crítica se convierte en parte en una autocrítica que se articula a la forma colectiva de conciencia crítica que es la revolución, en su marcha histórica.

Los demás participantes en la mesa le entienden perfectamente.

—De acuerdo –aplaude el periodista uruguayo Carlos María Gutiérrez–. La crítica debe ejercerse a través de los aparatos de la Revolución –dicta–. La conciencia crítica de un intelectual no puede manifestarse de pronto… cuando un escritor, por ejemplo, se despierta una mañana y resuelve, obedeciendo a su conciencia crítica, *y supongo que en forma perfectamente honesta* [el subrayado es mío], escribir un libro de versos donde impugna lo que en la Revolución le choca.

¿No? ¡No! El periodista uruguayo enuncia enseguida el procedimiento a seguir:

—Este hombre, si quiere hacerlo, tendrá que ir a través de la disciplina impuesta por la construcción socialista, a través de sus organizaciones de masas, para sortear los pantanos ideológicos en que puede caer.

Gutiérrez, que no tiene que vivir las consecuencias de la práctica revolucionaria de Fidel (cuando llegó en su país el turno del horror y de la fuga prefirió asilarse en Venezuela y España), postula una actitud existencial que podríamos denominar implacabilismo, pero a sus pares cubanos los vence por momentos la tentación de afirmar que sus oficios —la escritura, la pintura, la crítica— tienen valor en sí. Depestre ensaya una tímida defensa de esta tesis, o tal vez, dado el contexto, se trata de una defensa audaz: «No son muchos los hombres de acción que han ejercido una acción tan duradera como los libros de Leon Tolstoi o los poemas de Baudelaire. Es por eso que yo pienso que el intelectual que no tenga las cualidades que hacen al hombre de acción no tiene que desarrollar… un complejo de Sierra Maestra [por no ser guerrillero]. No tiene más que seguir la verdad de su vida, con la mayor honestidad…».

Menos mal que está en la mesa el periodista uruguayo, siempre atento a las desviaciones del pensamiento y mucho más experto en Lenin que sus colegas:

—René, en cuanto a lo que han cumplido los artistas en todos los tiempos —advierte benévolo—. Permíteme que te recuerde algo que dijo Lenin ya en mil novecientos cinco, anticipándose a la confusión que sustrae la obra de creación a las condiciones sociales: «El proletariado socialista organizado —la cita es de memoria, supongo— debe seguir atento a esta labor, la de los intelectuales; controlarla, introducir en toda ella, sin excepción alguna, el vivo raudal de la viva actividad proletaria, haciendo que desaparezca así el viejo principio semimercantilista de que el escritor escribe cuando le parece y el lector lee cuando le viene en gana».

¡Nada de lecturas espontáneas! Si un obrero en una fábrica trabaja con horario fijo y produce lo que le dictan, ¿por qué no se ha de proletarizar el privilegiado intelectual? Los panelistas aceptan humildemente la advertencia y siguen adelante, flagelándose siempre, buscando por vericuetos la respuesta a una pregunta —«¿Por qué tengo tantas ganas de decir lo que pienso?»— que no se puede confesar. Y hay otra: «¿Por qué los proletarios pueden decir lo que piensan, y yo tengo la obligación revolucionaria de callarme?» Y otra más: «¿Por qué se cumple el fin del machetero cuando corta caña, y el fin del mecánico cuando repara el motor, mientras que yo, después de escribir, o pintar, o criticar, debo ir a cortar caña para cumplir mi compromiso con la Revolución?». Y la respuesta que hallan los intelectuales en este coloquio, siguiendo el camino que alumbra el uruguayo, es que los intelectuales, con su tendencia desbordada al pensamiento crítico, no son de fiar.

Leyendo de nuevo el debate con que me castigué hace tanto tiempo, pienso que en el lastimoso texto se puede leer también un desesperado ofrecimiento: «Yo me aplico el látigo con esmero —le dicen los ponentes al poder que ellos apoyan— si le reconoces algún valor a mi existencia, o si, por lo menos, me dejas existir». Pero los márgenes de negociación son estrechos, porque la verdad es que en el mismo momento en que Roque Dalton y sus colegas debatían si derramar su sangre o sacrificar su oficio era la mejor manera de contribuir a la Revolución, esa Revolución ya había logrado prescindir de ellos casi por completo. Si no fuera porque los intelectuales servían como atracción turística ante tantos integrantes del movimiento internacional de izquierda, como brutalmente apunta en algún momento el uruguayo Gutiérrez, al régimen cubano le daría lo mismo —como bien había dicho Galo— subir a un barco incluso a los más leales de estos oferentes y verlos perderse en el horizonte.

«¿Es posible un intelectual fuera de la Revolución?» En el coloquio se plantea la pregunta una vez más, y sólo Roque, apasionado, rígido y consistente como el Che, opta por la respuesta imposible y dice que no, que no es posible, y define claramente lo que significa esa negativa.

El problema no es nuevo… Los surrealistas, con un encanto de niños terribles que todavía nos emociona, plantearon las alternativas del problema precisamente desde sus extremos imposibles: Aragon despertó del sueño en las filas del PC francés; Desnos, en el campo de concentración de Terezin. Breton murió fiel a un sueño: el de un esteta romántico… Mucho antes, los escritores rusos habían vivido la primera revolución proletaria: un dramático encuentro, en realidad, en torno al cual se acuñó por primera vez el término «la desgarradura». El alma del artista: un himen del tamaño de una bandera, apto para ser lucido en los recitales, desde la tribuna, pero siempre en el terrible peligro de caer al suelo, entre los pies de la multitud de zapatones desgarrantes. Maiakovski, Bloch, Yesenin, Babel, Gorki, desde luego, cuya relación con Lenin está llena, por cierto, de enseñanzas que preferimos sospechosamente olvidar…

Quizá juzgo demasiado severamente a los desubicados escritores reunidos en la mesa con Roque aquella tarde. Querían creer y querían sobrevivir, como todo el mundo, y no se habían alistado en las filas de la Revolución sino hasta la última hora, al igual que la apabullante mayoría de los cubanos. Pero sólo ellos merecieron el fuetazo crítico del Che, que definió como el pecado original de los intelectuales el no haber empuñado un arma en la lucha contra Batista. La verdad es que, de todos los de aquella mesa, Roque Dalton era el único «hombre de acción», según el término de Depestre. Y al mismo tiempo fue de los muy contados revolucionarios latinoamericanos que realmente era un intelectual. Con esos dos maderos armó su cruz.

La aflicción moral del intelectual latinoamericano que ha llegado a la comprensión de las necesidades reales de la Revolución sólo podrá ser resuelta en la práctica revolucionaria –declara en aquella mesa–. Está obligado a responder con los hechos a su pensamiento de vanguardia so pena de negarse a sí mismo… ¿debo darle más importancia al trabajo de terminar mi importantísima novela o debo aceptar esa tarea peligrosa que me plantea el partido, la guerrilla, el frente, y en ejecución de la cual puedo perder, no mi precioso tiempo… sino *todo* el tiempo que se supone me quedaba?, ¿debo hacer sonetos o dedicarme a estudiar las rebeliones campesinas?… Es decir: no queremos decir que un escritor es bueno para la revolución únicamente si sube a la montaña o mata al director general de la policía, pero creemos que un buen escritor en una guerrilla está más cerca de todo lo que significa la lucha por el futuro, el advenimiento de la esperanza, etcétera, es decir, del rudo y positivo contenido que todos los rizos teóricos han ocultado por tanto tiempo... Entiendo que quien consciente y responsablemente afirma que el Che Guevara es su ideal, no puede luego venir con mentirijillas sin terminar siendo un sinvergüenza.

Era característica de Roque hablar de la teoría como si fuera verdad, y no al revés. Ser como el Che es morir como el Che, y él no sería un «sinvergüenza», un comemierda. Lo que dañaba su poesía le segó también la vida: tomaba en forma demasiado literal el sentido de cada palabra.

La forma en que abordaba su país, la familiaridad que le permitía contar las anécdotas de los «médicos invisibles» del dictador Martínez como si fueran historias de familia —pues efectivamente lo eran— tal vez ayuda a explicar por qué la única gesta revolucionaria significativa del final del siglo xx latinoamericano se haya dado en los pequeños países de «la delgada cintura de América» —El Salvador, Guatemala y Nicaragua— contra los últimos tiranos de la región. El conocimiento de Roque era por completo diferente a las exposiciones retóricas que escuché de labios de Eduardo y sus sucesores. En las lecciones que recibí de ellos estaba presente todo menos la exaltada luz de los atardeceres, el olor putrefacto de los mercados, los chistes obscenos y las deliciosas comidas de pobre de la patria que buscaban redimir. Quizá no fue culpa de ellos y sí fue más bien una simple suerte que Roque hubiera nacido en un país del tamaño de un pañuelo y con tres millones de habitantes, y que por lo tanto resultara factible abarcarlo, conocerlo, intimar con él. Es el país pequeño, entrañable y horroroso que está presente en todos sus últimos poemas.

YA TE AVISO...

Patria idéntica a vos misma
pasan los años y no rejuvenecés
deberían dar premios de resistencia por ser salvadoreño
Beethoven era sifilítico y sordo pero ahí está la
Novena Sinfonía
en cambio tu ceguera es de fuego
y tu mudez de gritería
Yo volveré yo volveré
no a llevarte la paz sino el ojo del lince

el olfato del podenco
amor mío con himno nacional
voraz
ya le comiste el cadáver de don Francisco Morazán
a Honduras
y hoy te querés comer a Honduras

Necesitás bofetones
electroshocks
psicoanálisis
para que despertés a tu verdadera personalidad
vos no sos don Rafael Meza Ayau ni el coronel Medrano
habrá que meterte en la cama
a pan de dinamita y agua
lavativas de cóctel Molotov cada quince minutos
y luego nos iremos a la guerra de verdad
todos juntos
para ver si así cómo roncas duermes
como decía Pedro Infante

Novia encarnizada
mamá que parás el pelo

Es interesante notar, antes de saltar hasta el 10 de mayo de 1975, que las intervenciones de Roque en el diálogo de *Casa*, a favor de la coherencia entre conciencia y práctica, son totalmente ignoradas por los demás participantes.

A comienzo de los años setenta, el nombre de Roque desapareció del consejo de redacción de *Casa*. Parece ser que sus entradas clandestinas a El Salvador se fueron haciendo más frecuentes, y en 1973 hizo causa común con otros disidentes jóvenes del anquilosado Partido Comunista de El Salvador, para impulsar el camino de la lucha armada hacia el comunismo, según se decía entonces. La nueva agrupación se puso por nombre Ejército Revolucionario del Pueblo, o ERP. Militante desde la adolescencia del Partido Comunista, encarcelado y exiliado varias veces, y a la vez poeta publicado y reconocido, Roque tiene que haber llevado una vida clandestina muy difícil, sobre todo en una ciudad pequeña y endogámica como San Salvador. (No tengo información sobre este punto, pero me parece improbable que en sus inicios el ERP haya seguido el ejemplo del Che, intentado sobrevivir en una selva, pues en El Salvador realmente no queda selva.)

En las condiciones en que haya sido, la clandestinidad de Roque y sus compañeros tiene que haber sido sofocante, claustrofóbica en extremo. En cualquier grupo que, en el mismo acto de tomar las armas, ha extirpado de cuajo la noción de la tolerancia, no es de extrañar que florezcan rivalidades mortales. Cuando hacia mediados del mes de mayo de 1975 sus compañeros de armas anunciaron al mundo que habían ajusticiado a Roque Dalton, alegaron como motivo la secreta alianza ideológica del poeta con la CIA. El cargo era tan absurdo que el mismo Fidel se indignó. Años después, algunos amigos míos, miembros de la fracción disidente del ERP que se fundó a raíz del asesinato de Roque, me dieron otra explicación. Según ellos, Roque, siempre tan propenso a los líos de faldas, se había ido detrás de la compañera de uno de sus compañeros, tal vez la de Joaquín Villalobos, el avispado dirigente militar de la incipiente organización. No sé por qué pienso que Roque hubiera preferido esta versión de las causas de su muerte. Lo veo y no quiero verlo, ovillado en el catre del cuartucho donde lo tienen preso. Lo veo y no quiero saber si lo agarraron de espaldas y dormido, si lo pusieron frente al paredón y él dio la voz de fuego, si fue el propio amigo, Villalobos, el que le disparó, o si el encargado de la tarea fue otro. Murió Roque, que se había escapado de tantas cárceles y tantas emboscadas del destino, encojonado y solito. No entregaron el cadáver.

Ya casi termina el mes de septiembre, ya falta poco para que deje Cuba para siempre, o para el tiempo que abarca este relato. Ya dentro de unas semanas llamará Adrián para anunciar que ha encontrado un apartamento para los dos, y yo le diré qué bueno y le escribiré otra carta a Jorge. Veré una última vez a Roque, bajando la colina de Rampa una tarde en que el sol lo ilumina de frente y él abre los brazos en cruz y grita «¡Mamita linda! ¿Por qué tan sola?», y reclama que no haya ido por la casa y me invita de nuevo a la playa. Ya me despediré de los alumnos, pero antes toca contar la historia de su escuela, pues no fue sino hasta treinta años después de dejarlos que yo logré entender por qué en las Escuelas Nacionales de Arte se respiraba un aire de abandono y soledad mortal, como en la casona inmensa de la Sra Havisham; aquella solterona en la novela de Dickens que conserva su sala, su pastel y su vestido de novia, tal cual estaban en el momento en que supo que su prometido no se casaría con ella.

La razón del abandono estaba en un libro sobre la ENA escrito por el arquitecto estadounidense John A. Loomis, *Revolution of Forms: Cuba's Forgotten Art Schools* y era sencilla: en 1970 hasta los mismos maestros de la facultad de arquitectura de la Universidad Nacional tenían prohibido llevar a sus alumnos a conocer el lugar. No lo supe en su momento porque también estaba prohibido hablar de la desgracia en la que había caído la ENA. O quizá no era prohibido —conozco gente que asistió a alguna convención en La Habana en los años setenta y fue alojada en los dormitorios de la escuela—, sino que Elfrida, Lorna, Hilda y Tere inconscientemente buscaron ahorrarse problemas con el Estado guardando silencio, con lo que al mismo tiempo evitaban tener que emprender una reflexión descorazonante sobre el complejo papel que jugaba la revolución en sus vidas y en el arte.

Ignorando así que habitaba un conjunto apestado, contaminado para la Revolución desde sus orígenes, casi radiactivo, paseaba por las tardes en la asombrosa aldea que daba albergue a la Escuela Nacional de Artes Plásticas. En su largo merodeo, como si fuera a la ribera de un río, el sendero principal iba bordeando las estructuras circulares que albergaban estudios y salones de clase, y nunca la recorrí sin pensar con lástima en la pobreza del Estado, que ni siquiera disponía de recursos para mandar reparar la graciosa fuente que adornaba la plazoleta al centro del conjunto.

No siempre fue así. En enero de 1961 el arquitecto Ricardo Porro, recién llegado de un largo exilio venezolano para incorporarse a la Revolución, recibió una visita de una vieja amiga; una mujer guapa y pizpireta que llegó de improviso al cóctel que ofrecía Porro esa tarde.

—Mira tú lo que me acaba de pasar —le dijo a Porro—. Iba yo por la calle cuando veo que se me acerca un carro grande, lujoso....

Déjate, cuando se abre la puerta, es el mismo Fidel el que me hace señas de que me suba.

Fidel, que conocía bien a esta mujer, fue al grano.

–Hemos decidido aprovechar las instalaciones del antiguo Country Club para crear ahí una gran escuela de todas las artes –le dijo a su interlocutora–. Es un proyecto urgente. Necesitamos un plan maestro dentro de cuatro meses. ¿Conoces a alguien que lo pueda desarrollar?

La amiga de Porro pensó inmediatamente en él.

Fidel esperaba poder inaugurar las escuelas a finales de ese mismo año, de manera que habría que iniciar la construcción cuanto antes. Además, el presupuesto sería absolutamente rudimentario. Era un proyecto imposible, y por eso Porro lo aceptó gozoso. Sería, pensó emocionado, la oportunidad de aprovechar materiales como el ladrillo y las técnicas de construcción más sencillas y económicas para inaugurar una arquitectura auténticamente cubana.

Milagrosamente, Porro y los dos arquitectos italianos que reclutó para el proyecto, Vittorio Garatti y Roberto Gottardi, entregaron un proyecto casi a tiempo. Era realmente revolucionario y de asombrosa belleza conceptual. Cinco escuelas construidas de ladrillo y rodeadas de selva, concebidas como una explosión de fragmentos –visto desde el aire, el diseño de cada escuela era una variación sobre las formas que asume una espiral en el momento de estallar– y al mismo tiempo como una aldea guajira o africana, vista desde adentro, cada escuela era un conjunto de edificios curvos girados protectoramente sobre una serie de plazoletas. La arquitectura de la escuela de artes plásticas, particularmente, recuperaba la gozosa sexualidad cubana: el perfil de cada una de las aulas, con su cúpula coronada por un pequeño tragaluz puntiagudo, era inequívocamente el de un seno. Al centro de la plaza principal chorreaba agua de una fuente que evocaba la forma de una concha o una papaya, palabra tan asociada al sexo femenino en Cuba que ni siquiera se puede decir en público.

Construidas principalmente entre la crisis de Playa Girón y la crisis de los misiles, las escuelas gozaron del apoyo y las alabanzas de Fidel en todos esos meses, cuenta Loomis. Roberto Gottardi fue el encargado del diseño de la escuela de artes dramáticas. Aunque Vittorio Garatti no logró concluir la edificación de su escuela de música, colaboró con Alicia Alonso para hacerle una escuela de ballet a la medida, y ésta sí se terminó (aunque se dice que el día que la directora del Ballet Nacional fue a ver su escuela, ya prácticamente lista para la primera clase, dijo «No me gusta», y se marchó para siempre). Porro diseñó la escuela de artes plásticas, quizá la más bella de todas, y también la de danza moderna.

Las bóvedas y el ladrillo se convirtieron de inmediato en el leitmotiv inconfundible de la ENA: reivindicaban la cubanidad y lo artesanal y al mismo tiempo ayudaban a definir un espacio absolutamente original.

Ésa fue, justamente, la acusación esgrimida por sus enemigos cuando tramaron la caída en desgracia de Porro, Garatti y Gottardi. Las Escuelas Nacionales de Artes reivindicaban lo artesanal, acusaron, estaban construidas de ladrillo, y no de prefabricados, fomentaban la sensualidad, y se remitían a nociones de «cubanía» y africanidad inaceptables para la Revolución, que era proletaria, pregonaba el internacionalismo y se oponía resueltamente a toda manifestación de la decadencia. Los ataques se dejaron oír bajito ya en los momentos en que se inició la construcción de la escuela. Fueron subiendo de volumen en 1963. El Ministerio de la Construcción, que tenía a su cargo la obra, fue retirando paulatinamente su apoyo. El ministro era un ex guerrillero de veintiséis años que había combatido al lado de Ernesto Guevara, Osmany Cienfuegos. Cuando el Che tenía que resolver problemas ante los cuales se descubría completamente impreparado, su instinto era siempre tirar hacia la opción más radical, pero en general entre los cuadros de la Revolución cubana ocurría lo mismo que nos sucede a los demás; ante una situación desconocida preferían optar por la ruta conservadora. Así, conforme se fue armando la controversia alrededor de las escuelas (alentada, posiblemente, por muchos arquitectos a quienes no les había tocado un proyecto tan jugoso entre los muy escasos planes estatales de construcción), Cienfuegos fue replegando su apoyo.

En 1965, relata Loomis, el mismísimo Fidel se unió al ataque en contra de la escuela, en un discurso que criticaba el criterio individualista o «egocentrista» de ciertos arquitectos, y elogiaba el modelo soviético de la construcción estandarizada. (Unos años antes, Nikita Khruschov en la URSS denunció la falta de arquitectura proletaria, es decir, específicamente construida con módulos prefabricados.) Una primera medida fue extinguir la escandalosa fuente de la papaya. Después se encogió el presupuesto, y por último, se cancelaron las ceremonias de inauguración. En julio de 1965 se estrenaron sin pompa ni ceremonia los salones de clase de las escuelas de danza, música y artes plásticas. Bajo la presión cada vez más insistente de la unión de arquitectos, y temiendo consecuencias más graves, Porro intentó hablar con Fidel para que le permitiera salir de Cuba en buenos términos. En 1966, fue Celia Sánchez la que le avisó que tenía dos boletos de avión que lo llevarían a él y a su mujer a un exilio en París. Ocho años más tarde Garatti fue encarcelado y luego expulsado de Cuba. El único que sigue viviendo en Cuba hasta la fecha es Roberto Gottardi.

En París, a lo largo de una cena en su casa-*atelier*, cocinada por él mismo y su mujer, Elena, con ingredientes modestos y resultados espléndidos, Ricardo Porro me contó la debacle de las Escuelas de Arte. Alto, calvo ahora e inmensamente gordo, cultísimo, ocurrente, simpático, y con una extraña y dulce inocencia, Porro vive en paz, dictando cursos en la universidad, atareado en su taller con las esculturas surrealistas que lo obsesionan, y en la construcción de edificios públicos tan hermosos y raros como la ENA, que le han sido comisionados por la alcaldía de París. Busca siempre una arquitectura orgánica, hecha a la medida de la dimensión física y espiritual del ser humano.

Le pregunté por qué se había construido una escuela de danza cuando en realidad no existía gran tradición de danza moderna en Cuba. «Entre otras razones, porque se consideraba que era prudente apoyar una danza menos afeminada que el ballet, para que corrieran menos peligro los muchachos que entraban a la carrera», respondió. «En realidad hubo toda una serie de decisiones que se tomaron en función de ese temor. La misma Alicia Alonso, que tenía tanto apoyo de parte del gobierno, comenzó a reclutar a los estudiantes en el campo, entre los guajiros, o en los orfelinatos, buscando evitar al máximo la posibilidad de que vieneran contaminados con esa especie de virus de la homosexualidad. Por eso también se decidió hacer un comedor individual en cada escuela. A mí me parecía absurdo. Lo lógico era que las Escuelas de Arte funcionaran como un gran centro de convivencia y de intercambio artístico, pero no. Era mejor que cada escuela tuviera su comedor por separado, para que los muchachos de danza no pusieran en peligro a los de las otras escuelas. Por supuesto que ya con la situación de estrechez económica eso no se pudo sostener y se tuvo que usar el comedor del viejo edificio administrativo.»

Le pregunté por qué la escuela de danza no tenía espejos. «Porque se acabó el presupuesto», respondió. «Yo sabía que así iba a pasar. Por eso les dije a mis compañeros y a los maestros de obra: Vamos a hacer todo lo más aprisa que se pueda, que esto se acaba.»

«¡Monstruos monstruosos! Al alzarse en el aire empiezan la vuelta con el impulso de la pierna delantera. Terminan la vuelta recogiendo la pierna de atrás… ¡No las dejen colgando en el aire! ¡Así! ¡Usen su centro! ¡Si no, se caen!»

Iba corriendo y gritando detrás de Orlando, Manolo, José y, por último, Humberto, un alumno que tenía gran elevación y piernas muy tiesas, alentándolos y picándoles las piernas para que se acordaran de doblarlas. «¡Así! ¡Así! Así como se cae Humberto…», rematé, viéndolo irse de bruces por tercera o cuarta vez.

Los cuatro muchachos que había seleccionado para ensayar conmigo tenían ese aire contento y dispuesto —«úsame, úsame»— que les da alas a los bailarines cuando el trabajo va bien. Sudábamos todos, ellos se caían y se enredaban con los tiempos, se sobaban el tobillo o la rodilla adolorida y volvían a tomar su lugar con aire de esperanza y agradecimiento. No estaba segura de estarles ofreciendo el tipo de coreografía que ellos necesitaban para crecer —¿será que voy bien? ¿Será que esto es mejor que lo que les pone Elfrida? ¿Será que mañana se me ocurrirá una nueva frase?—. Pero estaba contenta. En la grabadorcita salía el mismo tramo de *Cuentos de los bosques de Viena* una y otra vez, y volvíamos a la carga. «Esta música es un río, no una calle con baches», explicaba. «El vals los tiene que jalar a ustedes, y no al revés. Sobre todo en el *glissade* en *plié*. Vean: usan su abdomen, mantienen quieto el torso y deslizan como si estuvieran chupando el piso con las suelas de los pies. Planito. Lisito. Suavecito. ¿De acuerdo? Bueno, otra vez. ¡No reboten! ¡Resbalen sobre la música! ¡TAM-taram-tam-tam!»

Seguro que a Twyla no le resultaba tan lento este negocio de la composición: había gastado la tarde anterior en armar tres frases que sumaban treinta segundos, y una hora en montarlo en los cuerpos de cuatro muchachos. Llevaba días en las mismas. ¿Sería que en los ensayos de Twyla nosotras también aprendíamos los movimientos tan despacio? ¿Cómo hacía ella para no desesperarse? ¿Y qué ocurriría cuando me tocara incorporar a las muchachas? «Pero no te quejes, chica, que esta tiñosa te la has parqueado tú...», me dije. El acento y los dichos cubanos hasta el momento me habían parecido poco agraciados, pero en los últimos días por primera vez estaba empezando a imitarlos. ¿Sería que le avisaba a Adrián de que me iba a quedar otras semanitas más, por lo menos hasta completar cinco minutos que los muchachos pudieran presentar para su fin de curso?

Terminó el ensayo, y me llamó la atención que en vez de acercarse como de costumbre a preguntar detalles técnicos o pedir que revisara su vuelta en el aire una vez más, José y Manolo se quedaran cuchicheando en un rincón. «Alma, necesitamos hablar una cuestión contigo», dijo José, siempre el de las iniciativas. Y propuso lo que se había negado a hacer, por miedo, casi dos meses atrás. «¿Podemos visitarte esta tarde en tu hotel?»

Llegaron tres alumnos a la visita, pero dijeron que eran delegación. Se les veía pálidos, preocupados y con aire ligeramente heroico. No querían limonada.

—Vamos a hacer una huelga —soltó de entrada José.

—¿Cómo? No pueden, muchachos... ¡Eso está prohibido! ¿Para qué?

—Para que cambien las condiciones de la escuela.

Sí, dijo Antonia. Así es, dijo Roberto.

—¡Pero no lo van a lograr así! —dije yo, la revolucionaria—. Están locos. ¿No ven que las cosas están mejor desde la junta con Mario Hidalgo? Elfrida está más razonable, estamos viendo cómo reestructurar el programa de enseñanza, sobre todo de los primeros años, y estamos ensayando el vals...

—Pero tú te vas.

—Yo creo que no tan pronto. Si les sirve de algo, me puedo quedar todo diciembre.

Menearon la cabeza los tres. No. Era necesario un cambio a fondo, y ya todos los alumnos de quinto y cuarto año se habían puesto de acuerdo.

—¿Ya pensaron en el lío en el que van a terminar de meter a Orlando? No es como si le faltaran problemas después de la junta...

—Ni siquiera le hemos dicho. Además, él está en la misma situación que nosotros: no tiene nada que perder. Pero necesitamos saber una cosa —dijo Roberto con una seriedad que nadie en la vida había usado para dirigirse a mí—. Vamos a pedir que quiten a Elfrida de la dirección, y queremos saber si estás dispuesta a quedarte en su lugar.

Pasé los días que transcurrieron entre la visita de los alumnos y la huelga con el alma en vilo. Les dije que a mi juicio lo único que lograrían con un paro sería endurecer las condiciones para los alumnos más chicos y empañar su propia hoja de vida desde antes de graduarse. Les dije que yo no tenía talento para administrar ni siquiera mi propia vida, y rechacé sin vueltas la posibilidad de hacerme cargo de la escuela en caso de que la huelga tuviera éxito, pero creo que no me creyeron. Pasé en ascuas los días que transcurrieron entre la visita de los estudiantes y la huelga.

No hubo jamás huelga más conmovedora ni absurda. Por mucho tiempo creí, además, que sencillamente no hubo otra huelga en los cuarenta y tantos años que lleva Fidel en el poder. Así lo afirma la historia oficial, pero hoy estoy convencida de que tienen que haberse dado cientos, o miles, de brotes de huelga como la de los alumnos de danza de la ENA; pequeños alzamientos que duraron una mañana o un día, y que se sofocaron a la fuerza; o, más probablemente, como en el caso de la escuela, negociando en secreto un mínimo de concesiones para resolver el conflicto al vapor y evitarles un bochorno a las autoridades.

Como no di mi apoyo a la huelga de mis subversivos estudiantes, no me enteré de gran cosa. No recuerdo la fecha de la huelga, pero sé que para entonces ya no llovía todas las tardes, y que un viento constante y fresco llenaba de hojas secas la vereda que subía a la escuela. Una mañana me encontré a Tere al pie del caminito, cruzada de brazos y con el ceño fruncido. Ni siquiera sonrió cuando me dio la mala noticia. «Vete», dijo. «Yo creo que es mejor. Ya sabes lo que hicieron estos muchachos bobos, ¿verdad?»

Regresé al hotel y en el camino revisé mi conducta. Había tratado con arrogancia a Elfrida, había alentado inconformidades en los muchachos sin tomar en cuenta que vivían en una situación sin alternativas posibles, había llegado a enorgullecerme de su imagen idealizada de mí e incluso a fomentarla. Y sin embargo, habíamos sido felices juntos, y creía con toda mi alma en su derecho a liberarse de la tutela y la incompetencia de Elfrida, y, de paso, de su sonrisita de tijera y su manera de decir «ssomos… rrevoulusonariosss» a la menor provocación. Por enésima vez en Cuba enfrentaba una paradoja imposible de resolver: sabía que yo había sido motor del movimiento de huelga —o, para decirlo de otra manera, que de no haber llegado nunca a la escuela, los alumnos no habrían pensado en armar esa protesta–, pero no sabía qué papel podía jugar en él. Me sentí inútil.

No tuve que vivir mucho tiempo en la perplejidad. La huelga se resolvió esa misma tarde o al día siguiente. Creo que los alumnos expresaron sus demandas y su inconformidad directamente con Elfrida, porque ella no era mujer de sacarles el bulto a las situaciones adversas, pero creo recordar también que el trabajo diplomático corrió por cuenta de Tere, Hilda y Osvaldo, el maestro del área académica. Creo que habrán tenido buen cuidado de no involucrar a Orlando. En teoría, todo volvió a la normalidad y se reanudaron las clases y mis ensayos. No recuerdo si al final fueron nada más los alumnos mayores los que se negaron a asistir a clases, o si ellos también alentaron la rebelión entre los niños de los primeros niveles. Creo que el paro duró tan poco porque todo en la vida requiere de práctica, y mis alumnos no sabían ni por referencias cómo rebelarse. Sin embargo, no les salió tan mal: a raíz de la huelga su situación mejoró. Hubo cambios en la alimentación; me parece que los alumnos de quinto año recibieron permiso de ir a tomar clases al Conjunto de Danza Moderna; ni José ni los demás cabecillas fueron expulsados.

Nunca supe cuál fue la actitud de Orlando frente al movimiento, ni cómo evaluaron los propios alumnos su breve conato insurreccional, y estoy consciente de que esta versión del acontecimiento más importante en los seis meses que permanecí en Cubanacán es más que escueta. Pero es que me tocó pagar un precio: los alumnos no volvieron a hablar del tema conmigo, ni, en realidad, de ninguna otra cosa, salvo lo que se podía conversar en el salón durante una clase.

En cualquier caso, me parece poco probable que hayan llegado a plantear directamente la remoción de la directora de la escuela de danza, aunque sospecho que mi nombre sí apareció por ahí en el pliego petitorio. Digo esto último porque, cuando fui con Elfrida unos cuantos días más tarde a hablar sobre la posibilidad de prolongar mi estancia hasta finales de diciembre, en atención al interés de los alumnos en avanzar lo más posible sobre la pequeña coreografía que estábamos ensayando, ella contestó, con los labios muy apretados y la mirada fulgurante, que más bien había recomendado a la dirección de la ENA que mi trabajo concluyera al terminar ese mismo mes.

Sentí alivio.

Adrián llamó por teléfono para avisarme de que ya había encontrado un apartamento para los dos. A través del cable del teléfono le oí la sonrisa cuando le conté que llegaría a Nueva York en menos de dos semanas.

—Tendré que apurarme: voy a pintar las paredes. Y tengo que encontrar una cama —dijo. Lo oí sonreír de nuevo—. Supongo que no querrás dormir en el piso. —No era una broma sino una declaración: iba a buscar una cama porque estaba dispuesto a aceptarme tal como era, con todo y mi gusto por el lujo.

Luchaba contra la idea que iba ganando fuerza en mí, que compartir casa con Adrián podía ser una tarea más ardua que vivir en Cuba. Sentí que no estaba reaccionando con el debido entusiasmo.

—¿Cómo es el apartamento?

—Es grande, tiene pisos de madera. Y la renta es muy barata: ciento tres dólares.

—¿Es soleado?

—Una de las dos recámaras tiene sol. Ahí voy a poner mi estudio, pero puedes ir a visitarme allí cuando quieras…

—¿Y en qué calle queda?

—La ciento ochenta y siete y Lenox.

—¿Harlem?

—¿Qué tiene?

Hice un esfuerzo inútil por que no se me cayera la voz. En esos años Harlem era peligroso, y Adrián, de nuevo, no parecía tener ningún interés en protegerme.

—¿Y hay algunos árboles en esa cuadra por lo menos?

—Me voy a fijar. Creo que en toda la isla de Manhattan no hay muchos árboles.

Es difícil reconstruir los tiempos de esas últimas semanas en Cuba: después de la huelga y el encuentro con Elfrida el viento se llevó los días. En un primer momento había pensado en irme, luego pensé en quedarme, y finalmente acabé yéndome antes incluso de lo programado. Suspendí el ensayo del vals y di unas clases más bien aburridas en las que traté de explicar a los alumnos todos los puntos teóricos que no había tocado antes, como si fueran a recordar más fácilmente unas palabras que lo que ya hubieran logrado asimilar con el cuerpo. Fui al teatro todas las veces que pude. Hizo frío. Me puse el suéter enviado por mi madre. Por vía de Galo regalé la grabadorcita al teatro Estudio, y en la escuela repartí la mayor parte de lo que traía en el equipaje. Carmen, que era tan patona como yo, se quedó con todos los zapatos. Tere vino una tarde entera a ayudarme a empacar y se fue vestida como altar de santo, con mis collares puestos y también con el frasco de perfume francés. Se untó un merenguito y meneó la cabeza, maravillada. «Con esto Mariano me va a querer meter la pinga a toda hora…» Se ruborizó. «*Peddona*. Es que, tú sabes, así le dice Mariano a hacer el amor.»

Fui cinco tardes seguidas a la tienda para los extranjeros, a comprar en cada viaje el paquete de cigarros, la bolsa de caramelos y la caja de chocolates a que me daba derecho el carnet todavía vigente. Fue entonces que los alumnos hicieron la promesa de guardar mi eterna memoria no comiendo esos chocolates jamás, y que felizmente rompieron esa misma noche.

A la mañana siguiente nos despedimos. No tenía caso hacer una clase, pero lo intenté. De común acuerdo la interrumpimos a la mitad y nos sentamos en el piso a platicar. («Alma, cuéntanos cómo es el frío en Nueva York. ¿Es cierto que hay gente tan pobre que no tiene ni dónde vivir, y se muere en la calle?») En general mantuvimos la compostura; las únicas que ensayaron el llanto fueron Carmen y Nieves —una mulata chiquita y extraordinariamente tímida, que me miraba siempre con ojos muy chispeantes y bailaba con una proyección dramática de gigante—. Pensé con dolor en todo el trabajo que no había hecho con ella. Sentados en el piso, repasamos por última vez nuestros temas preferidos («Alma, cuéntanos otra vez cómo es esa obra de Martha; la *Clytemnestra*»). Hice las recomendaciones finales, y traté sin suerte de encontrar algo último, o memorable, o siquiera divertido, que decir. Cuando nos interrumpieron Elfrida y Lorna, casi se lo agradecí.

Tampoco ellas demoraron mucho. «Queremos agradecer el esfuerzo y la sinceridad del trabajo de Alma», habrá dicho Elfrida, sin incluir la palabra «compañera». «Y desearle mucha suerte en cualquier camino que decida emprender a su regreso en Nueva York.» En lo que Lorna me daba un abrazo, ella se retiró del salón. Al instante, como si Elfrida hubiera dado la señal, los alumnos empezaron a gritar una porra cubana, acompañada de palmas contrapunteadas y complicadísimas. «Bombo chíe chíe chíe, bombo chíe chíe chá», corearon, y al terminar Yazmine salió corriendo al vestidor y regresó con una cajita blanca, como para guardar un rosario, en la cual los alumnos habían colocado un muñequito fabricado con hilo y los papelitos metálicos en los que venían envueltos los chocolates que se habían comido la noche anterior.

—También nosotros tenemos regalos —dijo Tere sonriente. Ella, Osvaldo e Hilda llevaban buen rato sentados en uno de los escalones de la entrada. Tere me entregó un collar de santería que me acompañó hasta que lo llevé a reparar a Cuba hace pocos años y ahí lo perdí. Lo había mandado hacer «con alguien especializado en la materia», dijo Tere, por no decir *babalao*, o sacerdote de santería. Era un collar muy poco común, explicó, pues por regla general un collar de santería está hecho con cuentas de los colores que representan a un solo *oricha*, o santo. En circunstancias muy particulares, sin embargo, se pueden hacer collares «muy fuertes, con mucha protección». El que yo me llevaba a Nueva York tenía los poderes de Ochún, diosa de los ríos, Changó, dios del trueno, Oggún, dios del monte y de los metales, y Elegguá, el ente que abre y cierra todos los caminos, incluyendo los de la vida y de la muerte.

—Y Osvaldo y yo te quisimos dar esto, de parte de toda la escuela de danza —dijo Hilda, la secretaria de la escuela y también delegada del partido. Me extendió la cajita de caoba con una incrustación de hilo de plata, y la palabra «Vuelve» rayada toscamente en su interior—. Y esto, que para nosotros es muy precioso.

De un sobre grande, que de tanto uso comenzaba a rasgarse por los bordes, extrajo la fotocopia borrosa de un libro que acababa de salir. Era la biografía de Tania la Guerrillera, la joven argentino-alemana que murió en Bolivia combatiendo en la columna del Che.

—Ella es el mejor ejemplo que tenemos de la auténtica mujer revolucionaria: ella es lo mejor que te puedes llevar de aquí. Con todo el corazón te lo entregamos.

Los alumnos quisieron seguir con Tere y conmigo hasta la parada de la guagua, pero les pedí que se quedaran en el salón.

Para nuestra cena de despedida, Carlos hizo un día de cola, con su noche, en el restorán 1830. Por fin, como lo había prometido Galo, cenaríamos en un lujoso restaurante, con copas de cristal y manteles blancos. Lamento no recordar uno solo de los platillos que nos sirvieron, porque el esfuerzo de Carlos para que nos pudiéramos sentar en esa mesa fue muy grande. Todo lo demás lo tengo claro. Galo traía enrollada una hoja gruesa de papel, que resultó ser un aguatinta del pintor René Portocarrero. Hablamos de Fidel y la cultura y la posición de los intelectuales frente a la Revolución, de los amigos en México, de la Navidad en Nueva York. Salió a la conversación el último eclipse.

—¡Yo lo vi! —exclamé—. Yo vi ese eclipse en Nueva York y ustedes lo vieron aquí y luego nos conocimos. ¡Qué increíble! —Galo me miró divertido—. Todavía no entiendo cómo fue que algo tan pequeño como la luna tapara por completo al sol.

—En verdad os digo, criatura —suspiró Galo—, que nunca he visto una ignorante tan grande como tú. Pero es que eres una ignorante rarísima: recitas a Baudelaire («eso porque Jorge me mandó un poema», interrumpí, avergonzada, pero Galo no hizo caso), y tienes una concepción del sistema planetario que ni el ñáñigo más retinto del puerto de La Habana. Ya empiezo a creer que es verdad que nunca fuiste a la escuela.

—Eso no es completamente cierto —aclaré, más avergonzada aún de mis mentiras y exageraciones—. Sí hice la primaria cuando vivía con mi mamá en Los Ángeles, aunque me saltaron tercer y quinto año, porque era una escuela bastante mala y yo, en casa, leyendo los libros de mi mamá, aprendía más que los otros alumnos. En Los Ángeles aprendí inglés —seguí el recuento, resuelta a aclarar todo—. Luego, cuando regresamos a México, me metí de lleno al Ballet Nacional, que por cosa rara era una compañía de danza moderna y no de ballet, como ya sabes, y es cierto que ya no quise hacer ni la secundaria ni la preparatoria. Además, estaba muy chica de edad y muy grande de estatura y no encajaba en ninguna parte. Pero la directora, Guillermina Bravo, contrató a un maestro para que nos enseñara náhuatl a los integrantes de la compañía. Fue muy interesante. Luego mi mamá y yo nos fuimos a Nueva York, pero ahí ya tenía dieciséis años y no era obligatorio que fuera a la escuela, y como no tenía certificado de primaria ni de *junior high school* ni de nada, en el sistema de educación pública no sabían qué hacer conmigo. Un amigo de mi mamá me ayudó a conseguir una beca en una *high school* muy vanguardista y ahí estudié dos años y me gradué. Era muy divertido: no me exigían matemáticas pero sí biología, y si quieres, te puedo explicar perfectamente cómo funciona el ácido desoxirribonucleico y la estructura interior de un huevo. Ahí me enseñaron francés. Así que sí tengo algunos estudios, pero nunca aprendí nada de planetas.

—Ni de muchas otras cosas, niña ignorante —remató Galo—. Lo que ahora entiendo es que tú te criaste como los homosexuales: rara.

—¿Y tus padres no se preocuparon por que fueras a la escuela? —quiso saber Pablo.

—¡Pero qué se iban a preocupar por sus estudios! —exclamó Galo—. Estaban preocupados por tener una hija tan rara y no saber que hacer con ella, ¿o no?

—Déjala en paz, Galo —reclamó Carlos.

A Galo no le gustaban las despedidas. A la salida del restorán me entregó el aguatinta, me alborotó el pelo y me dio un beso rápido en la frente. Pablo y yo nos abrazamos largo, y Carlos, Boris y yo nos seguimos a pie hasta la playa, donde la luna trazaba un camino azul sobre la arena.

—Carlos también te quiere dar algo —dijo Boris. Carlos me extendió un puño cerrado—. Tómalo, chica —dijo—. Pero quiero que entiendas bien lo que es. —Cogí la bolsita de terciopelo oscuro, cerrada con un cordón—. Yo sé que la vida en Nueva York es dura, y nosotros te queremos ayudar a aliviarla un poco. Eso que tienes ahí era de mi mamá, pero a ella ya no le sirve, ni a nosotros; a nadie le va a volver a servir acá. No es gran cosa, pero tú sí lo puedes vender y usar el dinero para pagarte unas clases, o comprarte un buen abrigo, o pagar la renta, lo que tú quieras…

A la luz de la luna vi unos pendientes art nouveau en forma de lágrima: la montadura, ¿de platino?, enmarcaba unas láminas alargadas de cuarzo transparente, con una chispa de esmeralda engarzada al centro de cada uno.

—No puedo —dije.

—Son tuyos.

—No puedo, no puedo —repetí, con la cara empapada y una conmoción terrible que me subía del pecho a la garganta—. Voy a empezar a toser otra vez como Margarita Gautier… ¡Coño! No puedo más.

—¿Ustedes sí entienden cómo es eso de los eclipses? —pregunté, unos pasos más adelante.

—¡Pero si eso ya te lo explicamos en el restorán! —protestó Carlos.

—Pero es que Galo tiene razón: esta criatura entiende de todo menos de lo que no entiende un carajo —rió Boris, y recobró su aire eficiente, como de director de sinfónica, siempre pensé, con su cuerpecito esbelto que se veía tan bien de frac—. A ver, te lo vamos a explicar para que lo entiendas como bailarina: Carlos, tú ponte al medio. Él es el sol, y él gira despacito —me instruyó.

—Ahora tú eres la tierra, y tú tienes que girar más rápido, porque pesas menos que el sol —me sequé la cara y me soné la nariz con el pañuelo que me extendió Boris, y comencé a dar vueltas.

—Y yo soy la luna, la más rápida de los tres. Y ahora yo voy a dar vueltas alrededor tuyo, pero voy a seguir girando sobre mí mismo, mientras tú giras y das vueltas alrededor del sol. Y seguimos así hasta que se dé el eclipse.

Y seguimos así, riendo y girando, hasta que se dio el eclipse.

EPÍLOGO

Duré pocas semanas en el apartamento que había encontrado Adrián. Éramos los dos una mala respuesta a las necesidades del otro. Al año siguiente, cuando Jorge me escribió a Nueva York para anunciar que deseaba terminar nuestra relación, precipitó el colapso que venía cultivando desde que decidí ir a Cuba a dar clases de danza. Por lo pronto, al salir de casa de Adrián encontré refugio con una amiga bailarina, que enseguida me consiguió un apartamento en el mismo edificio que el suyo. En ese rincón casi secreto —una azotehuela llena de luz en el quinto piso de un edificio sin elevador, con la tina en la cocina y un excusado compartido en el pasillo exterior, pero también con una ventana que daba sobre un jardín arborescente— empecé a rehacer mi vida en Nueva York.

En los meses que siguieron perdí una buena parte de mis amigos del mundo de la danza, quienes no lograban entender el nuevo vocabulario que traje de La Habana, ni mi reclamo por su falta de solidaridad con el sufrimiento del mundo. Adquirí amigos nuevos que compartían mis inquietudes. En Washington y Nueva York protesté contra la guerra en Vietnam y trabajé largas horas a favor de las luchas libertarias en América Latina. Dejé la danza. En el resto de mi vida, ninguna otra actividad resultaría remotamente tan difícil, agotadora, ni exigente y, por lo mismo, jamás ninguna me dio igual placer. El golpe de los militares chilenos contra el gobierno de Salvador Allende fue un momento negro para todos los que nos considerábamos de izquierda. Pasaron varios años en los que viví con absoluta indiferencia, sin lograr recuperarme de la triple pérdida de la danza, la esperanza chilena, y el hombre que siempre se negó a explicar por qué ya no me quería a su lado. Llegué a Nicaragua durante los días de la insurrección sandinista contra el dictador Anastasio Somoza, y empecé a trabajar como reportera más o menos por accidente. La euforia de aquella causa justa me despertó nuevamente un cierto interés por la vida, y con el paso de los años me fui asumiendo ya no como ex bailarina, sino como reportera, y después como escritora. Durante los años que pasé en El Salvador, en la época en que comenzaba el intento por juntar las palabras de la mejor forma posible, pensé mucho en Roque Dalton.

Como dije al principio, se perdieron la mayoría de los recuerdos que me regalaron los amigos y alumnos cuando salí de Cuba. El aguatinta de Portocarrero desapareció, tal vez en Centroamérica cuando asaltaron la casa que alquilaba en Managua, tal vez en México, cuando vaciaron un baúl en el que guardaba otros talismanes. Tengo la caja de madera de Hilda y la parte de abajo de la cajita de cartón de los alumnos –hasta la tapa desapareció últimamente– y también una carta que he olvidado mencionar, que recibí en Nueva York poco después de haberme separado de Adrián. Aún conserva el olor a humedad que permeaba hasta el papel en Cubanacán. Firma la carta un desconocido, quien se identifica como el entonces recién nombrado nuevo director de la escuela de danza. Sin mencionar la remoción de Elfrida ni mis conflictos con ella, solicita que regrese a la ENA, y que le ayude a reestructurar el programa de danza.

No pensé en aceptar. Mi vida era un tumulto; la intensidad del sufrimiento era tan grande que a veces tenía que quedarme parada a media calle porque no conseguía ni siquiera respirar, y la idea de volver a Cuba no me ofrecía ningún alivio. Pero sobre todo me creía incapaz de corresponder a la esperanza que los alumnos habían puesto en mí. Tenía veintiún años, y ni el más mínimo talento para la administración ni la constancia. Ahora pienso que para los alumnos habrá sido un golpe duro recibir la noticia, pues no tenían manera de saber que yo tenía razón.

Cuando volví a Cuba, en 1979, fue en un viaje improvisado a última hora en Managua, a bordo de un vetusto Tupolev carguero. La fotógrafa Susan Meiselas y yo habíamos encontrado acomodo al lado de una delegación de veintiséis guerrilleros nicaragüenses que asistían como invitados muy especiales a la conmemoración del asalto al cuartel Moncada. (El número de delegados era simbólico, si se recuerda que el asalto ocurrió un 26 de julio.) Habían transcurrido apenas siete días desde que el Frente Sandinista de Liberación Nacional forzó la huida del dictador Anastasio Somoza, y pude ver el primer encuentro de ese manojo de guerrilleros hambrientos y desharrapados, campesinos en su gran mayoría, con la revolución que le había dado sentido y esperanzas a su propia lucha. Tal vez entendí por primera vez la perdurable fuerza de la imagen continental de Fidel Castro cuando vi a los guerrilleros sandinistas contemplar con arrobo una hilera de tractores rojos que, según les informó la guía, eran propiedad del pueblo. «¡Y todos nuevitos, hermano!», suspiró uno de ellos.

Fue un viaje relámpago: la conmemoración del 26 de julio tuvo lugar en Camagüey, y en La Habana pasamos apenas unas horas recluidos en una casa de seguridad antes de partir de nuevo hacia Managua. Cuando regresé cuatro años más tarde, hacía tres años que Galo −y también sus amigos, supongo− se habían embarcado en una lancha en el puerto de Mariel rumbo a Cayo Hueso, en Florida. Se trató de otra visita de emergencia, en los días de la invasión del gobierno de Ronald Reagan a la isla de Granada, cuando los cubanos esperaban de un minuto a otro la invasión paralela de su propia isla.

Teresa estaba de directora adjunta del Conjunto Folclórico. Elfrida ya no estaba en Cubanacán, ni Lorna tampoco. Elfrida había logrado su traslado a Guantánamo, donde fundó un conjunto, creó muchas coreografías, y murió rodeada del amor de sus discípulos en 1998, según un artículo reciente en el *New York Times*. De nada de esto me enteré, y podría decir que el trabajo de reportear la crisis de Granada fue tan intenso que no tuve tiempo de buscar a mis antiguos compañeros, pero no es cierto.

No busqué a Tere ni fui a Cubanacán porque no quería hurgar en la maraña de sentimientos dolorosos y conflictivos que eran la secuela de mi estancia en Cuba. Supe, tiempo después, que el alumno que más se parece al «José» de este relato se había recibido de antropólogo o etnólogo y trabajaba fuera de Cuba, pero sin haber abandonado la Revolución; que «Antonia» tenía un exitoso conjunto de danza vanguardista y que «Roberto» estaba de director de un grupo de danza en Santiago, o Matanzas. Creo que es «Pilar», la gordita de pelo negro como la tinta, la que se me apareció en un libro un día, en una foto cuyo pie de grabado la describe como la gran intérprete de la danza de Yemayá, diosa de los mares en la santería.

En Cuba, poco queda de la Revolución que conocí. El conjunto de edificios que conforman la Escuela Nacional de Artes, que está catalogada como una de las obras anunciadoras del posmodernismo, y como una obra maestra –la única, por cierto– de la arquitectura cubana revolucionaria, se desbarata, invadida de humedad y selva, convertida en lo que se ha llamado «las primeras ruinas de la posmodernidad».

Un grupo internacional de arquitectos trató de conseguir el reconocimiento formal de la UNESCO para el conjunto, pero el gobierno cubano no llegó a respaldar la iniciativa.

Si en 1970 era una nostalgia no reconocida la época de los años cincuenta, de rumba y de rompe-y-rasga, hoy se admite que la música afrocubana tuvo su época de oro en la era de Batista. Viajan por el mundo y convocan multitudes los ya ancianos intérpretes que sobrevivieron a la indiferencia y al prejuicio durante los años duros de la Revolución.

La Unión Soviética no existe. Los dólares que entonces estaban prohibidos hoy son moneda casi oficial. El Habana Libre fue adquirido por una cadena hotelera internacional. Florecen el turismo y la prostitución, cuya abolición era de los orgullos más legítimos del régimen. Los antiguos «gusanos» se convirtieron, según el dicho popular, en «mariposas», y sus remesas de dólares representan la primera fuente de divisas del país.

Se han dado otros cambios. En fechas recientes el gobierno cubano reveló, con orgullo, que había infiltrado desde sus inicios a aquellas organizaciones que luchaban por lograr una liberalización de la prensa y del sistema. El régimen decretó también una serie de juicios sumarios y ejecuciones. Como resultado, fueron muchos los seguidores de la Revolución en el extranjero que anunciaron públicamente su desencanto con el gobierno cubano. No es que la actual ola represiva se haya diferenciado mucho de otras anteriores, pero sirvió para subrayar el terrible fracaso de la Revolución; Fidel se mantuvo siempre hostil a aquellos derechos ciudadanos e individuales que hasta sus simpatizantes más fervientes exigen ya, y a cambio no logró siquiera su propio sueño; una vida digna e igualdad social para todos los cubanos. El apuesto comandante en jefe envejece ante los ojos del mundo. Y hoy lo que se siente es justamente una nostalgia de aquellos años duros, cuando la vida era a veces insoportablemente difícil, y tenía significado. Son muchos los cubanos que creen, o temen, que al morir Fidel desaparecerá hasta el recuerdo de esos tiempos, pero lo que a mí me resulta más extraño de la Cuba que Fidel le heredará al futuro es su estatus actual de curiosidad turística. La Revolución que iba a ser la vanguardia de la historia es admirada hoy como reliquia suspendida en el tiempo por visitantes que vienen huyendo de un mundo excesiva y horrorosamente moderno.

Se me olvidaba decir que aún conservo los aretes de la mamá de Carlos. Nunca me los he puesto, pero cada tanto los saco de su estuche de terciopelo y los contemplo, para admirarlos y para recordar los días que pasé en La Habana.

AGRADECIMIENTOS

Va mi agradecimiento a Claudio López, porque se comprometió desde un principio con este texto; a Elisa Jiménez Grant, por las fatigosas horas que dedicó a compaginar el texto original de este libro con la versión traducida al inglés que se editó el año pasado en Nueva York, y finalmente con el texto que se presenta aquí; y sobre todo a Braulio Peralta, porque el entusiasmo y cariño con que sabe acompañar todo lo que emprende me ha acompañado profundamente también a mí.

ÚLTIMOS TÍTULOS PUBLICADOS

La vida secreta de las ciudades, Suketu Mehta
El monarca de las sombras, Javier Cercas
La sombra de la montaña, Gregory David Roberts
El gran desierto, James Ellroy
Aunque caminen por el valle de la muerte, Álvaro Colomer
Vernon Subutex 2, Virginie Despentes
Según venga el juego, Joan Didion
El valle del óxido, Philipp Meyer
Industrias y andanzas de Alfanhuí, Rafael Sánchez Ferlosio
Acuario, David Vann
La Dalia Negra, James Ellroy
Nosotros en la noche, Kent Haruf
Galveias, Jose Luís Peixoto
Portátil, David Foster Wallace
Born to Run, Bruce Springsteen
Los últimos días de Adelaida García Morales, Elvira Navarro
Zona, Mathias Enard
Brújula, Mathias Enard
Titanes del coco, Fabián Casas
El último vuelo de Poxl West, Daniel Torday
Los monstruos que ríen, Denis Johnson
Besar al detective, Elmer Mendoza
El tenis como experiencia religiosa, David Foster Wallace
Venon Subutex 1, Virginie Despentes
Sudor, Alberto Fuguet
Relojes de hueso, David Mitchell

Maldita, Chuck Palahniuk
El 6° continente, Daniel Pennac
Génesis, Félix de Azúa
Perfidia, James Ellroy
A propósito de Majorana, Javier Argüello
El hermano alemán, Chico Buarque
Con el cielo a cuestas, Gonzalo Suárez
Distancia de rescate, Samanta Schweblin
Última sesión, Marisha Pessl
Doble Dos, Gonzálo Suárez
F, Daniel Kehlmann
Racimo, Diego Zúñiga
Sueños de trenes, Denis Johnson
El año del pensamiento mágico, Joan Didion
El impostor, Javier Cercas
Las némesis, Philip Roth
Esto es agua, David Foster Wallace
El comité de la noche, Belén Gopegui
El Círculo, Dave Eggers
La madre, Edward St. Aubyn
Lo que a nadie le importa, Sergio del Molino
Latinoamérica criminal, Manuel Galera
La inmensa minoría, Miguel Ángel Ortiz
El genuino sabor, Mercedes Cebrián
Nosotros caminamos en sueños, Patricio Pron
Despertar, Anna Hope
Los Jardines de la Disidencia, Jonathan Lethem
Alabanza, Alberto Olmos
El vientre de la ballena, Javier Cercas
Goat Mountain, David Vann
Barba empapada de sangre, Daniel Galera
Hijo de Jesús, Denis Johnson
Contarlo todo, Jeremías Gamboa
El padre, Edward St. Aubyn
Entresuelo, Daniel Gascón
El consejero, Cormac McCarthy

Un holograma para el rey, Dave Eggers
Diario de otoño, Salvador Pániker
Pulphead, John Jeremiah Sullivan
Cevdet Bey e hijos, Orhan Pamuk
El sermón sobre la caída de Roma, Jérôme Ferrari
Divorcio en el aire, Gonzalo Torné
En cuerpo y en lo otro, David Foster Wallace
El jardín del hombre ciego, Nadeem Aslam
La infancia de Jesús, J. M. Coetzee
Los adelantados, Rafael Sender
El cuello de la jirafa, Judith Schalansky
Escenas de una vida de provincias, J. M. Coetzee
Zona, Geoff Dyer
Condenada, Chuck Palahniuk
La serpiente sin ojos, William Ospina
Así es como la pierdes, Junot Díaz
Autobiografía de papel, Félix de Azúa
Todos los ensayos bonsái, Fabián Casas
La verdad de Agamenón, Javier Cercas
La velocidad de la luz, Javier Cercas
Restos humanos, Jordi Soler
El deshielo, A. D. Miller
La hora violeta, Sergio del Molino
Telegraph Avenue, Michael Chabon
Calle de los ladrones, Mathias Énard
Los fantasmas, César Aira
Relatos reunidos, César Aira
Tierra, David Vann
Saliendo de la estación de Atocha, Ben Lerner
Diario de la caída, Michel Laub
Tercer libro de crónicas, António Lobo Antunes
La vida interior de las plantas de interior, Patricio Pron
El alcohol y la nostalgia, Mathias Énard
El cielo árido, Emiliano Monge
Momentos literarios, V. S. Naipaul
Los que sueñan el sueño dorado, Joan Didion

Noches azules, Joan Didion
Las leyes de la frontera, Javier Cercas
Joseph Anton, Salman Rushdie
El País de la Canela, William Ospina
Ursúa, William Ospina
Todos los cuentos, Gabriel García Márquez
Los versos satánicos, Salman Rushdie
Yoga para los que pasan del yoga, Geoff Dyer
Diario de un cuerpo, Daniel Pennac
La guerra perdida, Jordi Soler
Nosotros los animales, Justin Torres
Plegarias nocturnas, Santiago Gamboa
Al desnudo, Chuck Palahniuk
El congreso de literatura, César Aira
Un objeto de belleza, Steve Martin
El último testamento, James Frey
Noche de los enamorados, Félix Romeo
Un buen chico, Javier Gutiérrez
El Sunset Limited, Cormac McCarthy
Aprender a rezar en la era de la técnica, Gonçalo M. Tavares
El imperio de las mentiras, Steve Sem Sandberg
Fresy Cool, Antonio J. Rodríguez
El tiempo material, Giorgio Vasta
¿Qué caballos son aquellos que hacen sombra en el mar?, António
    Lobo Antunes
El rey pálido, David Foster Wallace
Canción de tumba, Julián Herbert
Parrot y Olivier en América, Peter Carey
La esposa del tigre, Téa Obreht
Ejército enemigo, Alberto Olmos
El novelista ingenuo y el sentimental, Orhan Pamuk
Caribou Island, David Vann
Diles que son cadáveres, Jordi Soler
Salvador Dalí y la más inquietante de las chicas yeyé, Jordi Soler
Deseo de ser egipcio, Alaa al-Aswany
Bruno, jefe de policía, Martin Walker